SALVA[illegible] DE CORAZÓN

EDICIÓN ACTUALIZADA Y AMPLIADA

OTROS LIBROS EN ESPAÑOL DE JOHN ELDREDGE

El sagrado romance (con Brent Curtis)

La travesía del corazón salvaje

Camine con Dios

El despertar de los muertos

Majestuoso

Cautivante (con Stasi Eldredge)

Forjado por el Padre

Amor y guerra (con Stasi Eldredge)

Mata a tu león (con Samuel Eldredge)

Mueve montañas

Recupera tu vida

JOHN ELDREDGE

SALVAJE DE CORAZÓN

EDICIÓN ACTUALIZADA Y AMPLIADA

DESCUBRAMOS EL SECRETO DEL ALMA MASCULINA

Publicado en Nashville, Tennessee, Estados Unidos de América.
Grupo Nelson es una marca registrada de Thomas Nelson.
www.gruponelson.com
Este título también está disponible en formato electrónico.

Título en inglés: *Wild at Heart Expanded Edition*

Publicado por Nelson Books, un sello de Thomas Nelson. Thomas Nelson es una marca registrada de HarperCollins Christian Publishing, Inc.

Publicado en asociación con Yates & Yates, www.yates2.com

Editora en Jefe: *Graciela Lelli*
Traducción: *Ricardo Acosta*
Adaptación del diseño al español: *Grupo Nivel Uno, Inc.*

ISBN: 978-1-40033-283-0
e-book: 978-1-40033-284-7

Impreso en Estados Unidos de América

HB 01.18.2024

A Samuel, Blaine, y Luke.
Me encantan sus corazones guerreros,
Definitivamente ustedes tienen lo que se necesita.

CONTENIDO

INTRODUCCIÓN

Lo sé. Casi deseo disculparme. *Amado Señor: ¿necesitamos realmente otro libro para hombres?*

No. Necesitamos algo más. Necesitamos *permiso.*

Permiso para ser lo que somos: hombres. Hechos a imagen de Dios. Permiso para vivir desde el corazón y no desde la lista de «tenemos que» y «debemos» que a muchos de nosotros nos ha dejado cansados e indiferentes.

La mayoría de mensajes para hombres fallan en última instancia. La razón es sencilla: hacen caso omiso a lo que es profundo y auténtico para el *corazón* del individuo, sus verdaderas pasiones, y simplemente tratan de mejorarlo por medio de varias formas de presión. «Este es el hombre que *deberías* ser. Esto es lo que un buen esposo / padre / cristiano / feligrés *debería* hacer». Rellene los espacios en blanco a partir de allí. Este hombre es responsable, sensible, disciplinado, fiel, diligente, obediente, etc. Muchas de estas cualidades son buenas. Sin duda alguna estos mensajeros tienen buenas intenciones. Pero recordemos que el camino al infierno está pavimentado de buenas intenciones, las que a estas alturas evidentemente resultan ser un fracaso total.

No, los hombres necesitan algo más. Necesitan una comprensión más profunda de por qué añoran aventuras y batallas, y conquistar una bella... de por qué Dios los hizo *simplemente así*. Además, necesitan una comprensión más profunda de por qué las mujeres anhelan que luchen por ellas, que las arrastren a la aventura y *ser* la Bella. Para eso también es que Dios las creó.

Por eso es que ofrezco este libro, no como si expusiera siete pasos para ser un hombre mejor, sino como una travesía al corazón para recuperar una vida de libertad, pasión y aventura. Creo que esta obra ayudará a los hombres, y también a las mujeres, a recuperar sus corazones. Además, ayudará a las mujeres a comprender a sus hombres, ayudándoles así a ellos y ellos a vivir como anhelan. A ese objetivo va dirigida mi oración.

Jesús nos dejó un criterio hermoso y simple para medir cualquier cosa cuando declaró casi de manera casual: «Por sus frutos los conoceréis» (Mateo 7:16). Esta es una prueba que corta por lo sano y puede usarse para evaluar una iglesia, un movimiento, una empresa, un individuo o una nación. ¿Cuál es el fruto? ¿Qué deja a su paso? Lo he descubierto en un examen inmediato y revelador.

Y me siento honrado de decir que el fruto de este librito ha sido, pues sí, diferente a todo lo que he visto. Absolutamente fenomenal. Ha remediado las vidas de prisioneros en Colombia, ha liberado los corazones de sacerdotes católicos en Eslovaquia. Ha llegado a los pasillos del Congreso y a las trastiendas de refugios para desamparados, ha restaurado las familias de hombres en Australia, ha iniciado un movimiento de libertad y redención en hombres de todo el mundo. *Funciona*. Pero usted no tiene que creerme. Venga y véalo por sí mismo.

Usted querrá saber que también escribí un Manual de Campo para acompañar esta obra, un libro de trabajo guiado que profundizará y asegurará su experiencia con Dios aquí. Muchos hombres lo han encontrado útil. También creamos una serie de videos que los varones han usado con tremendos resultados en pequeñas «bandas de hermanos».

Que Dios lo encuentre a través de estas páginas y lo restaure como: su hombre.

John

No es el crítico el que cuenta; no es aquel que señala con el dedo cómo tropieza el hombre fuerte, o dónde aquel que realiza proezas pudo haberlas hecho mejor. El mérito le pertenece al hombre que está realmente en el ruedo, cuyo rostro está cubierto de polvo, sudor y sangre; el que lucha con valentía, [...] quien conoce los grandiosos delirios y las verdaderas devociones; el que gasta sus energías en una noble causa; el ser que en el mejor de los casos conoce al final el triunfo de grandes logros; y quien, en el peor caso, si fracasa, al menos lo hace arriesgándose considerablemente, de modo que su lugar nunca estará con aquellas almas frías y tímidas que no conocen la victoria ni la derrota.

—Teddy Roosevelt

El reino de los cielos sufre violencia, y los violentos lo conquistan por la fuerza.

—Mateo 11:12, NBLA

UNO

SALVAJE DE CORAZÓN

El corazón del hombre refleja al hombre.
—Proverbios 27:19

El mundo espiritual no puede hacerse suburbano. Siempre es fronterizo, y quienes vivimos en él debemos aceptar e incluso regocijarnos de que permanezca indómito.
—Howard Macey

Quiero cabalgar hasta donde el oeste empieza
No puedo mirar las trabas ni soporto las cercas
No me pongas cerco.
—Cole Porter

Finalmente estoy rodeado de naturaleza agreste. El viento en la copa de los pinos detrás de mí resuena como el océano. Las olas se precipitan desde el gran azul en el cielo, y llegan hasta la cima de la montaña que he escalado, en algún lugar de la cordillera Sawatch del centro de Colorado.

El paisaje que se extiende debajo de mí es un mar de vegetación por kilómetro tras kilómetro desolado. Zane Grey lo inmortalizó como la salvia púrpura, pero la mayor parte del año su coloración más bien se presenta gris plateada. Esta es la clase de región por la que se podría cabalgar a caballo durante días sin encontrarse con otro ser humano. Hoy estoy a pie. Aunque el sol brilla esta tarde, no calentará aquí por encima de cero grados centígrados, cerca de la división continental, y lo que sudé al escalar este tramo ahora me produce escalofríos. Estamos a finales de octubre y se acerca el invierno. A lo lejos, como a ciento cincuenta kilómetros al sur y el suroeste, los montes San Juan ya están cubiertos de nieve.

El acre aroma de las salvias aún se adhiere a mis jeans, y me aclara la cabeza mientras respiro con dificultad, en una notable escasez de oxígeno a más de tres mil metros de altura. Me veo obligado a descansar otra vez, aunque sé que cada pausa amplía la distancia entre mi presa y yo. Sin embargo, la ventaja siempre ha sido suya. A pesar de que las huellas que encontré esta mañana estaban frescas, eso es poco prometedor. Un alce puede cubrir fácilmente kilómetros de terreno escarpado en muy poco tiempo, especialmente si se encuentra herido o está huyendo.

El uapití, como lo llaman los indígenas, es una de las criaturas más escurridizas que quedan en los Estados Unidos. Son los reyes fantasmas de las zonas altas, más cautos y recelosos que los ciervos y más difíciles de rastrear. Viven a mayor altitud y viajan más en un día que casi cualquier otra presa. Los alces parecen tener un sentido especial para detectar la presencia humana. En algunas ocasiones me les he acercado; al momento siguiente se han ido, desapareciendo silenciosamente entre los bosques de álamos que habría parecido imposible que un conejo pudiera atravesarlos.

No siempre fue así. Durante siglos los alces vivieron en las praderas, pastando juntos en grandes cantidades. En la primavera de 1805, Meriwether Lewis narró que cuando se dirigía en busca del pasaje del noroeste, veía cómo los alces pasaban en manadas de miles. Pero a finales del siglo la expansión humana hacia el occidente había obligado a estos rumiantes a ir hacia las Montañas Rocosas. Ahora son huidizos, y se esconden en la línea de árboles como bandidos hasta que las fuertes nevadas los obligan a descender en el invierno. Si usted los busca ahora, es en los términos de ellos, en guaridas inhóspitas fuera del alcance de la civilización.

Por eso es que vine.

Y por eso es que permanezco aquí inmóvil, dejando que el viejo alce escape. Mi cacería, como usted puede darse cuenta, en realidad tiene poco que ver con los alces. Lo sabía antes de venir. Estoy tras algo más en este lugar indómito. Busco una presa aún más escurridiza, algo que solo puede hallarse con la ayuda de un lugar solitario como este.

Ando en busca de mi corazón.

COMIENZOS SALVAJES

> Estos son los orígenes de los cielos y de la tierra cuando fueron creados, el día que Jehová Dios hizo la tierra y los cielos, y toda planta del campo antes que fuese en la tierra, y toda hierba del campo antes que naciese; porque Jehová Dios aún no había hecho llover sobre la tierra, ni había hombre para que labrase la tierra, sino que subía de la tierra un vapor, el cual regaba toda la faz de la tierra. Entonces Jehová Dios formó al hombre del polvo de la tierra, y sopló en su nariz aliento de vida, y fue el hombre un ser viviente. Y Jehová Dios plantó un huerto en Edén, al oriente; y puso allí al hombre que había formado. (Génesis 2:4-8)

Eva fue creada dentro de la exuberante belleza del huerto del Edén. Pero, si usted se fija, Adán fue creado de la tierra misma, del barro. En el registro de nuestros inicios, el segundo capítulo del Génesis lo deja en claro: el hombre nació del campo, de la parte indómita de la creación. Solo después fue llevado al Edén. Y desde entonces los muchachos nunca se han mantenido en el interior de las casas, y los hombres han tenido un anhelo insaciable por explorar. Ansiamos volver; es cuando la mayoría de los hombres cobran vida. Como lo dijera John Muir, cuando un hombre viene a las montañas, llega a casa. El núcleo del corazón del varón no está domesticado *y eso es bueno.* Un anuncio de Northface describió esto con certeza: «No siento que estoy vivo dentro de una oficina. No estoy vivo en un taxi. Tampoco me siento vivo en una acera». Amén a eso. ¿Su conclusión? «Nunca dejo de explorar».

Nuestra naturaleza parece que necesita un poco de estímulo. Es algo natural, como nuestro amor innato por los mapas. En 1260 Marco Polo salió en busca de China, y en 1967, cuando yo tenía siete años de edad, mi amigo Danny Wilson y yo intentamos cavar un hoyo en nuestro patio. Nos dimos por vencidos como a los dos metros y medio, pero de esto resultó un gran fuerte. Aníbal cruzó sus famosos Alpes, y llega un día en la vida de un niño en que cruza por primera vez la calle y pasa a formar parte de los grandes exploradores. Scott y Amundsen compitieron por el Polo Sur, Peary y Cook se disputaron el Polo Norte, y cuando les di a mis hijos algunas monedas y permiso para ir en bicicleta a la tienda a comprar un refresco, usted habría pensado que les había dado la comisión de descubrir el ecuador. Magallanes navegó hacia el occidente, alrededor de la punta de Sur América, a pesar de las advertencias de que él y su tripulación se hundirían en el fin de la tierra, y Huck Finn bajó por el Misisipi, haciendo caso omiso a amenazas similares. Powell siguió el Colorado dentro del Gran Cañón, aunque (no, *porque*) nadie lo había hecho antes y todos le decían que esta era una aventura imposible de realizar.

Por eso es que mis hijos y yo nos paramos en la orilla del río Snake en la primavera de 1998, sintiendo esa antigua necesidad de escapar. Ese año la nieve se había derretido mucho, más que de costumbre, y el río se había desbordado y se abría paso a través de los árboles a ambos lados. En medio de la corriente, que a finales del verano es cristalina pero el día que estuvimos allí parecía chocolate con leche, flotaban troncos, enormes marañas de ramas más grandes que un automóvil, y quién sabe qué más. A gran altura, saturado de lodo y corriendo vertiginosamente, el Snake era imponente. No se veían otras balsas. ¿Mencioné que estaba lloviendo? Pero teníamos una canoa nueva y los remos a la mano y, por cierto, yo nunca había flotado en el Snake en una canoa, y a decir verdad en ningún otro río, pero qué más daba. Trepamos a la embarcación y nos dirigimos hacia lo desconocido, así como Livingstone internándose en lo profundo de la tenebrosa África.

La aventura, con todo el peligro y desenfreno que requiere, es un profundo anhelo espiritual escrito en el alma del hombre. El corazón masculino necesita un lugar donde nada sea digital, modular, cero grasas, con cierre automático, concesionado mediante franquicia, conectado en línea y listo para calentar en microondas. Donde no haya fechas límite, teléfonos móviles inteligentes ni reuniones de comité. Donde haya espacio para el alma. Donde finalmente la geografía que nos rodea corresponda a la geografía de nuestro corazón. Veamos a los héroes del texto bíblico: Moisés no se encuentra con el Dios viviente en el centro comercial. Lo localiza (o mejor dicho, Dios lo ubica) en alguna parte de los desiertos de Sinaí, muy lejos de las comodidades de Egipto. Lo mismo le ocurrió a Jacob, quien no tuvo su lucha con Dios en el sofá de la sala, sino en alguna parte del arroyo de Jaboc, en Mesopotamia. ¿A dónde fue el gran profeta Elías a recuperar las fuerzas? Al desierto. Igual hizo Juan el Bautista, y su pariente Jesús, quien fue *llevado por el Espíritu al desierto*.

Independientemente de lo que estuvieran buscando esos exploradores, también andaban en busca de sí mismos.

Muy profundo en el corazón de un hombre hay algunos interrogantes básicos que simplemente no tienen respuesta en la mesa de la cocina. ¿Quién soy? ¿De qué estoy formado? ¿A qué estoy destinado? Es el miedo lo que mantiene a un hombre en casa, donde todo está aseado y en orden, *y bajo su control*. Pero las respuestas a sus más profundas inquietudes no se encuentran en la televisión ni en su teléfono celular. Allá afuera, en las ardientes arenas desérticas, perdido en un desierto inexplorado, Moisés recibió la misión y el propósito de su vida. Fue llamado a emprender algo mucho más grandioso de lo que nunca imaginó, mucho más importante que ser un ejecutivo en jefe o un «príncipe de Egipto». Bajo estrellas extranjeras, en plena noche, Jacob recibió un nombre nuevo, su verdadero nombre. Ya no sería más un sagaz negociador de profesión, sino el que lucha con Dios. Las tentaciones que experimentó Cristo en el desierto fueron en esencia una prueba de su *identidad*. «Si eres quien crees que eres...». Si un hombre quiere saber quién es y por qué está aquí, tiene que emprender ese viaje por sí mismo.

Tiene que recuperar su corazón.

EXPANSIÓN HACIA EL OCCIDENTE CONTRA EL ALMA

La forma en que la vida de un hombre se desarrolla hoy día tiende a empujarle el corazón a regiones remotas del alma. Permanecer horas interminables delante de una pantalla de computadora; vender zapatos en el centro comercial; tener que participar en reuniones, recibir textos incesantes, contestar llamadas telefónicas. El mundo comercial, donde la mayoría de individuos estadounidenses viven y mueren, requiere que un hombre sea eficiente y puntual. Las políticas y normas empresariales están diseñadas con un propósito: enganchar a un hombre al arado y hacer que produzca. Pero el alma se niega a dejarse dominar; ambiciona la pasión, la libertad, la *vida*. Así afirmó D. H. Lawrence: «No soy un mecanismo»[1] Un hombre necesita sentir los latidos de la tierra; necesita tener en la mano algo real: el timón de un barco, riendas, la aspereza de una cuerda, o simplemente una pala. ¿Puede un hombre vivir todo el tiempo para mantener las uñas limpias y recortadas? ¿Es eso con lo que sueña un niño?

La sociedad en general no logra tomar una postura con relación a la hombría. Después de haber pasado los últimos treinta años rediseñando la masculinidad en algo más sensible, seguro, manejable y, por así decirlo, femenino, ahora reprende a los hombres por no ser hombres. Suspiran: Así son los niños. Como si para que un hombre crezca realmente debería abandonar la naturaleza, la pasión por viajar, abatirse y estar siempre en casa jugando damas. Un tema frecuente para los programas de entrevista y los libros nuevos es: «¿Dónde están todos los hombres *de verdad*?». Deseo contestar: «Ustedes les requirieron que fueran mujeres».

El resultado es una confusión de género nunca antes experimentada en un amplísimo nivel en la historia del mundo.

¿Cómo puede un hombre saber que es hombre cuando su principal objetivo es tener cuidado con sus modales?

Y luego, ¡qué lástima!, hablemos de la iglesia. El cristianismo, tal como existe en la actualidad, le ha hecho daño a la masculinidad. Cuando todo se ha dicho y hecho, creo que la mayoría de los hombres en la iglesia cree que Dios los puso en la tierra para ser chicos buenos. Nos han dicho que el problema con los hombres es que no saben de qué manera cumplir sus promesas, en qué forma ser líderes espirituales, cómo hablar con sus esposas, o de qué modo criar a sus hijos. Pero que, si se esfuerzan realmente, pueden alcanzar la elevada meta de convertirse en... chicos buenos. Eso es lo que tenemos como modelos de madurez cristiana: Ser buenos chicos de verdad. No fumamos, no bebemos ni decimos malas palabras; eso es lo que nos hace hombres. Permítanme preguntar ahora, lectores masculinos: En todos sus sueños de la infancia, mientras crecían, ¿soñaron alguna vez que se convertían en chicos buenos? (Señoras: ¿era gallardo el príncipe de sus sueños... o simplemente agradable?)

¿Cree de veras que ahora mismo estoy exagerando mi caso?

Al entrar a la mayoría de las iglesias en Estados Unidos, observe alrededor y pregúntese: ¿Qué es un hombre cristiano? No escuche lo que le dicen, preste atención a lo que descubra allí. No hay duda al respecto. Usted tendrá que admitir que un hombre cristiano es... aburrido. En un retiro reciente en la iglesia me puse a conversar con un individuo de unos cincuenta años, escuchándole de veras, acerca de su propio trayecto como hombre. «Me he esforzado mucho durante los últimos veinte años por ser un hombre bueno como la iglesia lo define». Intrigado le pedí que me explicara lo que creía que eso era. Hizo una pausa prolongada, y luego respondió: «Obediente. Y separado de su corazón». Pensé: *Qué descripción más perfecta. Lamentablemente acertada.*

Así dice Robert Bly: «Algunas mujeres prefieren a los hombres pasivos, si es que quieren un hombre; la Iglesia quiere un hombre manso —se les llama sacerdotes—; la Universidad quiere un hombre domesticado, sin iniciativa; la industria quiere a alguien que sepa trabajar en equipo».[2] Todo eso se junta en una clase de expansión rumbo al oeste en contra del alma masculina. Y por tanto, al *corazón* del hombre se le obliga a ir a lugares remotos, como un animal herido en busca de refugio. Las mujeres saben esto, y lamentan que no tengan acceso al corazón de sus hombres. Los hombres también lo saben, pero a menudo no logran explicar por qué les falta el corazón. Saben que sus corazones palpitan, pero con frecuencia ignoran dónde recuperarlos. La iglesia menea la cabeza y no puede conseguir que más hombres se inscriban en sus programas. La respuesta es simplemente esta: no hemos invitado a un hombre a conocer y vivir desde lo más profundo de su corazón.

LA INVITACIÓN

Pero Dios formó el corazón masculino, lo puso en todo hombre, y por tanto le ofrece una *invitación*: ven, y vive lo que anhelo que seas. Dios *tenía alguna intención* cuando pensó en el hombre, y si queremos encontrarnos, debemos averiguar cuál fue esa intención. ¿Qué puso él en el corazón masculino? En lugar de preguntar qué piensa usted que debe hacer para convertirse en un hombre mejor (o en una mujer, para mis lectoras femeninas), deseo inquirir: *¿Qué le hace sentir que está vivo o viva?* ¿Qué le enardece el corazón? El viaje que enfrentamos ahora es hacia una tierra extraña para la mayoría de nosotros. Debemos adentrarnos en una región que no tiene una senda claramente definida. Esta carta de exploración nos lleva al interior de nuestros propios corazones, a nuestros deseos más profundos. Como lo expresara el dramaturgo Christopher Fry:

> La vida es una hipócrita si no puedo vivir
> ¡A la manera en que me conmueve![3]

Hay tres deseos que encuentro escritos tan profundamente en mi corazón que ahora sé que no puedo desentenderme de ellos sin perder el alma. Son fundamentales para lo que soy y lo que anhelo ser. Escudriño mi infancia. Busco en las páginas de la Biblia y de la literatura. Escucho con atención a muchísimos hombres, y estoy convencido de que estos deseos son universales, una pista al interior de la masculinidad misma. Se pueden extraviar, se pueden olvidar o pueden dirigirse mal, pero en el corazón de cada hombre hay un deseo desesperado de una batalla que debe librar, una aventura que debe vivir y una bella a la cual debe amar. Quiero que usted piense en las películas que les encantan a los hombres, en lo que hacen con su tiempo libre y especialmente en las aspiraciones de los niños pequeños y vea si no tengo razón en esto.

UNA BATALLA QUE PELEAR

Sobre mi pared tengo una foto de un pequeño como de cinco años con el pelo rapado, grandes mejillas y una sonrisa picaresca. Se trata de una fotografía antigua, y el color está desvaneciéndose, pero la imagen es imperecedera. Es de la mañana de Navidad de 1964, y acabo de abrir lo que puede haber sido el mejor regalo navideño que cualquier niño haya recibido alguna vez en la Navidad: un par de pistolas de seis tiros con mango anacarado, con fundas de cuero negro, una camisa roja de vaquero con dos caballos salvajes bordados en el pecho, brillantes botas negras, pañuelo rojo y sombrero de paja. Me puse el atuendo y no me lo quité en semanas porque, como usted puede ver, este no es un «disfraz» en absoluto; es una *identidad*. Por supuesto, una de las piernas del pantalón está metida dentro de mi bota y la otra cuelga por fuera, lo que solo se suma a mi personalidad de alguien «recientemente encaminado». Tengo los pulgares metidos en el cinturón de mis pistolas y el pecho henchido porque estoy armado y soy alguien que representa peligro. Tengan cuidado chicos malos: esta ciudad no es lo suficientemente grande para ustedes y yo.

Capas y espadas, camuflaje, pañuelos y pistolas, todo esto conforma el atuendo de los héroes, son los *uniformes* de la infancia. Los niños pequeños quieren saber que son poderosos, que son temerarios, que son personas a quienes deben tener en cuenta. ¿Cuántos padres han tratado en vano de evitar que el pequeño Timmy juegue con pistolas? Ríndase. Si usted no le proporciona armas a su hijo, él las fabricará de cualquier material que tenga a la mano. Mis hijos masticaban sus galletas integrales en la mesa del desayuno hasta que les daban forma de pistolas. Cada palo o rama caída era una lanza, o mejor aún, una bazuca. A pesar de lo que muchos educadores modernos puedan decir, esta no es una alteración psicológica provocada por la televisión violenta o por un desbalance químico. La agresión sana forma parte del *diseño* masculino; estamos programados para ella. Si creemos que el hombre está hecho a imagen de Dios, entonces haríamos bien en recordar que «el SEÑOR es *fuerte* guerrero; El SEÑOR es Su nombre» (Éxodo 15:3, NBLA). Dios es un guerrero; el hombre es un guerrero. Ya hablaremos más de eso.

Las niñas pequeñas no inventan juegos donde muere un gran número de personas, ni donde derramar sangre es un requisito previo para divertirse. El jockey, por ejemplo, no fue una creación femenina. Tampoco el boxeo. Un niño quiere atacar algo, y lo mismo hace el hombre, aunque solo se trate de una bola pequeña sobre el soporte en el golf. Desea lanzarla al reino venidero. Por otra parte, cuando mis hijos crecían no se sentaban a tomar el té. No llamaban por teléfono a sus amigos para hablar de las relaciones entre ellos. Se aburrían de los juegos que no tenían ningún elemento de peligro, competición o derramamiento de sangre. Los juegos colectivos basados en «interdependencia relacional» eran una completa tontería. «¿Nadie muere? —preguntaban incrédulos—. ¿Nadie gana? ¿Qué sentido tiene?». Mire la popularidad total de los videojuegos en que niños y hombres participan; son abrumadoramente juegos de batalla. La naturaleza universal de esto ya debería habernos convencido. El niño es un guerrero; el niño es su nombre. Y no son payasadas de muchachos lo que está haciendo. Cuando los niños juegan a la guerra, están ensayando su parte en un drama mucho más grande. Quizás un día usted necesite que ese niño lo defienda.

Aquellos soldados de la Unión que acometieron contra las murallas de piedra en Bloody Angle; las tropas aliadas que atacaron las playas de

Normandía o las arenas de Iwo Jima, ¿qué habrían hecho sin esta parte profunda de sus corazones? La vida *necesita* que el hombre sea feroz, y bárbaramente dedicado. Las heridas que recibirá a lo largo de la vida harán que se desilusione si para lo único que lo han entrenado es para ser un blandengue. Esto es especialmente cierto en las turbias aguas de las relaciones, donde el hombre se siente menos preparado para avanzar. Bly declaró: «Toda relación necesita de vez en cuando cierta *violencia*».[4]

Pues bien, este anhelo puede haber desaparecido por años de negligencia, y en consecuencia un hombre podría no sentir que está a la altura de las batallas que sabe que le esperan. O el anhelo podría haber tomado un giro muy hostil, como ha pasado con las bandas y con terroristas de los cascos urbanos. Sin duda alguna, es necesario sanar el corazón guerrero en los hombres, a fin de ponerlo al servicio del bien. Puesto que el deseo está allí, todo hombre quiere representar al héroe. Cada uno *debe* saber que es poderoso. Las mujeres no hicieron de *Corazón valiente* una de las películas más populares en su década. Películas como *Rescatando al Soldado Ryan*, *Pasión y gloria*, la serie de *Duro de Matar*, *Gladiador*, la serie de *Guerra de las Galaxias* y *Marvel*, todos los superhéroes de grandes éxitos de taquilla que a los hombres les encantan, revelan lo que su corazón ansía, lo que está dentro de ellos desde el día en que nacieron.

Nos guste o no, hay algo feroz en el corazón de todo hombre. De *todos* ellos.

UNA AVENTURA POR VIVIR

Un amigo y yo hablábamos de nuestra pasión por el occidente, y de por qué él se mudó aquí desde la Costa Oriental. Comentó: «A mi madre le encanta pasar sus vacaciones en Europa. Y supongo que eso está bien para ella. Allá hay mucha cultura. Pero yo por mi parte necesito lo agreste». Nuestra conversación la motivó la película *Leyendas de pasión*, la historia de tres hermanos jóvenes que llegaron a la mayoría de edad a principios del siglo XX en la hacienda de su padre en Montana. Alfred, el mayor, es práctico, pragmático y cauteloso. Se va a la gran ciudad para convertirse en comerciante y finalmente en político. Pero algo dentro de él muere. Se vuelve un hombre vacío. Samuel, el menor, en muchas maneras sigue siendo un niño, un tierno niño: literato, sensible y tímido. Lo matan al principio de la película y sabemos que no estaba listo para la batalla.

Luego está Tristan, el hijo del medio. Es salvaje de corazón. Tristan es quien encarna al occidente: atrapa y doma el semental salvaje, pelea contra un oso pardo con un cuchillo y se gana la mujer hermosa. Todavía no he conocido un hombre que quiera ser Alfred o Samuel, y aún no he conocido a una mujer que desee casarse con alguien como ellos. Existe una razón para que el vaquero estadounidense haya tomado proporciones épicas. Encarna el anhelo que todo hombre conoce desde muy joven: «Ir al oeste» para encontrar un lugar donde pueda ser todo lo que está destinado a ser. Tomemos prestada la descripción de Dios que Walter Brueggemann hace para mostrar lo que cada hombre anhela ser: «Salvaje, arriesgado, emancipado y libre».

Haré ahora una pausa momentánea para dejar algo en claro. No soy un gran cazador. No jugué fútbol americano en la universidad. Es más, en la universidad pesaba sesenta y un kilos [135 libras] y distaba mucho de ser un atleta. A pesar de los sueños de mi infancia, nunca he sido piloto de carreras ni de combate. No me interesan los deportes televisados. (Bueno, a excepción del campeonato de baloncesto y la copa del mundo). No me gusta la cerveza barata, y aunque tengo un Land Cruiser antiguo, sus neumáticos no son ridículamente grandes. Explico esto porque preveo que muchos lectores, buenos hombres y mujeres, tendrán la tentación de descartar esto como alguna clase de enérgica acometida machista. De ningún modo. *Salvaje de corazón* no tiene nada que ver con convertirse en leñador ni beber aceite de motor. Al igual que muchos hombres (y mujeres esperanzadas), simplemente busco una masculinidad auténtica.

Cuando el invierno no proporcionaba una base adecuada de nieve, mis hijos metían sus trineos a la casa y los montaban en las escaleras. En cierta ocasión mi esposa los encontró sacando una cuerda por la ventana del segundo piso, mientras se preparaban para descender por un costado de la casa. La receta para divertirse es muy sencilla cuando de criar hijos varones se trata: agregar a cualquier actividad un elemento de peligro, un poco de exploración y una pizca de destrucción, y de esta manera se obtiene un ganador. La forma en que se esquía es un ejemplo perfecto. Usted llega a lo alto de la pista más alta, pone rectos sus esquíes cuesta abajo y arranca, mientras más rápido mejor. Y esto no termina con la edad; simplemente los desafíos son mayores.

Un juez de poco más de sesenta años, un verdadero caballero sureño con un traje a rayas y una manera elegante de hablar, me llevó a un lado durante una conferencia. En voz baja y con un tono casi de disculpa me habló de su pasión por la navegación, por el mar abierto, y de cómo él y un amigo construyeron finalmente su propio barco. Luego confesó guiñando un ojo: «Hace años navegábamos por Bermudas cuando nos azotó una noreste (una furiosa tormenta). De veras, surgió de la nada. Oleadas de siete metros (veinte pies) golpearon el barco casero de diez metros (treinta pies). Pensé que moriríamos —hizo una pausa para dar un efecto dramático a sus palabras, y luego confesó—. Fue el momento más maravilloso de mi vida».

Vea la última película de suspenso de James Bond o de la *Guerra de las galaxias*, y compare esa experiencia con, digamos, ir a un estudio bíblico. El éxito garantizado de cada estreno clarifica esto: la aventura está grabada en el corazón de un hombre. Y no se trata solo de «divertirse». La aventura *requiere* algo de nosotros, nos pone a prueba. Aunque nos atemorice la prueba, al mismo tiempo anhelamos ser probados, descubrir que tenemos lo que se necesita. Por eso es que nos aventuramos río abajo por el Snake contra todo juicio sensato, y la razón de que un amigo y yo atravesáramos el terreno de los osos para encontrar buena pesca. Por eso es que de joven me dirigí a Washington, DC, para ver si podía sobrevivir en esas aguas infestadas de tiburones. Si un hombre ha perdido este anhelo, si dice que no lo quiere, se debe únicamente a que no sabe que tiene lo que se necesita para esto y a que cree que no pasará la prueba. Por tanto, decide que es mejor no intentarlo. Por razones que espero dejar en claro más adelante, la mayoría de los hombres siente aversión a lo desconocido y, al igual que Caín, desean asentarse y construir su propia ciudad con el fin de llevar una vida mejor.

Pero usted no puede escapar, ya que hay algo salvaje en el corazón de todo hombre.

UNA BELLA A LA CUAL AMAR

Romeo tiene su Julieta, el rey Arturo lucha por Ginebra, Robin rescata a Marián y nunca olvidaré la primera vez que besé a mi amada de la escuela primaria. Fue en el otoño en mi séptimo grado. Conocí a Debbie en la clase de teatro, y me enamoré perdidamente. Fue el clásico amor de la adolescencia: La esperaba después que terminaban los ensayos, le cargaba los libros hasta su casillero. Nos pasábamos notas en clase y en la noche hablábamos por teléfono. En realidad, nunca había prestado mucha atención a las chicas, hasta ese momento. Este deseo despierta un poco más tarde en la transición de niño a ser hombre, pero cuando ocurre, su universo da un vuelco. De todos modos, ansiaba besarla, pero sencillamente no podía armarme de valor... hasta la última noche de la obra escolar. Al día siguiente salíamos a vacaciones de verano, Debbie se iría, y yo sabía que era ahora o nunca. Entre bastidores, en la oscuridad, le di un beso rápido y ella me devolvió uno más largo. ¿Recuerda la escena de la película *E. T.*, donde el chico vuela a través de la luna en su bicicleta? Aunque esa noche monté mi pequeña Schwinn hasta casa, estoy seguro de que en ningún instante toqué tierra.

No hay nada que inspire tanto a un hombre que una mujer hermosa. Lo hará querer atacar el castillo, matar al gigante o saltar cualquier obstáculo. O tal vez, conectar un jonrón. Un día durante un partido de las ligas menores, mi hijo Samuel estuvo muy inspirado. A él le gustaba el béisbol, pero la mayoría de los chicos que se inician en este deporte no están seguros de tener la capacidad para ser grandes jugadores. Sam era nuestro primogénito, y como tantos primogénitos, era cauteloso. Siempre dejaba pasar unos cuantos lanzamientos antes de intentar golpear, y cuando lo hacía, nunca daba un golpe completo; hasta ese momento cada uno de sus golpes quedaba en el cuadro. De todos modos, justo cuando Sam se acercó a batear esta tarde, su amiga del final de la calle, una linda niña rubia, apareció en la línea de primera base. Parada allí, de puntillas, gritó el nombre de Sam y le hizo señas con la mano. Fingiendo que no se había fijado en ella, él mejoró su postura, agarró el bate con un poco más de fuerza y miró al lanzador con algo de fiereza en los ojos. Sam golpeó su primera pelota y la lanzó al centro del campo.

Un hombre quiere ser el héroe para la bella.

Los jóvenes que van a la guerra llevan en sus billeteras una foto de su amada. Los hombres que vuelan en misiones de combate suelen pintar una mujer hermosa en el costado de sus aviones; las tripulaciones de los bombarderos WWII B-17 les dieron a esas fortalezas voladoras nombres como *Mi chica y yo* o *Bella de Memphis*. ¿*Qué* serían Robin Hood o el rey Arturo sin la mujer que amaban? Hombres solitarios peleando batallas solitarias. Indiana Jones y James Bond no serían lo mismo sin una belleza a su lado, e inevitablemente deben luchar por ella. Vea usted, no se trata solamente de que un hombre necesite pelear una batalla; necesita a alguien *por* quién pelear. ¿Recuerda las palabras que Nehemías les dijo a las pocas almas valientes que defendían a una Jerusalén sin muros? «No temáis [...] pelead por vuestros hermanos, por vuestros hijos y por vuestras hijas, por vuestras mujeres y por vuestras casas».[5] La batalla en sí no es suficiente; un hombre anhela romance. No basta con ser un héroe, sino ser un héroe *para alguien* en particular, para la mujer que ama. A Adán se le concedió el viento y el mar, el caballo y el halcón, pero como Dios mismo afirmó, las cosas no estaban bien hasta que llegó Eva.

Sí, hay algo apasionado en el corazón de cada hombre.

EL CORAZÓN FEMENINO

También hay tres deseos que me parecen esenciales para el corazón de una mujer, que no son totalmente distintos de los de un hombre, y sin embargo siguen siendo claramente femeninos. No toda mujer quiere una batalla que pelear, pero todas ansían que alguien luche *por* ellas. Escuche el anhelo del corazón de una mujer: no desea tan solo que le presten atención, quiere ser *deseada.* Ansía ser buscada. «Tan solo quiero ser prioridad para alguien», me confesó una amiga de poco más de treinta años. Y sus sueños infantiles de un caballero con armadura brillante que viene a rescatarla no son fantasías típicas de niña; son el núcleo del corazón femenino y la vida para la que sabe que fue creada. Por tanto, Frederick regresa por Jo en *Mujercitas,* Edward vuelve para prometer su amor eterno a Eleanor en *Sensatez y sensibilidad*, y cada superhéroe tiene su amor por el que debe luchar.

Toda mujer también quiere una aventura en la cual participar. Una de las películas favoritas de mi esposa es *El hombre de río Nevado.* Le encanta la escena en que Jessica, la joven y bella heroína, es rescatada por Jim, su héroe, y juntos cabalgan por la naturaleza agreste del desierto australiano. Otra amiga confesó: «Deseo ser Isabeau en *El hechizo del halcón.* Sí, para ser apreciada, buscada y que luchen por mí. Pero también quiero ser fuerte y una *parte* de la aventura». Por eso es que tantos hombres cometen el error de creer que la mujer *es* la aventura, y allí es donde la relación empieza inmediatamente a ir cuesta abajo. Una mujer no quiere ser la aventura; ansía quedar atrapada en algo más grande que ella misma. Nuestra amiga siguió diciendo: «Me conozco y sé que no soy la aventura. Por lo que cuando un hombre me aclara las cosas, me aburro al instante. Me sé esa historia. Me quedaré con el hombre que me cuente una que no conozca».

Finalmente, toda mujer anhela tener una belleza que develar. No para conjurar sino para exhibir. La mayoría de mujeres sienten la presión de ser hermosas desde muy jóvenes, pero no estoy hablando de eso. Existe también un deseo profundo de *ser* simplemente la bella, y deleitarse en ello. La mayoría recordará que cuando eran niñas jugaban a disfrazarse, a que se casaban o a ponerse «faldas acampanadas», esas polleras largas y sueltas para que giren cuando ellas den vueltas. Se ponían sus bonitos vestidos, entraban al cuarto y se ponían a dar vueltas. Lo que anhelaban era provocar deleite en su padre. Mi esposa recuerda haberse parado en lo alto de la mesa de centro cuando tenía cinco o seis años, y cantar con todo su corazón. El corazón de cada niña pregunta: *¿Me notas? ¿Y te cautiva lo que ves?*

El mundo extermina el corazón de una mujer cuando le dice que sea ruda, eficiente e independiente. Lo triste es que el cristianismo también le ha fallado. Vaya a la mayoría de las iglesias en los Estados Unidos, eche un vistazo y pregúntese: ¿Cuál de estas es una mujer cristiana? Una vez más, no escuche lo que le dicen; observe lo que encuentra allí. No hay duda al respecto. Tendrá que admitir que una mujer cristiana está... cansada. Lo único que hemos ofrecido al alma femenina es la presión de «ser una buena sierva». Nadie lucha por ganarle el corazón; no hay una gran aventura en que se vea envuelta; y toda mujer duda mucho que ella tenga alguna belleza que revelar.

A TRAVÉS DEL CORAZÓN

¿Qué preferiría que se dijera de usted: «¿Juan? Seguro que lo conozco. Es un individuo realmente tierno». O: «Sí, sé quién es Juan. Es un hombre del que hay que cuidarse... en el buen sentido de la palabra». ¿Y ustedes, señoras? ¿Qué hombre preferirían tener como cónyuge? (Algunas mujeres, heridas por la masculinidad que ha resultado dañina, podrían abogar por el hombre «seguro», y años más tarde preguntarse por qué no hay pasión en su matrimonio, por qué él es distante y frío). Y en cuanto a su propia feminidad, ¿qué preferiría que se dijera de usted, que es una «trabajadora incansable», o una «mujer cautivadora»?

No me queda nada más qué decir.

¿Qué pasaría si...? ¿Qué tal que esos deseos profundos en nuestros corazones nos digan la verdad, revelándonos la vida que se *supone* que debemos vivir? Dios nos concedió ojos para ver; nos dio oídos para escuchar; nos otorgó deseos para elegir; y nos confirió corazones para *vivir.* La manera en que tratamos el corazón lo es todo. Un hombre debe *saber* que es poderoso; debe *saber* que tiene todo lo que se necesita. Una mujer debe *saber* que es hermosa; debe *saber* que vale la pena luchar por ella. Una mujer me confesó: «Sin embargo, usted no lo entiende. Estoy viviendo con un hombre vacío». No, ahí se encuentra. Su corazón está allí. Podría habérsele escapado a usted, como un animal herido, huyendo siempre, un paso más allá de ser atrapado. Pero está allí. Un hombre comentó: «No sé cuándo morí. Pero me siento como si lo único que hago es consumir oxígeno». Lo comprendo. Su corazón puede sentirse muerto y acabado, pero está allí. Algo salvaje, fuerte y valiente, esperando ser liberado.

DOS

EL SALVAJE CUYA IMAGEN LLEVAMOS

¿Cómo es que el hecho de decir a las personas que se comporten bien unas con otras, haría que un hombre fuera crucificado? ¿Qué gobierno ejecutaría al señor Rogers o al Capitán Canguro?

—Philip Yancey

¿Inofensivo? ¿Quién dijo algo acerca de ser inofensivo? Desde luego que ese león no es inofensivo. Pero es bueno.

—C. S. Lewis

Este es un vástago
De aquella estirpe victoriosa que él tuvo, temamos también
su omnipotencia originaria y su destino.

—Enrique V

¿Recuerda al pequeño del que hablé en el capítulo anterior, con sus botas brillantes y un par de pistolas de seis balas? La mejor parte de la historia es que no todo era apariencia. Yo tenía un lugar dónde vivir esos sueños. Mi abuelo, papá de mi padre, era vaquero. Trabajaba en su propia hacienda ganadera en el oriente de Oregón, entre las salvias del desierto y el río Snake. A pesar de haberme criado en los suburbios, la redención de mi vida y el verdadero campo de entrenamiento para mi propio viaje hacia la virilidad ocurrieron en esa hacienda, donde pasé de niño los veranos. Ah, ojalá todos los niños fueran tan afortunados. Tener los días ocupados con tractores, camionetas, caballos y enlazada de novillos, correr por los campos y pescar en las lagunas. Cada año durante tres meses maravillosos yo era Huck Finn. Cómo me gustaba cuando mi abuelo (solía llamarlo «Pa») fijaba la mirada en mí, sonreía con los pulgares metidos en el cinturón y ordenaba: «¡Ensilla!».

Una tarde Pa me llevó al pueblo, a mi almacén favorito, el cual era una mezcla de tienda de alimentos y aperos / ferretería y suministros para haciendas. Representaba la clásica tienda de productos secos del antiguo oeste, un paraíso de herramientas y equipos, monturas, riendas y frazadas, equipos de pesca, navajas y rifles. Olía a heno y aceite de linaza, a cuero y queroseno... todo lo que emociona el corazón de un niño. Ese verano Pa tenía problemas con una sobrepoblación de palomas en la hacienda. Él odiaba las sucias aves, y temía que transmitieran enfermedades al ganado. Las llamaba «ratas voladoras». Pa se fue directamente al mostrador de armas de fuego, escogió un rifle de aire comprimido, una caja grande de cartón con cerca de un millón de balines, y me los entregó. El viejo tendero pareció un poco sorprendido mientras me miraba fijamente, entrecerrando los ojos sobre sus lentes.

—¿No está el muchacho demasiado joven para comprar eso? —preguntó.

—Hal, este es mi nieto —contestó Pa, sonriendo al tiempo que ponía la mano sobre mi hombro—. Está llevando el rifle por mí.

¿DE DÓNDE VENIMOS?

Puede que yo haya entrado a esa tienda de abarrotes como un pequeño niño tonto, pero salí como el alguacil Wyatt Earp, el Llanero Solitario o Kit Carson. Tenía una identidad y un lugar en la historia. Fui invitado a ser peligroso. Si un niño habrá de convertirse en hombre, si un hombre habrá de saber que lo es, sepa que esta no es una opción.

Un hombre *tiene que* saber de dónde viene, y para qué está hecho.

Uno de los momentos cruciales de la vida de mi amigo Craig, quizás *el* momento crucial, fue el día en que recuperó el nombre de su padre. El papá de Craig, Al McConnell, resultó muerto en la Guerra de Corea cuando Craig solo tenía cuatro meses de edad. Su madre se volvió a casar y Craig fue adoptado por su padrastro, un viejo capitán amargado que llamaba «gaviota» a Craig cada vez que se enojaba con él. Estamos hablando de una identidad, un lugar en la historia. Solía decirle: «Craig, no eres más que una gaviota, para lo único que eres bueno es para sentarte, graznar y gritar». Cuando Craig se hizo hombre supo la verdad de su herencia: cómo su padre fue un guerrero que resultó muerto en medio de la batalla. Se enteró de cómo su papá planeaba, si hubiera vivido, ir al campo misionero para llevar el evangelio a algún lugar al que nadie más hubiera ido antes. Craig descubrió que su verdadero bisabuelo fue William McConnell, el primer misionero protestante que fue a América Central, un hombre que arriesgó la vida muchas veces para llevar el mensaje de Cristo a los perdidos. Craig se cambió el apellido a McConnell, con lo que recuperó una identidad mucho más noble, un lugar mucho más comprometido en la historia. Ojalá que todos fuéramos así de afortunados. Muchos hombres se avergüenzan de sus progenitores. «Eres igualito a tu padre» es un dardo que muchas madres amargadas lanzan a su hijo. La mayoría de los hombres que conozco se esfuerzan por *no* llegar a ser como sus padres. Sin embargo, ¿a quiénes están dejándole ese ejemplo para que lo sigan? ¿De quién obtendrán el valor y la fortaleza que necesitan?

Tal vez sería mejor dirigir nuestra búsqueda hacia el Origen, hacia esa poderosa raíz de la que crecen las ramas. ¿Quién es Aquel de quien supuestamente venimos, cuya imagen lleva todo hombre? ¿Cómo es Él? Cuando un hombre anda en busca de su fortaleza, decirle que está hecho a la imagen de Dios podría no parecer de mucho ánimo al principio. Para la mayoría de los hombres, Dios está distante o es débil, la misma opinión que informan tener de sus padres terrenales. Sea sincero ahora: ¿qué imagen tiene usted de Jesús *como hombre*? Un amigo me comentó: «¿No es él un tanto manejable y benevolente? Es decir, las imágenes que tengo de Jesús muestran un tipo sentimental con niños a su alrededor. De la clase de la Madre Teresa». Sí, esas son las imágenes que yo mismo he visto en muchas iglesias. Es más, esas son las *únicas* imágenes que he visto de Jesús. Me dejan con la impresión de que él fue el tipo más amable. El señor Rogers con barba. Decirme que sea como Jesús me hace sentir como si me dijeran que sea débil y pasivo. Pero amable. Que sea genial. Que sea como la Madre Teresa.

Yo preferiría que me dijeran que sea alguien como William Wallace.

CORAZÓN REALMENTE VALIENTE

Si usted recuerda, Wallace es el héroe de la película *Corazón valiente*. Es el poeta guerrero que llegó como el libertador de Escocia a principios del siglo XIV, una verdadera figura histórica amada por los escoceses hasta el día de hoy. En la historia, cuando Wallace entra en escena, Escocia ha estado durante siglos bajo el férreo domino de monarcas ingleses. El último rey es el peor de todos: Eduardo «el Zanquilargo». Como un opresor despiadado, este individuo ha devastado Escocia, matando a los varones y violando a las mujeres. Los nobles escoceses, supuestos protectores de su rebaño, en lugar de eso han puesto cargas pesadas sobre las espaldas de los escoceses, mientras llenan sus propios bolsillos haciendo tratos con el Zanquilargo. Wallace es el primero en desafiar a los opresores ingleses. Indignado, Longshanks envía sus ejércitos al campo de Stirling para sofocar la insurrección. Los montañeses descienden en grupos de cientos y miles. Es hora de un enfrentamiento. Pero los nobles, todos ellos cobardes, no quieren una pelea. Desean hacer un tratado con Inglaterra que les comprará más tierras y poder. Son los típicos fariseos: burócratas, administradores religiosos.

Sin un líder a quien seguir, los escoceses empiezan a desanimarse. Uno por uno, y luego en grandes cantidades, empiezan a desertar. En ese momento Wallace entra con su banda de guerreros, los rostros pintados de azul, listos para la batalla. Haciendo caso omiso de los nobles, que han ido a negociar con los capitanes ingleses a fin de conseguir otro trato, Wallace apela directamente a los corazones de los temerosos escoceses. «Hijos de Escocia: [...] ustedes han venido a luchar como hombres libres, y hombres son».[1] Les ofrece una identidad y una razón para pelear. Les recuerda que una vida vivida en temor no es una vida en absoluto, que cada uno de ellos morirá algún día. «Y al morir en sus lechos, dentro de muchos años, estarán deseando cambiar todos los días a partir de ahora, por regresar aquí y decirles a nuestros enemigos que podrán quitarnos la vida, ¡pero que nunca se apoderarán de nuestra libertad!».[2] Les dice que tienen lo necesario. Al final de su conmovedor discurso, los hombres vitorean. Están listos.

—Bonito discurso —pregunta entonces el amigo de Wallace—. ¿Qué haremos ahora?
—Simplemente sean ustedes mismos —contestó William.
—¿Adónde vas?
—A entablar pelea.[3]

Finalmente, alguien se levantará contra los tiranos ingleses. Mientras los nobles intentan sacar ventaja, Wallace sale a interrumpirles la negociación. Embiste contra los feudales ingleses, y tiene lugar la Batalla de Stirling, una lucha que da como resultado la liberación de Escocia.

Ahora bien, ¿se parece más Jesús a la Madre Teresa o a William Wallace? La respuesta es: depende. Si usted es un leproso, un marginado, un paria de la sociedad a quien nadie se atrevería a tocar *alguna vez* por ser «impuro»; si lo único que usted ha anhelado en algún momento es tan solo una palabra amable, entonces Cristo es la encarnación de la tierna misericordia. Él alarga la mano y lo toca. Por otra parte, si usted es un fariseo, uno de aquellos autoproclamados guardianes de la doctrina, tenga cuidado. En más de una ocasión Jesús «entabla pelea» con tales conocidos hipócritas.

Tomemos la historia de la mujer lisiada en Lucas 13. He aquí los antecedentes: Los fariseos son como los nobles escoceses; también ponen cargas pesadas sobre la espalda del pueblo de Dios, pero no levantan un dedo para ayudarles. Además, se someten tanto a la ley que insisten en que es pecado curar a alguien el día de reposo, porque eso sería realizar una clase de «trabajo». Han retorcido las intenciones de Dios en tan mala manera que creen que el hombre fue hecho para el día de reposo, y no el día de reposo para el hombre (Marcos 2:27). Cristo ya ha tenido varios altercados con ellos, algunos por este mismo tema, por lo que esos traidores «se llenaron de ira» (Lucas 6:11, NBLA).

¿Se cuidó Jesús al respecto la próxima vez a fin de no «sacudir el barco» (lo que muchos de nuestros líderes modernos prefieren hacer)? ¿No insistió él en el tema para así «preservar la unidad de la iglesia»? No. Se metió de lleno en el tema, los atrajo, entabló una pelea. Retomemos aquí la historia:

> Enseñaba Jesús en una sinagoga en el día de reposo; y había allí una mujer que desde hacía dieciocho años tenía espíritu de enfermedad, y andaba encorvada, y en ninguna manera se podía enderezar. Cuando Jesús la vio, la llamó y le dijo: Mujer, eres libre de tu enfermedad. Y puso las manos sobre ella; y ella se enderezó luego, y glorificaba a Dios. Pero el principal de la sinagoga, enojado de que Jesús hubiese sanado en el día de reposo, dijo a la gente: Seis días hay en que se debe trabajar; en éstos, pues, venid y sed sanados, y no en día de reposo. (Lucas 13:10-14)

¿Puede usted creerle a este individuo? Qué alimaña. Demuestra exactamente que no tiene idea de lo que está sucediendo. Cristo se enfurece:

> Entonces el Señor le respondió y dijo: Hipócrita, cada uno de vosotros ¿no desata en el día de reposo su buey o su asno del pesebre y lo lleva a beber? Y a esta hija de Abraham, que Satanás había atado dieciocho años, ¿no se le debía desatar de esta ligadura en el día de reposo? Al decir él estas cosas, se avergonzaban todos sus adversarios; pero todo el pueblo se regocijaba por todas las cosas gloriosas hechas por él. (Lucas 13:15-17)

UNA BATALLA QUE PELEAR

Cristo atrae al enemigo, lo pone en evidencia por lo que es y lo avergüenza frente a todos. ¿Es el Señor un *caballero*? No, si usted está al servicio de su enemigo. Dios tiene una batalla que pelear, y esta es por nuestra libertad. Tremper Longman manifestó: «Prácticamente todos los libros de la Biblia (el Antiguo y el Nuevo Testamento) y casi todas las páginas nos hablan de la actividad guerrera de Dios».[4] Me pregunto si los egipcios que mantuvieron a Israel bajo esclavitud describirían a Yahvé como un tipo realmente amable. Plagas, pestes, la muerte de todo primogénito, eso no parece muy caballeroso ahora, ¿verdad? ¿Qué tendría que decir la Señorita Modales acerca de la toma de la tierra prometida? ¿Es apropiada la matanza total en un programa llamado «Visitemos a nuestros nuevos vecinos»?

¿Recuerda usted a ese individuo cruel llamado Sansón? Muestra un currículo masculino impresionante: mató a un león solamente con las manos, vapuleó y despojó a treinta filisteos cuando estos le pusieron a su esposa contra él, y finalmente, después que la quemaron hasta matarla, Sansón asesinó a mil hombres con la quijada de un burro. Esto no señala a alguien con quién meterse. Sin embargo, ¿se dio cuenta usted? Todos esos hechos ocurrieron cuando «*el Espíritu del Señor* vino sobre él con poder» (Jueces 15:14, NBLA, énfasis añadido). Ahora bien, permítame dejar algo en claro: No estoy defendiendo la imagen del «machista». Tampoco sugiero que vayamos todos al gimnasio y luego a la playa para patear arena en el rostro de debiluchos fariseos. Intento rescatarnos de la imagen muy, pero muy equivocada que tenemos de Dios, y en especial de Jesús, y por consiguiente de los hombres como portadores de su imagen. Dorothy Sayers escribió que la iglesia ha «cortado de manera muy eficaz las garras del León de Judá», convirtiéndolo en «una mascota doméstica adecuada para párrocos paliduchos y viejas santurronas».[5] ¿Es ese el Dios que se encuentra en la Biblia? Dios le respondió a Job, quien le cuestionó su poder:

> ¿Acaso tú dotaste al caballo de su fuerza? ¿Cubriste acaso su cuello de ondulantes crines? ¿Puedes asustarlo, como si fuera una langosta? ¡Si un resoplido suyo asusta a cualquiera! Tan fuerte es que escarba el suelo con sus cascos, y así se apresta a entrar en combate. Nada le espanta, a nada le teme, ni se arredra ante la espada. Suenan a su lado las flechas en la aljaba, brillan las lanzas, chocan las jabalinas, pero él, impetuoso, escarba la tierra, sin que le asusten los toques de trompeta. Más bien, el sonido del clarín lo excita, y a la distancia percibe los olores del combate, el griterío y las órdenes de ataque. (Job 39:19-25, RVC)

El caballo de guerra, el semental, encarna el feroz corazón de su Hacedor. Y nosotros también. Todo hombre es «un tallo de esa estirpe victoriosa». O por lo menos lo era originalmente. Usted puede saber qué clase de hombre alberga en su interior observando simplemente de qué manera está influyéndole la vida. ¿Lo convierte en alguien aburrido? ¿Lo asusta con su nazismo doctrinal? ¿Hace que usted quiera gritar porque ese individuo en su interior es demasiado pasivo?

En el huerto de Getsemaní, en la oscuridad de la noche, una turba de rufianes «con linternas, antorchas y armas» llegó para apoderarse de Cristo. Observe la cobardía de ellos: ¿por qué no lo hicieron durante la luz del día, en la ciudad? ¿Se encogió Jesús de miedo? No, los aborda de frente.

> Jesús, sabiendo todo lo que le iba a sobrevenir, salió y les dijo: «¿A quién buscan?». «A Jesús el Nazareno», le respondieron. él les dijo: «Yo soy». Y Judas, el que lo entregaba, estaba con ellos. Y cuando él les dijo: «Yo soy», *retrocedieron y cayeron a tierra.* Jesús entonces volvió

a preguntarles: «¿A quién buscan?». «A Jesús el Nazareno», dijeron. Respondió Jesús: «Les he dicho que Yo soy; por tanto, si me buscan a Mí, dejen ir a estos». (Juan 18:4-8, NBLA, énfasis añadido)

Esta es verdadera fortaleza. La pura fuerza de la valiente presencia de Jesús derriba a toda la pandilla de cobardes. Hace algunos años un buen hombre me dio una copia de un poema que Ezra Pound escribió acerca de Cristo, llamado «Balada del buen compañero». Se volvió mi favorito. Escrito desde la perspectiva de uno de los hombres que siguieron a Cristo, quizás Simón el Zelote, tiene mucho más sentido si usted sabe que *fere* es una palabra inglesa muy antigua que significa *compañero*:

¿Hemos perdido al compañero más importante de todos
A manos de los sacerdotes y la cruz?
Sí, amigo fue de hombres fornidos,
Y de naves y el abierto mar.

Cuando en pandilla llegaron a llevarse a nuestro Amigo
Su sonrisa era algo digno de ver,
«Primero dejen ir a estos», afirmó nuestro importante compañero,
«O veré que ustedes sean condenados», prosiguió.
Siempre nos envió entre altas y atravesadas lanzas
Y la burla de su risa libremente repiqueteaba,
«¿Por qué no me atraparon cuando andaba
Sin compañía por la ciudad?», preguntó Él.

Bebimos a su «salud» con buen vino tinto
Cuando finalmente nos hicimos compañía,
Ningún sacerdote eunuco fue el importante compañero
Sino que un hombre de hombres fue Él.

Lo he visto conducir a cientos de hombres
Libres nos dispersamos como un atado de corderos,

Para que ellos se tomaran la elevada y santa casa
Por su prenda y su tesoro...

He visto cómo acobardaba a mil hombres
Sobre las colinas de Galilea,
Lloriqueaban cuando él tranquilamente pasó entre ellos,
Vimos sus ojos como el gris del mar,

Como el mar que travesía no tolera
Con los vientos desatados y libres,
Como el mar que él intimidó en Genesaret
Por medio de las palabras que repentinamente habló.

Maestro de hombres fue el importante camarada
Un amigo del viento y del mar,
Si a nuestro compañero fiel creen haber asesinado
Eternamente engañados estarán.[6]

Jesús no es «sacerdote eunuco», ni monaguillo paliducho con el cabello partido a la mitad, que habla con voz queda y evita la confrontación, que al final se hace matar porque no le queda alternativa. Él trabaja con madera, se gana la lealtad de los estibadores. Es Señor de señores y el capitán de ejércitos de ángeles. Y cuando Cristo regrese, lo hará al frente de una aterradora compañía, montado sobre un caballo blanco, con una espada de doble filo y la ropa teñida de sangre (Apocalipsis 19). No hay duda al respecto: ¡nuestro Dios es un guerrero!

¿Y QUÉ DE LA AVENTURA?

Si usted tiene alguna duda respecto a que a Dios le encanta lo agreste, pase una noche en el bosque... totalmente solo. Salga a caminar en medio de una tormenta. Nade en un estanque lleno de orcas. Haga enfurecer a un alce. Bueno, ¿a quién fue que se le ocurrió esto? ¿Describiría usted como lugares «encantadores» a la Gran Barrera de Coral con sus tiburones blancos, a las selvas de la India con sus tigres, a los desiertos del suroeste con todas sus serpientes de cascabel? La mayor parte de la tierra no es segura; pero es *buena*. Eso me sorprendió un poco tarde cuando fui de excursión al nacimiento del río Kenai en Alaska. Mi compañero Craig y yo buscábamos el salmón y la trucha arcoíris gigante que viven en esas aguas heladas. Nos advirtieron acerca de los osos, pero no lo tomamos realmente en serio hasta que nos internamos en el bosque. Por todas partes había señales de los osos pardos: tirados en el sendero había salmones con la cabeza arrancada. Montones de excremento del tamaño de perros pequeños. Enormes marcas de garras en los árboles, como al nivel de nuestras cabezas. Pensé: *Estamos muertos. ¿Qué hacemos aquí?*

Entonces se me ocurrió que después que Dios hiciera todo esto, declaró que era *bueno*, ¡por todos los cielos! Esta es su manera de hacernos saber que más bien prefiere la aventura, el peligro, el riesgo, el elemento sorpresa. Toda esta creación es inexplicablemente *bárbara*. A Dios le encanta que sea así.

La mayoría de nosotros hacemos todo lo posible por *reducir* el elemento de riesgo en nuestras vidas. Usamos cinturones de seguridad, vigilamos nuestro colesterol y practicamos control de la natalidad. Conozco algunos matrimonios que han decidido totalmente no tener hijos; sencillamente no están dispuestos a experimentar la angustia que suele acompañar al hecho de tener niños. ¿Y si nacen con una terrible enfermedad? ¿Y si se rebelan contra nosotros y contra Dios? ¿Y si...?

No obstante, este es el mundo que Dios estableció, uno que requiere que vivamos asumiendo riesgos, ya que Dios quiere que vivamos por *fe*. «Entonces el Señor intervino» es quizás en una u otra forma la frase más común acerca de él en las Escrituras. Lo vemos en las historias que escribe. Está aquella en que los hijos de Israel se encuentran atrapados frente al mar Rojo, sin ninguna escapatoria posible, con Faraón y su ejército pisándoles los talones con furia asesina. Entonces Dios aparece. También está la historia la de Sadrac, Mesac y Abed-nego, que son rescatados *después* que los arrojaran en el horno ardiente. Entonces Dios se presenta. El Todopoderoso permite que la turba mate y entierre a Jesús, y entonces aparece. ¿Sabe usted por qué a Dios le gusta escribir historias tan increíbles? Porque *le gusta afrontar con éxito la adversidad.* Le encanta mostrarnos que él tiene todo lo que se necesita.

Contra Goliat, soldado experimentado y asesino aguerrido, envía a un pastorcillo pecoso armado solamente con una honda. La mayoría de adalides que van a la guerra quieren llevar toda la infantería que puedan. Dios recorta el ejército de Gedeón de treinta y dos mil a trescientos soldados. Luego equipa con antorchas y vasijas a la pequeña banda que se halla en inferioridad numérica. No se trata solo de una o dos batallas por las que Dios toma sus riesgos. ¿Ha pensado usted en la forma en que él maneja el evangelio? Dios necesita transmitir un mensaje a los seres humanos, sin el cual estarán perdidos... para siempre. ¿Cuál es el plan? En primer lugar, empieza con el grupo más improbable que se pueda conseguir: un par de prostitutas, unos cuantos pescadores con una educación de segundo grado, un cobrador de impuestos. Luego nos pasa la pelota. Increíble.

Tratar de congraciar la soberanía de Dios con el libre albedrío del hombre es algo que ha dejado perpleja a la iglesia durante siglos. Debemos reconocer humildemente que hay mucho misterio involucrado, pero para quienes son conocedores del debate, no estoy defendiendo el teísmo abierto. Sin embargo, hay definitivamente algo salvaje en el corazón de Dios. Él ama la aventura; creó niños pequeños.

UNA BELLA POR QUIÉN LUCHAR

Todo lo descabellado y toda la fiereza de Dios son aspectos inseparables de su corazón romántico. Que los teólogos hayan pasado esto por alto dice mucho más de los teólogos que del Señor. La música, el vino, la poesía, los atardeceres... esos inventos fueron suyos, no nuestros. Nosotros simplemente descubrimos lo que él ya ha imaginado. Los que se aman y las parejas en luna de miel prefieren lugares como Hawái, las Bahamas o Toscana como telón de fondo para su amor. Pero, ¿a quién se le ocurrió la idea de tener a Hawái, las Bahamas y Toscana? Observemos esto un poco más cerca de nuestra vida. ¿De quién fue la idea de crear la forma humana de tal manera que un beso pudiera ser tan placentero? Y Dios no se detuvo allí, como lo saben solo quienes se aman. Salomón se da un festín con su amada, empezando con los ojos con que lo mira, en el transcurso de su noche nupcial. También le encanta el cabello y la sonrisa; los labios de ella «destilan miel como panal» y «miel y leche hay debajo de tu lengua» (Cantares 4:11, RVA-2015). Usted se habrá dado cuenta de que Salomón está yendo de arriba hacia *abajo*:

> Tu cuello mantiene la cabeza erguida, es como la torre de David. [...] Tus pechos son como dos ciervos gemelos. [...] Subiré a esas montañas perfumadas con incienso y mirra mientras el día respira una brisa fresca y las sombras se alargan. (Vv. 4-6, PDT)

La esposa responde declarando: «Venga mi amado a su huerto, Y coma de su dulce fruta» (v. 16). ¿Qué clase de Dios pondría al Cantar de los Cantares en el canon de las Sagradas Escrituras? Vaya, ¿es realmente concebible para los cristianos que *usted* conoce que ese libro erótico y escandaloso se haya puesto en la Biblia? Y que además tenga un toque delicado y poético: «Ciervos gemelos». Esto no es pornografía, pero no hay manera de intentar explicarlo como «metáfora teológica». Esa sería una necedad. Es más, el mismo Dios habla personalmente en Cantares, una sola vez en todo el libro. Salomón ha llevado a su amada a la recámara, y los dos están haciendo todo lo que allí hacen los que se aman. Dios lo bendice todo, susurrando: «Comed, amigos; bebed en abundancia, oh amados» (Cantares 5:1), ofreciendo, como si fuera necesario, su propio estímulo. Luego cierra las cortinas.

Dios es un romántico de corazón, y tiene su propia novia por quien luchar. Él es un amante celoso, y su celo es por los corazones de su pueblo y por la libertad de los suyos.

> Por amor de Sion no callaré, y por amor de Jerusalén no descansaré, hasta que salga como resplandor su justicia, y su salvación se encienda como una antorcha. [...] Como el gozo del esposo con la esposa, así se gozará contigo el Dios tuyo. (Isaías 62:1, 5)

Y aunque ella ha cometido adulterio contra Él, aunque haya caído cautiva de su enemigo, Dios está dispuesto a mover cielo y tierra para volverla a ganar. No se detendrá ante nada para liberarla:

> ¿Quién es este que viene de Edom, de la ciudad de Bosra, con sus magníficas vestiduras púrpuras? ¿Quién es este con manto real, que marcha con grandeza y reflejando poder? «¡Soy yo, el Señor que te anuncio salvación; yo, el Señor, poderoso para salvar!». ¿Por qué son tan rojas tus vestiduras, como si vinieras de exprimir uvas en el lagar? «Porque he pisado yo solo el lagar. No hubo quien me ayudara. En mi ira, he pisoteado a mis enemigos como si fueran uvas, en mi furia pisoteé a mis adversarios. Es su sangre la que ves en mi ropa. Porque ha llegado la hora de que yo vengue a mi pueblo, de que los libere de la tierra de sus opresores». (Isaías 63:1-4, NBV)

¡Vaya! Estamos hablando de un *Corazón Valiente*. Este es un sujeto exaltado, brutal y apasionado. Nunca he oído a nadie en la iglesia hablar de esa manera. Pero este es el Dios del cielo y la tierra. El León de Judá.

NIÑITOS Y NIÑITAS

Este es nuestro verdadero Padre, la raíz de la que emana el corazón del hombre. Amor firme y valiente. Como escribiera George MacDonald:

> Tú eres mi vida; yo el arroyo, tú la fuente.
> Porque tus ojos están abiertos, puedo ver;
> Porque tú eres tú, es que yo soy yo.[7]

He notado que muy a menudo nuestro mensaje para los niños es *no*. «No te trepes allí, no rompas nada, no seas tan agresivo, no hagas tanto ruido, no desordenes, no tomes riesgos tan intrépidos». Pero el diseño del Señor, quien colocó en los niños la imagen de sí mismo, es un rotundo SÍ. «Sé intenso, sé intrépido, sé apasionado».

Bueno, nada de esto es para disminuir el hecho de que la mujer también está hecha a imagen de Dios. Lo masculino y lo femenino están en toda la creación. Así lo dijo Lewis: «El género es una realidad, y una realidad más fundamental que el sexo, [...] una polaridad fundamental que divide a todos los seres creados».[8] Estoy muy consciente del dolor y la confusión que «el debate de género» ha ocasionado a muchas personas queridas. Creo que el corazón de Dios se conduele por sus hijos e hijas, y su búsqueda de identidad y amor. Así que volvamos por un momento a los orígenes de la humanidad, para escuchar otra vez lo que nuestro Padre amoroso quiso decir respecto a nosotros desde el principio:

> Entonces dijo Dios: Hagamos al hombre a nuestra imagen, conforme a nuestra semejanza; y señoree en los peces del mar, en las aves de los cielos, en las bestias, en toda la tierra, y en todo animal que se arrastra sobre la tierra. Y creó Dios al hombre a su imagen, a imagen de Dios lo creó; varón y hembra los creó. (Génesis 1:26-27).

Dios nos creó hombre y mujer. El género es un principio de gran dignidad, y también de belleza, honor y respeto mutuo. En este tiempo más bien conflictivo muchas personas buenas tienen miedo de hablar de las diferencias entre hombres y mujeres, debido en gran parte a que creen que esto dará lugar a discriminación y división. Pero esto no tiene que ser así. Cuando comprendemos lo glorioso que es el género, lo distinto y complementario, lo único y totalmente digno de respeto para ambos lados, creo que podemos encontrar un mejor camino en nuestras relaciones. Después de todo, Jesús, el hombre más amoroso de todos los tiempos, parecía creer que el género era esencial para el entendimiento humano:

Él, respondiendo, les dijo: ¿No habéis leído que el que los hizo al principio, varón y hembra los hizo? (Mateo 19:4)

El género simplemente debe estar al nivel del alma, en los profundos y eternos lugares de nuestro interior. Dios no hace personas genéricas; hace algo muy distinto: un hombre o una mujer. En otras palabras, hay un corazón masculino y un corazón femenino, lo que a su manera refleja o representa para el mundo el corazón de Dios. Un león es impresionante, pero ¿ha visto usted alguna vez a una leona? También hay algo salvaje en el corazón de una mujer, pero es femenino hasta la médula.

Eva y todas sus descendientes también son «un tallo de esa estirpe victoriosa», pero en una manera magníficamente distinta. Como consejero y amigo, y en especial como esposo, he tenido el honor de ser recibido en lo profundo del corazón de Eva. A menudo cuando me topo con una mujer me sorprendo preguntándome en silencio: *¿Qué está diciéndome ella acerca de Dios? Sé que él quiere decir algo al mundo a través de Eva; ¿de qué se trata?* Y después de años de escuchar el llanto del corazón de muchas mujeres estoy convencido de esto más allá de cualquier duda: Dios quiere ser amado. Quiere ser una prioridad para alguien. ¿Cómo pudimos haber olvidado esto? De principio a fin, el lamento del corazón de Dios es: «¿Por qué no me eligieron?». Me sorprende lo humilde y *vulnerable* que es Dios en este punto. Él declara: «Cuando ustedes me busquen, me encontrarán, siempre y cuando me busquen de todo corazón» (Jeremías 29:13, TLA). En otras palabras, «búscame, persígueme, anhelo que me persigas». Asombroso. Tozer expresó: «Dios quiere ser deseado».[9]

Con toda seguridad vemos que Dios no quiere tan solo una aventura, sino que ansía *compartir* una aventura. Él no tenía que crearnos, pero *quiso* hacerlo. A pesar de conocer el nombre de cada estrella, y su reino abarca galaxias, Dios se deleita en ser parte de nuestras vidas. ¿Sabe usted por qué a menudo el Señor no nos responde la oración al instante? Porque quiere hablarnos, y en ocasiones esa es la única manera de lograr que nos quedemos quietos y le *hablemos*. Su esencia está a favor de la relación, de una aventura compartida hasta lo más profundo.

Y sí, Dios tiene una belleza que revelar. Existe una razón por la que un hombre es cautivado por una mujer. Eva es la corona de la creación. Si usted sigue con cuidado la narración del Génesis verá que cada nueva etapa de la creación es mejor que la anterior. Antes que nada, todo es amorfo, vacío y oscuro. Dios empieza a formar las materias primas, como un artista que trabaja en el borrador de un bosquejo o en un trozo de barro. Luz y oscuridad, suelo y mar, tierra y cielo... la creación comienza a tomar forma. Con una palabra, todo el reino floral adorna el planeta. El sol, la luna y las estrellas inundan el cielo. Con seguridad y certeza, su obra expresa mayores detalles y definición. A continuación vienen peces y aves, tortugas y halcones de cola roja. Siguen los animales salvajes, todas esas criaturas asombrosas. Una trucha es una criatura maravillosa, pero un caballo es de veras magnífico. ¿Puede usted oír el crescendo, como una gran sinfonía que va subiendo y subiendo?

Luego viene Adán, el triunfo de la obra de Dios. No es a cualquier miembro del reino animal que Dios le dice: «Tú eres mi misma imagen, el ícono de mi semejanza». Adán tiene la semejanza del Creador en su corazón intenso, intrépido y apasionado. Y, sin embargo, hay un toque final adicional. Allí está Eva. La creación llega con ella a su punto máximo, a su clímax. Es el toque final de Dios. Mucho tiempo después, el apóstol Pablo escribió que el hombre «es imagen y gloria de Dios; pero la mujer es gloria del varón» (1 Corintios 11:7). Y lo único que Adán logra balbucir es: «¡Qué hermosura!».

Eva encarna la belleza, el misterio y la tierna vulnerabilidad de Dios. Como dijera el poeta William Blake: «El cuerpo desnudo de la mujer es una porción de eternidad demasiado grande para el ojo del hombre. [...] El rugido de los leones, el aullido de los lobos, la furia del mar tempestuoso y la espada destructiva, son porciones de eternidad demasiado grandes para el ojo del hombre».[10]

La razón por la que una mujer quiere una belleza para mostrar, la razón por la que pregunta: ¿Te deleitas en mí?, es simplemente que el Señor también quiere eso. Dios es belleza cautivante. Como oró David: «Una cosa he demandado a Jehová, esta buscaré [...] contemplar la hermosura de Jehová» (Salmos 27:4). ¿Puede haber alguna duda de que Dios quiera ser *adorado*? ¿De que quiera ser visto y que seamos cautivados por lo que vemos? C. S. Lewis escribió:

> La belleza de la mujer es la raíz del gozo, tanto para ella como para el varón; [...] el deseo de disfrutar la alegría de su propia belleza es la obediencia de Eva, y para ambos es en el amante que la amada prueba su propio deleite.[11]

Admito que este es un bosquejo demasiado sencillo. Hay mucho más que decir, y estas no son categorías establecidas y rígidas. Hay ocasiones en que un hombre debe ser tierno y que una mujer debe ser una fiera. Pero si un hombre solo es tierno, sabemos que algo está profundamente mal; y si una mujer solo es violenta, sentimos que no es lo que ella debe ser. Creo que si usted mira la esencia de los pequeñitos y las pequeñitas descubrirá que no estoy equivocado en mi apreciación. Fuerza y belleza. Como lo expresó el salmista:

> Una vez habló Dios; dos veces he oído esto: Que de Dios es el poder, y tuya, oh Señor, es la misericordia; porque tú pagas a cada uno conforme a su obra. (Salmos 62:11-12)

TRES

LA PREGUNTA QUE OBSESIONA A TODO HOMBRE

La verdadera tragedia de la vida está en lo que muere dentro de un hombre mientras vive.
—Norman Cousins

Él empieza a morir, y eso le quita sus deseos.
—George Herbert

¿Estás ahí? Haz una oración por el aspirante
—Jackson Browne

Nuestro zoológico local tuvo por años uno de los leones africanos más grandes que he visto. Era un enorme macho de casi doscientos treinta kilos [quinientas libras], con una melena maravillosa y garras inmensas. *Pantera leo.* El rey de las bestias. Desde luego que estaba enjaulado, pero le cuento que las barras ofrecían un pequeño alivio cuando usted se paraba a dos metros [seis pies] de algo que en otra situación lo vería como un fácil almuerzo. Sinceramente, cuando llevaba allí a mis hijos siendo niños, sentía que debía mantenerlos a una distancia segura del león, como si este pudiera saltar sobre nosotros si de veras quisiera hacerlo. Sin embargo, era mi favorito, y siempre que los demás iban a donde los monos o los tigres, yo volvía por algunos minutos más a estar a solas con la presencia de alguien tan poderoso, noble y mortal. Quizás era temor mezclado con admiración; tal vez simplemente era que mi corazón se conmovía por el enorme y viejo felino.

Esta maravillosa y terrible criatura debía haber estado deambulando por la sabana, dominando su orgullo, infundiendo terror en el corazón de todo ñu, atrapando cebras y gacelas cada vez que quisiera hacerlo. En vez de eso, pasaba solo cada hora de cada día y cada noche de cada año en una jaula más pequeña que la recámara en que usted duerme, y siendo alimentado a través de una pequeña puerta metálica. A veces, tarde en la noche, después que la ciudad se había ido a dormir, yo solía escuchar su rugido que descendía por la colina, rugido que no me parecía muy feroz, sino más bien de profunda tristeza. Durante todas mis visitas, nunca me miró a los ojos. Yo quería desesperadamente que lo hiciera, quería por su bien la oportunidad de que me mirara fijamente; me habría encantado que me diera un zarpazo. Pero él solo permanecía allí, hastiado con ese profundo cansancio que viene del aburrimiento, respirando con poca profundidad, rodando de lado a lado de vez en cuando.

Después de años de vivir en una jaula, un león ya ni siquiera cree que es un león... y un hombre ya no cree que es un hombre.

¿EL LEÓN DE JUDÁ?

¿Es un hombre feroz... apasionado... salvaje de corazón? No se sabría por lo que normalmente anda por ahí metido en un par de pantalones. Si un hombre es la imagen del León de Judá, ¿cómo es posible que por ahí haya tantas mujeres solas, tantos hijos sin padre y tan pocos *hombres*? ¿Por qué el mundo parece estar lleno de «caricaturas» de masculinidad? Ahí está el sujeto que vive detrás de nosotros. Pasa todo su fin de semana frente al televisor viendo deportes, mientras sus hijos juegan afuera... sin él. Hemos vivido aquí nueve años y creo que quizás lo he visto jugar un par de veces con sus hijos. ¿Qué hay con eso? ¿Por qué no *participa*? Y el individuo de la otra calle, que corre motocicletas, conduce una enorme camioneta, usa una chaqueta de cuero y camina con aire arrogante. Creí que James Dean murió hace años. ¿Qué pasa con él? Luce varonil, pero más bien parece un personaje exagerado de las tiras cómicas.

¿Cómo es que cuando los hombres miran en sus corazones no descubren algo valiente y arriesgado, sino que en vez de eso encuentran ira, lujuria y miedo? La mayor parte del tiempo me siento más temeroso que valiente. ¿Por qué? Thoreau escribió hace ciento cincuenta años: «La mayoría de los hombres llevan vidas de tranquila desesperación»,[1] y parece que nada ha cambiado. Como dice *Corazón Salvaje*: «Todos los hombres mueren; algunos nunca vivieron de veras».[2] Por consiguiente, la mayoría de las mujeres llevan vidas de tranquila resignación, habiendo renunciado a su esperanza de encontrar un hombre verdadero.

La vida real del hombre promedio parece un universo alejado de los deseos de su corazón. No hay batalla que pelear, a menos que sea con el tráfico, las reuniones, los fastidios y las cuentas. ¿Dónde está la gran batalla de los hombres que se reúnen en la cafetería a tomar café todos los jueves por la mañana y que comentan sobre algunos versículos bíblicos? Los sujetos que se la pasan en la bolera, fumando y bebiendo... están en la misma situación. Hace mucho tiempo que las espadas y los castillos de su niñez los reemplazaron lápices y cubículos; las pistolas de seis tiros y los sombreros de vaqueros se hicieron a un lado y dieron paso a minivanes e hipotecas. El poeta Edwin Robinson captó de este modo la tranquila desesperación:

> Miniver Cheevy, del escarnio herido,
> Flaco ya de escalar las estaciones,
> Lloraba a veces por haber nacido,
> Y daba sus razones.

Sólo amaba el pasado en que altanero
Corcel piafaba y la espada lucía,
Y al evocar un valiente guerrero
Bailaba de alegría.

Miniver Cheevy, tarde al mundo vino,
La cabeza rascábase pensando,
Tosía y lamentaba su destino
Y seguía tomando.[3]

Sin una gran batalla en la cual un hombre pueda vivir y morir, la parte feroz de su naturaleza pasa a la clandestinidad y hierve a fuego lento en una ira hosca que no tiene razón de ser. Hace algunas semanas yo volaba hacia la costa oeste. Era la hora de cenar, y justo en medio de la comida el tipo frente a mí reclinó el espaldar de su asiento tanto como pudo, y después le dio un par de empujones hacia mí para cerciorarse de que estaba bien sentado. Me dieron ganas de darle un golpe que lo mandara a primera clase. Un amigo mío tiene problemas en su juguetería porque los chicos entran a «fastidiarlo» y él los trata con brusquedad. Esto no es precisamente bueno para el negocio. Unos cuantos hombres, buenos hombres, confiesan que con regularidad pierden el control delante de sus hijos. Luego está el tipo frente a mí ante un semáforo ayer. La luz cambió a verde, pero él no se movió; supongo que no estaba prestando atención. Di un suave toque de bocina para hacerle ver que había como veinte autos detrás de nosotros que esperaban que él arrancara. De repente el tipo salió de su vehículo gritando amenazas y dispuesto a pelear. A decir verdad, quise desesperadamente enfrentarlo allí mismo.

Los hombres sentimos ira, y en realidad no sabemos por qué.

¿Y cómo es que hay tantas «viudas de los deportes», que pierden a sus maridos cada fin de semana por el campo de golf o la televisión? ¿Por qué tantos hombres son adictos a los deportes? Esta es la mayor aventura que muchos de ellos llegan a experimentar. ¿Por qué bastantes más se pierden en sus profesiones? Por la misma razón. Me percaté el otro día que el periódico *Wall Street Journal* se promociona a hombres como «aventuras en el capitalismo». Conozco individuos que pasan horas conectados a la Internet negociando acciones de la Bolsa. No hay duda de que hay un sabor de emoción y riesgo en eso. ¿Cómo culparlos? El resto de sus vidas consiste en tareas y rutina tediosa. No es una coincidencia que muchos hombres caigan en aventuras amorosas, no por amor, ni siquiera por sexo, sino por su propio reconocimiento, por aventura. Se les ha dicho a demasiados hombres que oculten ese espíritu aventurero y que «sean responsables», es decir, que vivan solo para cumplir sus deberes. Lo único que queda son retratos en las paredes de los días pasados, y quizás algún equipo apilado en el garaje. Ed Sissman escribe:

> Los hombres, al pasar de los cuarenta
> Se levantan en la noche,
> Miran las luces de la ciudad
> Y se preguntan
> Dónde tomaron la curva equivocada
> Y por qué la vida es tan larga.[4]

Espero que usted ya esté captando la idea. Si un hombre no encuentra aquello para lo que su corazón fue hecho, si ni siquiera se le invitó alguna vez a vivir para ese propósito desde lo profundo de su corazón, lo buscará de alguna otra manera. ¿Por qué la pornografía es la principal trampa para el hombre? Él añora a la bella, pero si su corazón no es feroz y apasionado, no la puede encontrar, ganar o conservar. Aunque está poderosamente cerca de la mujer, no sabe cómo luchar por ella, y ni siquiera sabe que debe luchar por ella. En vez de eso descubre que la mujer es en su mayor parte un misterio que él no sabe cómo resolver, por lo que al nivel del alma se mantiene a distancia. Pero en privado, y en secreto, recurre a la imitación. Lo que hace a la pornografía tan adictiva en la vida de un hombre perdido es que lo hace *sentir* hombre, sin siquiera exigirle nada. Mientras menos hombre se sienta en la presencia de una mujer verdadera, más vulnerable es a la pornografía.

Y así el corazón de un hombre, lanzado a las regiones más misteriosas del alma y negado a lo que ansía con más intensidad, se va a lugares más profundos. Ahora las luchas, heridas y adicciones del individuo son un poco más complicadas que eso, pero constituyen sus motivaciones fundamentales. Según lo advirtió el poeta George Herbert: «Él empieza a morir, y eso le quita sus deseos».[5] ¿Y sabe qué? Todos lo sabemos. Todo hombre sabe que algo ha sucedido, que algo está mal... solo que no sabemos qué es.

NUESTRO MIEDO

Pasé diez años de mi vida en el teatro, como actor y director. En su mayoría fueron años felices. Era joven, enérgico y muy bueno en lo que hacía. Mi esposa formaba parte de la compañía teatral que yo dirigía, y teníamos allí muchos buenos amigos. Cuento esto para que comprenda lo que voy a revelar. A pesar de que mis recuerdos del teatro son casi todos felices, sigo teniendo esta pesadilla recurrente. Así sucede: De repente me encuentro en un teatro enorme, al estilo Broadway, la clase de teatro en que todo actor aspira actuar. La iluminación del salón es tenue y la del escenario es total, por lo que desde mi posición en escena casi no puedo distinguir la audiencia, pero siento que la sala está totalmente llena. No quedan asientos vacíos. Solo hay espacio para gente de pie. Hasta ahora todo está bien. A los actores les encanta actuar ante un teatro lleno. Pero a mí no me gusta para nada este instante. El miedo me paraliza. La obra ya comenzó y tengo una parte esencial en ella. Pero no tengo idea de cuál es la obra. No sé qué parte se supone que debo representar; no conozco mi libreto; ni siquiera sé cuándo debo entrar y salir.

Este es el temor más profundo de todo hombre: quedar expuesto, ser descubierto, que se le vea como un impostor y no como un verdadero hombre. El sueño nada tiene que ver con la actuación; ese es solo el contexto de mi temor. Usted tiene el suyo. Un hombre porta la imagen de Dios en su fortaleza, no tanto física sino en lo concerniente al alma.

Independientemente de si conoce o no el relato bíblico, si hay algo que un hombre sabe es que está hecho para *salir adelante*. Sin embargo, se pregunta: ¿Puedo? ¿Lo haré? Cuando enfrente dificultades, cuando llegue el momento de la verdad, ¿lo logrará? Durante años mi alma vivió en esta incertidumbre. A menudo despertaba en la mañana con una ansiedad que no tenía una causa inmediata. Con frecuencia sentía un nudo en el estómago. Un día mi querido amigo Brent preguntó: «¿Qué harás ahora que ya no vas a actuar?». Me di cuenta en ese momento que sentía toda mi vida como si fuera una actuación, como si siempre estuviera «en escena». Sentía en cada situación que debía probarme de nuevo. Después de dar una charla o dictar una clase me aferraba de lo que otros decían, esperando que dijeran que lo había hecho bien. Sentía cada sesión de consejería como una nueva prueba: *¿Puedo salir adelante otra vez? ¿Fue mi último triunfo todo lo que yo tenía?*

Uno de mis clientes recibió un gran ascenso y aumento de sueldo. Se deprimió. *Santo cielo*, pensé. ¿Por qué? Todo hombre anhela que lo elogien y que encima de eso, le paguen bien. Confesó que aunque el aplauso se sentía muy bien, sabía que esto solamente le aseguraba una caída mayor. Mañana tendría que hacerlo todo de nuevo, sacar otra vez la pelota del campo. Todo hombre siente que el mundo le pide que sea algo que él duda mucho que pueda llegar a ser. Esto es universal; aún no he conocido a un hombre sincero que no lo admita. Sí, hay muchos hombres que no entienden, y que se están preguntando de qué hablo; para ellos, la vida es buena y les va muy bien. Espere un momento. A menos que este sea un reflejo real y auténtico de verdadera fortaleza, es un castillo de naipes que tarde o temprano caerá. Surgirá ira, o una adicción; dolores de cabeza, una úlcera, o quizás una aventura amorosa.

Sinceramente, ¿qué opinión tiene usted de sí mismo como hombre? ¿Escogería palabras como *fuerte, apasionado y arriesgado?* ¿Tiene el valor de preguntar a quienes le rodean lo que piensan de usted como hombre? ¿Qué palabras teme que pronuncien? Ya mencioné cómo en la película *Leyendas del otoño* todo hombre que la ve parece querer ser Tristan. Sin embargo, la mayoría se ve como Alfred o Samuel. He charlado con muchos hombres sobre la película *Corazón Valiente* y aunque a todos les encantaría ser William Wallace, el héroe y guerrero comprometido, la mayoría se ven como Robert Bruce, el tipo débil e intimidado que se la pasa cediendo ante la presión. Me gustaría pensar de mí mismo como Indiana Jones; pero temo ser más como Woody Allen.

El humorista Garrison Keillor escribió un ensayo muy divertido al respecto en *The Book of Guys* [El libro sobre hombres]. El día que entendió que no era sincero consigo mismo como hombre, se sentó a hacer una lista de sus fortalezas y debilidades:

Tareas útiles que puedo realizar:

Ser amable.
Tender la cama.
Cavar un hoyo.
Escribir libros.
Cantar en voz de tenor o bajo.
Leer un mapa.
Conducir un auto.

Tareas útiles que no puedo realizar:

Derribar árboles enormes y convertirlos en madera o leña.
Domar un caballo, entrenar un perro u ocuparme de una manada de animales.
Conducir un barco sin que los pasajeros se llenen de pánico.
Lanzar una pelota rápida o una curva.
Cargar, disparar y limpiar un arma. O arco y flecha. O usar cualquiera de ellas, o un arpón, red, trampa, bumerang o cerbatana, para obtener carne.
Defenderme con mis propias manos.[6]

Keillor confesó: «Este podría ser un buen informe para una *persona*, pero no conozco ninguna. [...] Para un hombre, no es algo bueno. Una mujer revisaría la lista y diría: "¿Qué importa si un tipo puede conducir un barco? ¿Lanzar una pelota curva? ¿Cazar un venado? ¿Lanzar un gancho de izquierda?". Sin embargo, ese es el punto de vista femenino de la masculinidad».[7] Craig y yo bromeábamos con esto cuando hicimos nuestro viaje a los bosques infestados de osos pardos en Alaska. Las únicas personas más que encontramos todo el día fue un grupo de lugareños preparándose para regresar. Parecían salidos de la revista *Soldier of Fortune* [Soldado de fortuna]: escopetas recortadas, pistolas, bandoleras de munición colgando de sus pechos, enormes cuchillos. Estaban listos. Tenían todo lo necesario. ¿Y nosotros? Teníamos un silbato. Lo digo en serio. Eso es lo que llevamos para nuestro peligroso viaje por el bosque: un silbato. Hablamos de un par de cobardes. Craig confesó: «¿Qué puedo hacer yo realmente? ¿Quiero decir realmente? Sé operar una máquina de fax».

Así es como la mayoría de hombres se siente en cuanto a su preparación para luchar, para vivir con riesgos, para capturar la belleza. Tenemos un silbato. Mire usted, aunque allí están los *deseos* de una batalla por pelear, de una aventura por vivir y de una belleza por rescatar, aunque nuestros sueños infantiles se llenaron una vez con esos anhelos, no creemos estar a la altura. ¿Por qué los hombres no actúan como hombres? ¿Por qué no ofrecen su fortaleza a un mundo que la necesita desesperadamente? Por dos razones sencillas: Dudamos mucho de que tengamos alguna fortaleza para ofrecer, y estamos muy seguros de que si ofrecemos lo que tenemos, no sería suficiente. Algo ha salido mal y lo sabemos.

¿Qué nos ha sucedido? Parte de la respuesta está en la historia de la humanidad, y otra parte en los detalles de la historia de cada individuo.

¿PARA QUÉ SIRVE UN HOMBRE?

¿Para qué creó Dios a Adán? ¿Para qué sirve un hombre? Si usted sabe para qué se diseñó algo, entonces conoce el propósito para el que fue creado. A un perro labrador le apasiona el agua; a un león le gusta cazar; a un halcón le encanta remontarse. Para eso fueron creados. El deseo revela el diseño y el diseño revela el destino. En el caso de los seres humanos, nuestro diseño también se revela por nuestros deseos. Tomemos como ejemplo la aventura. A Adán y a todos sus hijos después de él se les dio una misión increíble: gobernar y someter, fructificar y multiplicarse. «Adán, he aquí toda la tierra. Explórala, cultívala, cuídala... este es tu reino». ¡Vaya invitación! Esto es permiso para hacer muchísimas más cosas que solo cruzar la calle. Es un vuelo fletado para encontrar el ecuador, es una comisión para edificar Camelot. Por lo que sabemos, en ese momento solamente el Edén es un huerto; todo lo demás es desierto. Todavía ningún río se ha descubierto, ningún océano se ha atravesado y ninguna montaña se ha escalado. Nadie ha descubierto la molécula ni la inyección, y Beethoven no ha compuesto su Quinta Sinfonía. Todo es una página en blanco, que espera ser escrita. Un lienzo limpio, en espera de ser pintado.

La mayoría de los hombres cree simplemente que están en la tierra para matar el tiempo; y el tiempo los está matando. Pero la verdad es precisamente lo contrario. El anhelo secreto de su corazón, ya sea construir un bote y navegar en él, componer una sinfonía y tocarla, plantar un campo y cuidarlo... esas son las cosas para las que usted fue hecho. Para eso está aquí. Explorar, construir, conquistar... no tiene que decirle a un niño que haga esas cosas por la sencilla razón de que ese *es su propósito.* Pero hay que tomar un riesgo, un peligro, y allí está el éxito. ¿Estamos dispuestos a vivir con el nivel de riesgo al que Dios nos invita? Algo en nuestro interior vacila.

Veamos otro anhelo: ¿por qué un hombre anhela una batalla en la cual pelear? Porque cuando entramos a la historia en Génesis lo hicimos a un mundo en guerra. El guion ya está escrito. El diablo espera hacer su próxima aparición. En algún sitio antes del Edén, en el misterio de la eternidad pasada, hubo un golpe de estado, una rebelión, una tentativa de asesinato. Lucifer, el príncipe de los ángeles, el capitán de la guardia, se rebeló contra la Trinidad. Intentó tomarse el trono celestial por la fuerza, con el apoyo de la tercera parte de los ejércitos angelicales, en la que inculcó su propia maldad. Fallaron, y fueron arrojados de la presencia de la Trinidad. Sin embargo, no fueron destruidos y la batalla no ha terminado. Dios tiene ahora un enemigo... y nosotros también. El hombre no nació dentro de una comedia o una telenovela; nació en un mundo en guerra. Esto no es *Sábado Gigante*; es *Rescatando al Soldado Ryan*. Habrá muchas, muchas batallas para pelear en muchos campos distintos.

Finalmente, ¿por qué Adán anhela una belleza para rescatar? Porque existe Eva. Él va a necesitarla y ella va a necesitarlo. Es más, la primera y gran batalla de Adán está a punto de comenzar, como una batalla por Eva. Pero permítame preparar el escenario un poco más. Antes que Eva fuera sacada del costado de Adán y dejara ese anhelo que nunca desaparece a menos que él esté con ella, Dios le da a Adán algunas instrucciones para cuidar la creación, y el papel que tiene en la historia por desarrollarse. Es muy básico y muy generoso: «Puedes comer libremente del fruto de cualquier árbol del huerto, excepto del árbol del conocimiento del bien y del mal» (Génesis 2:16–17, NTV). Es verdad, la mayoría de nosotros hemos oído eso. Pero observe lo que Dios *no* le dice a Adán.

No hay ninguna advertencia o instrucción sobre lo que está a punto de ocurrir: la tentación de Eva. Esto es simplemente asombroso. Lo que sin duda alguna falta en el diálogo entre Adán y Dios es algo así: «Adán, tengo algo más que decirte. En una semana a partir del martes, más o menos a las cuatro de la tarde, tú y Eva van a estar en el huerto, y algo grave va a suceder. Adán, ¿me estás escuchando? El destino eterno de la humanidad depende de este momento. Ahora bien, esto es lo que quiero que hagas...». Dios no se lo dijo. Por lo que sabemos, ni siquiera lo mencionó. Santo cielo... ¿por qué no *lo hizo?* Porque Dios *cree* en Adán, quien está diseñado para hacer esto: vencer las dificultades. Adán no necesita instrucciones jugada por jugada, porque *para* esto fue creado. Todo lo que necesita ya está allí, en su diseño, en su corazón.

Está por demás decir que la historia no resultó bien.

Adán cae; le falla a Eva y al resto de la humanidad. Déjeme hacerle una pregunta: ¿Dónde estaba Adán cuando la serpiente tienta a Eva? Se hallaba parado al lado de ella: «Dio también a su marido que estaba con ella, y él comió» (Génesis 3:6, NBLA). La palabra hebrea para «con ella» significa exactamente allí, codo a codo. Adán no está en otra parte del bosque; no tiene coartada. Está justo allí, viendo cómo se desarrollaba todo el asunto. ¿Qué hace? Nada. Absolutamente nada. No dice una palabra, no levanta un dedo.*

Adán no se arriesgará, no peleará, y no rescatará a Eva. Nuestro primer padre, el primer hombre de carne y hueso, quedó paralizado. Negó su propia naturaleza y se convirtió en un individuo pasivo. Y todos los hombres después de él, todo hijo de Adán, carga ahora en su corazón el mismo fracaso. Cada hombre repite a diario el pecado de Adán. No nos arriesgaremos, no lucharemos ni rescataremos a Eva. En verdad somos astillas del mismo palo.

Para no dejar de lado a Eva, debo señalar que ella también falla en su diseño. Eva fue dada a Adán como *ezer kenegdo*, o como dicen algunas traducciones, su «ayuda idónea» o «ayudante». Eso no parece mucho, ¿verdad? Me hace pensar en el producto de cocinar Hamburger Helper. Pero Robert Alter dice que esta es «una frase muy difícil de traducir».[8] Significa algo mucho más poderoso que tan solo una «colaboradora»; significa *salvavidas*. Dios usa la frase solo en otra parte, cuando usted necesita desesperadamente que él llegue en su auxilio. «No hay nadie como el Dios de Israel. Él cabalga por el firmamento para ir en tu ayuda» (Deuteronomio 33:26, NTV). Eva es dadora de vida; es la aliada de Adán. Es a *ambos* que se les da el privilegio de la aventura. Se necesitará de los dos para sustentar la vida. Y ambos deberán luchar juntos.

Eva es engañada... y con bastante facilidad, según señala mi amigo Jan Meyers. Jan dice en *The Allure of Hope* [El encanto de la esperanza]: «Eva quedó convencida de que Dios estaba negándole algo».[9] Ni siquiera la exuberancia del Edén pudo convencerla de que el corazón de Dios es bueno. «Cuando Eva fue [engañada], el arte de ser una mujer se hundió fatídicamente en los lugares estériles del control y la soledad».[10] Ahora toda hija de Eva quiere «dominar su entorno, sus relaciones, su Dios».[11] Ya no es sensible; ahora será codiciosa. Ya no solo quiere participar en la aventura; ahora quiere controlarla. Y en cuanto a su belleza, o la esconde en temor e ira, o la usa para asegurar su lugar en el mundo. «En nuestro temor de que nadie hable a nuestro favor, que nos proteja o que luche por

---

* Estoy en deuda con Crabb, Hudson y Andrews por señalar esto en *El silencio de Adán*.

nosotras, comenzamos a reinventarnos tanto en nosotras mismas como en nuestro papel en la historia. Manipulamos nuestro entorno para no sentirnos demasiado indefensas».[12] La Eva caída se vuelve estricta o porfiada. Dicho con sencillez, Eva ya no es solo *provocativa.* Ahora se esconde en ocupaciones o en exigir a Adán que no le falle; por lo general, en una combinación de lo uno y lo otro.

IMPOSTORES

Adán sabe ahora que lo ha estropeado todo, que algo malo ha ocurrido en su interior, que ya no es lo que estaba destinado a ser. No solo tomó una mala decisión; *se despojó* de algo fundamental para su naturaleza. Ahora está golpeado, sus fuerzas se han ido, y está consciente de ello. ¿Qué pasa entonces? Se esconde.

> Tuve miedo, porque estaba desnudo; y me escondí. (Génesis 3:10)

Usted no necesita un curso en sicología para entender a los hombres. Comprenda este versículo, deje que se asimilen sus repercusiones y de repente se revelarán los hombres a su alrededor. Estamos escondidos, hasta el último de nosotros. Muy conscientes de que nosotros tampoco somos lo que estamos destinados a ser, desesperadamente temerosos de quedar al descubierto, aterrados de ser vistos por lo que somos y *no somos*, hemos corrido a escondernos en los arbustos. Nos escondemos en nuestra oficina, en el gimnasio, detrás del periódico y principalmente *detrás de nuestra personalidad.* Gran parte de lo que vemos cuando nos topamos con un hombre es una fachada, una hoja de higuera elaborada, un disfraz brillante.

Una noche al regresar de una cena, un amigo y yo hablábamos de la vida, el matrimonio y el trabajo. Cuando la conversación se profundizó, él comenzó a admitir algunas de las luchas que tenía. Luego confesó: «John, la verdad es que siento como si solo estuviera aparentando mi camino por la vida... y que algún día cercano quedaré al descubierto como un impostor». Esto me sorprendió muchísimo. Este es un tipo popular y triunfador, que gusta a la mayoría de personas apenas lo conocen. Es brillante, elocuente, bien parecido y atlético. Está casado con una mujer hermosa, tiene un gran empleo, maneja una camioneta nueva y vive en una casa enorme. Por fuera no hay nada que diga: «Este no es un verdadero hombre». Pero por dentro es otra historia. Siempre es así.

Antes de que mencionara mi pesadilla en que me encuentro en el escenario sin nada que decir, otro amigo me confesó que también tenía una pesadilla periódica que involucraba un asesinato y al FBI. Según parece, en su sueño mató a alguien y enterró el cadáver en el patio de la casa. Sin embargo, las autoridades se acercan y él sabe que en algún momento descubrirán la escena del crimen y lo atraparán. El sueño siempre termina exactamente antes que se descubra todo. El hombre despierta sudando frío. «En algún momento me descubrirán» es un asunto común entre nosotros los hombres. A decir verdad, la mayoría de nosotros andamos aparentando nuestro paso por la vida. Solo escogemos las batallas que estamos seguros de ganar, solo aquellas aventuras que estamos seguros de manejar, solo esas bellezas que estamos seguros de rescatar.

Quiero preguntar a los hombres que no saben mucho de autos: ¿Cómo hablan con su mecánico? Sé un poco de arreglo de autos, pero no mucho, y cuando estoy al lado de algún mecánico me siento un tanto ignorante. ¿Entonces qué hago? Aparento; finjo. Asumo una actitud casual y despreocupada que imagino usan «los tipos» cuando se ponen a conversar alrededor del furgón del almuerzo y espero que él hable.

—Me parece que podría tratarse de la mezcla de combustible —dice él.

—Sí, eso es exactamente lo que creo que es —contesto.

—¿Cuándo fue la última vez que hizo reconstruir el carb?

—Ah, no hace mucho... probablemente algunos años. (Imagino que el hombre está hablando de mi carburador y no tengo idea si lo han reconstruido).

—Pues bien, mejor lo hacemos ahora o terminará varándose en algún camino rural a kilómetros de ninguna parte y tendrá que hacerlo usted mismo.

—¡Ah! Claro —digo casualmente, como si no quisiera la molestia de tener que reconstruir esa cosa, aun cuando sé que no tendría la más leve idea de por dónde comenzar.

Lo único que tengo es un silbato, ¿recuerda? Le digo al mecánico que haga el trabajo y él extiende una mano hacia mí, una mano enorme y engrasada que me indica: *Conozco muy bien las herramientas* y lo que se supone que debo hacer. Por mi parte, yo estoy vestido con chaqueta y corbata porque se supone que voy a dar una charla en un almuerzo de mujeres. No puedo decirle: «Gracias, pero preferiría no ensuciarme las manos», así que tomo su mano y la muevo de arriba abajo con fuerza adicional.

¿O qué hay del que trabaja en el mundo corporativo de los negocios, cómo actúa en la sala de juntas cuando la discusión está candente? ¿Qué dice cuando el «gran jefe» lo está acosando? «Jones, ¿qué rayos está pasando en su división? ¡Tienen tres semanas de retraso en ese proyecto!». ¿Intenta usted escurrir el bulto? «En realidad, señor, hace unas semanas presentamos los planes de una oferta al departamento de finanzas». ¿O acaso finge ignorancia? «¿De veras? No tenía idea de que estuviéramos tres semanas atrasados. Me pondré a trabajar inmediatamente en eso». Quizás trata el asunto de forma evasiva. «Señor, ese trabajo es pan comido... lo terminaremos esta semana».

Hace años incursioné en el mundo corporativo de los negocios; el director era un tipo muy intimidante. Muchas cabezas rodaron en su oficina. Mi plan básicamente era intentar evitarlo a cualquier costo; cuando me topaba con él en el pasillo, incluso al conversar de modo «amigable», siempre me sentía como si tuviera diez años de edad.

¿Y qué decir de los deportes? Hace algunos años me ofrecí de voluntario para entrenar el equipo de béisbol de mi hijo. Había una reunión obligatoria a la que todos los entrenadores debíamos asistir antes de la temporada, para recoger el equipo y escuchar «instrucciones». Nuestro departamento de recreación llevó un lanzador profesional jubilado, un muchacho de la localidad, para darnos una charla que nos infundiría ánimo. Las poses que siguieron fueron increíbles. He aquí un grupo de papás calvos con sus panzas cerveceras caminando con aire arrogante, hablando de sus épocas de beisbolistas, haciendo comentarios sobre jugadores profesionales que según ellos conocieron personalmente, y escupiendo (no estoy bromeando). Su «actitud» (para usar una palabra moderada) era tan falsa que debí hacerme el de oídos sordos. Este era el grupo más grande de fingidores que jamás había visto... fuera de la iglesia.

Lo mismo ocurre los domingos en la mañana, solo que ahí las reglas son distintas. David se encuentra con Roberto en el vestíbulo de la iglesia. Ambos exhiben rostros felices, aunque ninguno de los dos está contento.

—Hola Roberto, ¿cómo estás?

En realidad Roberto está furioso con su esposa y a punto de abandonarla.

—Maravillosamente bien, David —dice sin embargo—. ¡El Señor es bueno!

David, por otra parte, no ha creído por años en la bondad de Dios, desde que asesinaron a su hija.

—Sí, Dios es siempre bueno. Sencillamente estoy feliz de estar aquí alabando al Señor.

—Yo también. Bueno, estaré orando por ti.

Me encantaría ver una lista de la cantidad de oraciones *realizadas* de veras contra la cantidad de oraciones prometidas. Apuesto a que una de cada mil.

—También estaré orando por ti. Bueno, debo irme. ¡Cuídate!

«Cuídate» es una manera de decir: «Esta conversación terminó y me quiero ir, pero no quiero parecer grosero, así que diré algo que parezca significativo y cariñoso»; pero en verdad, a David le importa un comino Roberto.

LA FORTALEZA NO DIO RESULTADO

Adán cae y todos sus hijos con él. Después de esto, ¿qué se ve en el desarrollo de la historia? Hombres violentos, o pasivos. La fortaleza no dio resultado. Caín mata a Abel; Lamec amenaza con matar a todos los demás. Dios finalmente trae un diluvio a la tierra debido a la violencia de los hombres, pero aun así estos siguen siendo violentos. A veces la violencia es física; la mayor parte del tiempo es verbal. Conozco hombres cristianos que dicen a sus esposas las cosas más horribles. O las matan con su silencio; un silencio frío y mortal. Conozco pastores, tipos simpáticos y amigables en el púlpito, quienes desde la seguridad de sus oficinas envían correos electrónicos despiadados a su personal. Todo esto es cobardía. Me intrigó leer en las reseñas de comandantes de la guerra civil cómo hombres que se pensaría que eran verdaderos héroes terminaban simplemente siendo lo contrario. Un cabo declaró: «Los matones que siempre están listos para las peleas callejeras son cobardes en el campo abierto de batalla».[13] Un sargento de la misma división agregó: «No conozco un solo bravucón de peleas a los puños que no sea un soldado cobarde».[14] La violencia, de la clase que sea, es una forma de encubrir el *miedo.*

¿Y qué de los que tienen éxito, los hombres que se esfuerzan mucho y se abren paso en la vida? Gran parte de esto también se basa en el miedo. No todo, pero sí la mayor parte. Por años fui un perfeccionista clase A y último modelo. Demandaba mucho de mí mismo y de quienes trabajaban para mí. A mi esposa no le gustaba llamarme al trabajo porque, como ella decía: «Tienes encendida tu voz de trabajo». En otras palabras, estaba poniendo al descubierto mi hipocresía. Toda esa arrogancia, supuesta confianza y duros ataques venían del miedo... miedo de que si yo no hacía esto se revelaría que era menos que un hombre. Nunca darse por vencido, nunca bajar la guardia, dar el ciento cincuenta por ciento. Los que alcanzan el éxito son una forma aceptable de hombres violentos, que exageran de una u otra manera. Sus víctimas tienden a ser sus matrimonios, sus familias y su salud. A menos que un hombre enfrente esto con sinceridad, y lo que realmente está detrás de esta situación, hará mucho daño a los demás.

Luego están los hombres pasivos. Abraham es un buen ejemplo. Siempre escondido detrás de la falda de su esposa en momentos difíciles. Cuando una hambruna lo obliga junto con su familia a mudarse a Egipto, dijo a Faraón que Sara era su hermana, para que no lo mataran; la puso en riesgo para salvar su propio pellejo. Faraón lleva a Sara a su harén, pero todo el engaño se pone al descubierto cuando Dios azota a los egipcios con enfermedades. Usted pensaría que Abraham aprendió la lección, pero no...

lo vuelve a hacer años después cuando se fue al Néguev. Es más, su hijo Isaac siguió con la tradición, poniendo en peligro a Rebeca de igual modo. Los pecados del padre se transmitieron. Abraham es un buen hombre, un amigo de Dios. Sin embargo, también es un cobarde. Conozco muchos hombres como él. Individuos que no pueden comprometerse con mujeres con las que se han relacionado por años. Hombres que no se paran ante el pastor y le dicen lo que en realidad piensan. Pastores y líderes cristianos que se esconden tras la hipocresía de amabilidad y «espiritualidad», y nunca confrontan una situación difícil. Tipos que se dedican a poner en orden sus sujetapapeles. Hombres que se esconden detrás del periódico o el televisor; y no conversan de veras con su esposa y sus hijos.

Yo también soy como Abraham: un digno hijo suyo. Mencioné que los primeros años de nuestra vida en el teatro fueron buenos... pero esa no es toda la historia. También tuve una aventura amorosa... con mi trabajo. Me casé con mi esposa sin resolver, o ni siquiera conocer, los más profundos interrogantes de mi alma. De repente, al otro día de nuestra boda, enfrento la realidad de tener ahora a esta mujer como mi compañía constante, y no tengo idea del verdadero significado de amarla, mucho menos de darle todo lo que necesita de mí. ¿Y si le ofrezco todo lo que tengo como hombre y no es suficiente? Ese es un riesgo que yo no quería tomar. Pero estaba consciente de sí tener lo que el teatro demandaba de mí, por lo que comencé poco a poco a pasar allí más y más tiempo. Tarde en las noches, fines de semana y finalmente todo momento despierto. Estaba escondiéndome, como Adán, huyendo del hecho de que mi fuerza era requerida, y que en realidad dudaba de tener alguna.

La evidencia es clara: la caída de Adán y Eva provocó un temblor en toda la humanidad. Un defecto fatal afectó el original, y esto se ha transmitido a todos los hijos y las hijas. De ahí que cada niño y cada niña entran al mundo con la predisposición de ser insensibles. Aunque no lo pueda expresar en palabras, a todo hombre le asalta la inquietud: «¿Soy un verdadero hombre? ¿Tendré lo que se requiere... cuando se necesite?». Lo que sigue es una historia con la que personalmente estamos muchísimo más familiarizados.

CUATRO

LA HERIDA

La madre del pequeño Billy siempre estaba diciéndole exactamente lo que se le permitía y lo que no se le permitía hacer. Todo lo que se le permitía hacer era aburrido. Todo lo que no se le permitía hacer era emocionante. Algo de lo que NUNCA, NUNCA se le permitía hacer era lo más emocionante de todo: atravesar la puerta del jardín por sí mismo y explorar el mundo exterior.

—Roald Dahl, The Minpins

Pero el luchador sigue en pie.

—Paul Simon

Creo que fui el único de toda la compañía en atravesar toda Normandía sin resultar herido.

—Rec. William Craft, Regimiento 314 de infantería

La narración de la caída de Adán es la historia de todo hombre. En su brevedad y profundidad es simple y sencilla, casi mítica. Y de esta manera todo hombre entra al mundo con una predisposición a ser insensible. Luego viene la historia de la que estamos mucho más conscientes: la nuestra. Aunque la historia de Adán parece simple y sencilla, la nuestra parece compleja y detallada; participan muchos más personajes, y la trama a veces es difícil de seguir. Pero el resultado siempre es el mismo: una herida en el alma. En su viaje a convertirse en hombre, todo niño lleva una flecha en el centro de su corazón, en el lugar de su fortaleza. Puesto que casi nunca se habla de la herida, y aún más rara vez se sana, todo hombre lleva una herida. Y la herida casi siempre se la ha hecho su padre.

LA PREGUNTA MÁS PROFUNDA DE UN HOMBRE

Una tarde calurosa de agosto hace muchos, pero muchos años, mis hijos y yo fuimos a escalar una pared de rocas en un lugar llamado el Jardín de los Dioses, cerca de casa. Las espirales de arenisca roja parecían allí las aletas dorsales de una gran bestia, que acababa de surgir del sótano del tiempo. A todos nos gusta escalar y nuestro amor por este deporte va más allá de la aventura. Hay algo al enfrentar una pared de rocas, aceptar su desafío y vencerla que nos llama, prueba y afirma de qué estamos hechos. Además, de todos modos, los muchachos van a trepar en todo lo que encuentren: la refrigeradora, el pasamanos, la cerca del vecino; así que es mejor que también nosotros programemos hacerlo afuera. Y es una excusa para comprar un equipo realmente genial. Pues bien, al escalar con los muchachos cuando eran jóvenes siempre ataba la cuerda a la cima, queriendo decir con esto que antes de ascender tenía protección desde lo alto de la roca, lo que me permitía controlar desde abajo. Así podía observarlos al subir, ver todos sus movimientos y ayudarles en los lugares difíciles. Sam fue el primero en trepar esa tarde, y después de abrocharse la cuerda en su arnés de seguridad, comenzó su ascenso.

Todo iba bien hasta que Sam se topó con una saliente, y esto, aunque estaba atado, lo hizo sentir expuesto y un poco más que vulnerable. El muchacho no superó el escollo y comenzó a asustarse más y más a medida que colgaba allí; pronto empezaron a brotar lágrimas. Así que lo tranquilicé diciéndole que volviera a bajar, que no teníamos que escalar hoy esa roca y que conocía otra que podría ser divertida. Expresó con convicción: «No, quiero esta». Comprendí. Llega un momento en que simplemente debemos enfrentar los retos en nuestras vidas y dejar de retroceder. De modo que lo ayudé a subir el voladizo impulsándolo un poco, y él continuó con mayor velocidad y confianza. «¡Lo estás logrando, Sam! Te ves muy bien. Eso es... ahora a la derecha... así es, ahora saca el pie de ese punto de apoyo... muy buen movimiento».

Note que una parte esencial de cualquier deporte masculino es esta clase de «charla». Este es nuestro modo de afirmarnos unos a otros sin que parezca que lo estamos haciendo. Los hombres casi nunca se elogian directamente como lo hacen las mujeres: «Enrique, me encantan tus pantalones. Te ves fabuloso». Nosotros elogiamos indirectamente, por medio de nuestros logros: «Vaya, tremendo tiro, Pedro. Hoy sí que tienes un ritmo tremendo». A medida que Sam ascendía, yo le daba mensajes de consejo y ánimo. Pronto llegó a otro lugar de desafío pero esta vez lo superó al instante. Unos pocos movimientos más y llegaría a la cumbre. «Bien hecho, Sam. Eres *sensacional*». Terminó de trepar, y cuando regresaba caminando por el otro lado comencé a sujetar a Blaine. Pasaron diez o quince minutos y yo ya me había olvidado de la historia. Pero Sam no. Mientras yo dirigía a su hermano sobre la roca, Sam se me acercó sigilosamente y con voz suave me preguntó: «Papá... ¿crees de verdad que estuve sensacional allá arriba?».

Pierda ese momento y perderá para siempre el corazón de un muchacho.

No es una pregunta. Es *la* pregunta, la que todo niño y hombre ansía hacer. ¿Tengo lo que se requiere? ¿Soy poderoso? A menos que un hombre *sepa* que es un hombre, siempre intentará probar que es uno, mientras al mismo tiempo retrocede ante algo que podría revelar que no lo es. La mayoría de hombres viven obsesionados por la pregunta, o lisiados por la respuesta que reciben.

¿DE DÓNDE VIENE LA MASCULINAD?

A fin de entender cómo un hombre recibe una herida debemos comprender la verdad central del viaje de un niño hacia la madurez: la hombría se *otorga*. De un hombre, o de un grupo de hombres, un niño aprende lo que es y lo que tiene. No puede aprenderlo en ningún otro lugar. No puede aprenderlo de otros niños, ni del mundo de las mujeres. El plan desde el principio de los tiempos fue que el padre sentara las bases del corazón de su hijo, y le transmitiera ese conocimiento y esa confianza esenciales a sus propias fuerzas. Papá sería el primer hombre en su vida, y siempre el más importante. Por sobre todo, él respondería *la pregunta* a su hijo y le daría su nombre. A través de la historia del hombre que la Biblia nos narra, es el padre quien da la bendición y de ese modo «confiere nombre» al hijo.

Adán recibe de Dios tanto su nombre como el poder de dar nombres. Le dio el nombre a Eva, y por tanto creo que es acertado decir que también dio nombres a sus hijos. Sabemos que Abraham le puso el nombre a Isaac, y aunque según parece la madre fue quien les puso nombre a los hijos de Isaac, Jacob y Esaú, estos imploran con desesperación la *bendición* que solo llega de la mano de su padre. Jacob obtiene la bendición, y casi cien años después, inclinado sobre su bastón, se la transmite a sus hijos... les da un nombre y una identidad. «Cachorro de león, Judá. [...] Isacar, asno fuerte. [...] Será Dan serpiente junto al camino. [...] Gad, ejército lo acometerá; mas él acometerá al fin. [...] Rama fructífera es José. [...] su arco se mantuvo poderoso» (Génesis 49:9, 14, 17, 19, 22, 24). El padre del Bautista lo llamó Juan, aun cuando el resto de la familia le quería poner el nombre de su padre, Zacarías. Incluso Jesús necesitaba oír estas palabras de afirmación de su Padre. Después de ser bautizado en el Jordán, antes del brutal ataque a su identidad en el desierto, su Padre dice: «Tú eres mi Hijo amado; en ti tengo complacencia» (Lucas 3:22). En otras palabras, «Jesús, estoy profundamente orgulloso de ti, tú tienes lo que se requiere».

Me intriga una historia en particular de un padre que le dio nombre a su hijo. Se centra en Benjamín, el último hijo nacido de Jacob. Raquel da a luz al niño pero muere como resultado del parto. Con su último aliento le pone el nombre de Benoni, que significa «hijo de mi tristeza». Pero Jacob interviene y lo llama Benjamín: «Hijo de mi mano derecha» (Génesis 35:18). Esta es la jugada crítica, cuando un muchacho ya no obtiene su identidad de la madre sino del padre. Observe que hizo falta una *intervención* activa del hombre; siempre es así.

MADRES E HIJOS

Un niño llega al mundo a través de su madre, y ella es el centro de su universo en esos primeros y tiernos meses y años. La madre lo amamanta, lo alimenta, lo protege; le canta, le lee, lo vigila, como dice el antiguo dicho, «como una gallina». También a menudo le pone nombres tiernos, nombres como «mi muñequito», o «tesorito de mamá», o incluso «mi pequeño noviecito». Sin embargo, un niño no puede llegar a la madurez con un nombre de esos, y ni hablar de un nombre como «hijo de mi tristeza». Llega entonces el momento del cambio, cuando el muchacho comienza a buscar el afecto y la atención de su padre. Quiere jugar con papá a tirarse la pelota, a luchar con él y a pasar tiempo juntos afuera o en su trabajo. Si papá trabaja fuera de casa, como la mayoría, entonces su regreso en la noche se vuelve para el niño en el acontecimiento más grande del día. Stasi puede decir cuándo sucedió esto con cada uno de nuestros hijos. Este es un momento muy difícil en la vida de una madre, cuando el padre la reemplaza como el sol en el universo del niño. Es parte de la tristeza de Eva, esto de dejar ir, de ser reemplazada.

Pocas madres lo hacen de buena gana; muy pocas lo hacen bien.

Muchas mujeres piden a sus hijos que llenen un vacío en su alma que sus esposos han dejado. Pero el niño tiene una pregunta que necesita respuesta y no puede obtenerla de su madre. La feminidad no puede conferir masculinidad. Mi madre solía llamarme «cariño», pero mi padre me decía «tigre». ¿En qué dirección cree usted que un niño querrá ir? De todos modos irá donde mamá buscando consuelo (¿a quién acude cuando se raspa la rodilla?); sin embargo, va donde papá en busca de aventura, de la oportunidad de probar su fortaleza, y más que todo, de encontrar respuesta a sus problemas. Un ejemplo clásico de esta dualidad de papeles ocurrió la otra noche. Conducíamos calle abajo y los muchachos hablaban de la clase de vehículo que deseaban tener cuando llegara el momento de contar con su primer juego de llantas.

—Estaba pensando en un Humvee o una motocicleta, quizás un tanque. ¿Qué opinas, papá?

—Yo preferiría el Humvee. Podríamos montarle una ametralladora.

—¿Qué opinas tú, mamá? ¿Qué clase de auto quieres que tenga?

Usted ya sabe lo que ella contestó.

—Uno que sea seguro.

Stasi es una madre maravillosa; se ha mordido la lengua tantas veces que me pregunto si aún le queda algo, guarda silencio mientras los muchachos y yo nos lanzamos a nuevas aventuras que piden destrucción o derramamiento de sangre. Su primera reacción («uno que sea seguro») es muy natural, muy comprensible. Después de todo, ella es la encarnación de la ternura de Dios. Pero si una madre no permite que su hijo se vuelva aventurero, si no deja que el padre lo saque, lo castrará. Acabo de leer una historia de una madre divorciada que estaba furiosa porque su exmarido quería llevar de cacería al niño. Intentó obtener una orden de restricción para evitar que enseñara al niño a usar armas. Esto es castración. Un joven me confesó: «Mi madre no me dejaría jugar con G. I. Joe». Otro dijo: «Fuimos a vivir al este, cerca de un parque de diversiones. Había una montaña rusa... de esas de madera. Pero mamá nunca me dejó subir en ella». Eso es castración y el muchacho necesita ser rescatado de ella mediante la intervención activa del padre, o de otro hombre.

Esta clase de intervención se plasma poderosamente en la película *A Perfect World* [Un mundo perfecto]. Kevin Costner representa a un convicto escapado que se lleva como rehén a un niño y se dirige a la frontera estatal. Pero a medida que se desarrolla la trama vemos que lo que parece la ruina del muchacho es en realidad su *redención*. El chico está en calzoncillos cuando Costner lo secuestra. Así es como muchas madres quieren tener a sus hijos, aunque de modo inconsciente. Ella desea a su corderito cerca. En los días siguientes, de estar «juntos en la carretera» debo añadir, Costner y el muchacho (quien no tiene padre) se unen más. Costner se enoja cuando averigua que la madre del chico nunca le ha permitido subir a una montaña rusa. En la escena siguiente el muchacho está con los brazos en alto sobre el techo de la furgoneta, subiendo y bajando por carreteras rurales. Esa es la invitación a un mundo de hombre, un mundo que involucra peligro. Implícita en la invitación está la *afirmación*: «Puedes hacerlo, tú perteneces a este lugar».

Llega un momento en que Costner le compra al niño un par de pantalones (el simbolismo en la película es asombroso), pero el chico no se cambia frente a él. Es un muchacho tímido que todavía no se ha reído en la historia. Costner siente que algo está ocurriendo.

—¿Qué pasa? ¿No quieres que vea tu pajarito?
—Es... muy pequeño.
—¿Qué?
—Es muy pequeño.
—¿Quién te dijo eso?[1]

El niño, Phillip, se queda callado. Es el silencio de la castración y la vergüenza. La ausencia de la voz paterna es fuerte y clara. Costner le dice al chico que su pene tiene el tamaño justo que debe tener siendo él un niño. En el rostro del muchacho se dibuja una sonrisa, como el sol naciente, y usted comprende que el chico ha atravesado un umbral importante.

DE FUERZA A FUERZA

La masculinidad es una *esencia* difícil de expresar, pero que un muchacho ansía naturalmente, al igual que ansía alimento y agua. Es algo aprobado entre hombres. Robert Bly observa: «La manera tradicional de educar a los hijos, que duró miles y miles de años, suponía que padres e hijos vivían en estrecha, ferozmente estrecha, proximidad, mientras el padre enseñaba un oficio al hijo: labranza, carpintería, herrería o sastrería».[2] Mi padre me enseñó a pescar. Pasábamos interminables días juntos, en un bote sobre un lago, intentando atrapar peces. Nunca, pero nunca, nunca, olvidaré su alegría cuando yo atrapaba uno. Sin embargo, los peces en realidad no eran lo importante, sino el gozo, el contacto, la presencia masculina que me era transferida gustosamente. «¡Vamos, Tigre! ¡Jálalo! Eso es... ¡bien hecho!». Escuche a hombres hablar calurosamente de sus padres y oirá lo mismo. «Mi padre me enseñó a reparar tractores... a lanzar una curva... a cazar perdices». Y a pesar de los detalles, lo que se transmitió principalmente es la bendición masculina.

Bly indica: «En la mayor parte de las culturas tribales, padres e hijos conviven en un clima de cordial tolerancia. El hijo tiene mucho que aprender, de modo que padre e hijo pasan horas juntos fabricando puntas de flecha, reparando una lanza o siguiendo la pista a un animal astuto. Cuando un padre y un hijo pasan largas horas juntos, lo que aún hacen algunos padres e hijos, se puede decir que, como si de alimento se tratase, una sustancia se transfiere del cuerpo más viejo al más joven».[3]

Por eso a mis hijos les gusta luchar conmigo... y por eso cualquier niño sano quiere lo mismo con su padre. Les encanta el contacto físico, rozarse contra mi barbilla, sentir mi tosca barba, mi fuerza al rodearlos, y demostrarme sus fuerzas.

Y esa *demostración* es fundamental. A medida que crecen les encanta jugar muy rudo conmigo. Luke lo hizo esta mañana. Estoy en la planta baja preparando el desayuno; él siente la oportunidad, baja las escaleras en silencio y me acecha; cuando estoy a su alcance me da tremendo golpe. Duele, *y los chicos necesitan ver* que duele. ¿Tienen fuerza como la de papá? ¿Está aumentando, es real, tiene peso? Nunca olvidaré el día en que Sam me dejó un labio ensangrentado, por accidente, mientras luchábamos. Al principio retrocedió temeroso, esperando, siento admitir, mi enojo. Menos mal, en esta ocasión solo me limpié la sangre, sonreí y dije: «Vaya... buen golpe». Él sonrió; no, *se pavoneó.* Agitó sus cuernos hacia mí. La noticia se divulgó rápidamente en toda la casa, y sus hermanos menores entraron en escena, con los ojos abiertos porque uno de ellos me había sacado sangre. Se abrieron nuevas posibilidades. Tal vez los ciervos jóvenes logren vencer al viejo alce.

Bly nos recuerda: «En las sociedades antiguas se creía que un niño sólo se hace hombre mediante el ritual y el esfuerzo; mediante "la intervención activa de los mayores"».[4] El padre, u otro hombre, debe intervenir activamente y la madre debe permitirlo. Bly cuenta la historia del ritual de una tribu, en la que todos los hombres que participan sacan al muchacho para la iniciación. Pero en este caso, cuando él regresa, la madre finge no conocerlo. Ella pide que le presenten «al joven». Esta es una imagen hermosa de cómo una madre puede cooperar en la transición de su hijo al mundo del padre. Si ella no lo hace, después la situación se vuelve muy confusa, especialmente en el matrimonio. El niño desarrolla un vínculo con su madre que es como incesto emocional. Sus lealtades están divididas. De ahí que la Biblia exponga: «Por tanto, *dejará el hombre* a su padre y a su madre, y se unirá a su mujer, y serán una sola carne» (Génesis 2:24, énfasis añadido).

Algunas veces, cuando la madre no quiere soltar al muchacho, este intentará zafarse, violentamente. Esto por lo general ocurre en los años de la adolescencia; a menudo involucra un comportamiento horrible y quizás algunas malas palabras de parte del joven. Ella se siente rechazada y experimenta culpabilidad, pero él sabe que debe alejarse. Esta fue mi historia, y mi relación con mi madre nunca ha sido buena desde entonces. He descubierto que muchos, muchos hombres adultos están resentidos con sus madres, pero no pueden decir por qué. Sencillamente saben que no quieren estar cerca de ellas; casi nunca las llaman. Así lo confesó mi amigo Dave: «Detesto llamar a mamá. Ella siempre dice algo como: "Qué agradable es escuchar tu vocecita". Tengo veinticinco años, y aún insiste en llamarme su corderito». Él siente de alguna manera que la proximidad a su madre pone en peligro su travesía de masculinidad, como si esa proximidad pudiera absorberlo otra vez. Este es un temor irracional, pero revela que se han perdido los dos ingredientes esenciales en su transición: mamá no lo deja ir y papá no se lo lleva.

Cualquiera que sea la falla de la madre, puede vencerse con el compromiso del padre. Regresemos a la historia de la ascensión de la roca con Sam. Él no preguntó: «¿Pensaste de veras que estuve fantástico allá arriba?». «¿Crees que soy un chico bueno?». Inquirió acerca de su fortaleza, de su capacidad peligrosa y real de superar obstáculos. La transición de un muchacho hacia la madurez involucra muchos de estos momentos. El papel del padre es crearlos, invitar a su hijo a participar en ellos, estar atento al instante en que surjan preguntas y luego hablar al corazón del chico: *Sí*, sí eres *un hombre*. Tienes lo que se requiere. Y por eso la herida más profunda siempre se la da el padre. Como lo dice Buechner: «Si desconocidos y escenas inesperadas pueden sacudir el mundo de los niños, es necesario que personas conocidas y amadas por ellos les saquen ese mundo de debajo de ellos como se retira una silla».[5] Buechner se estaba refiriendo al suicidio de su propio padre.

EL PADRE QUE HIERE

Dave recuerda el día en que se produjo la herida. Sus padres discutían en la cocina y su papá maltrataba verbalmente a su mamá. Dave salió a favor de su madre y su padre explotó. «No recuerdo todo lo que dijo, pero sí recuerdo sus últimas palabras: "Eres un hijo de mami", me gritó. Luego se fue». Quizás si la mayor parte del tiempo Dave hubiera tenido una sólida relación con su padre, una herida como esta hubiera podido atenuarse y haber sanado después con palabras de amor. Pero el golpe llegó después de años de alejamiento entre ellos. El padre de Dave se iba a menudo a tratar con sus propios asuntos desde la mañana hasta la noche, por lo que casi nunca pasaban tiempo juntos. Peor aún, Dave percibía una persistente desilusión de su padre. El chico no era un atleta estrella y él sabía lo mucho que su padre valoraba eso. Tenía hambre espiritual y con frecuencia asistía a la iglesia, lo cual su padre no valoraba. Y así, esas palabras cayeron como un golpe definitivo, como una sentencia de muerte.

Leanne Payne explica que cuando la relación entre padre e hijo está bien, «el tranquilo árbol de fortaleza masculina en el interior del padre protege y alimenta la frágil y joven masculinidad en el interior del hijo».[6] El papá de Dave tomó un hacha y golpeó con fuerza el joven árbol de su hijo. Cómo me gustaría que ese fuera un caso raro, pero me apena profundamente decir que he oído innumerables historias como esta. Hay un jovencito llamado Charles a quien le gustaba tocar el piano, pero su padre y sus hermanos eran deportistas. Un día al regresar del gimnasio lo encontraron ante el teclado, y quien sabe qué más se había erigido con años de burla y desprecio en el alma de su padre, pero su hijo recibió ambos cañonazos: «¡Eres un afeminado!». Un hombre de la edad de mi padre me contó que creció durante la depresión; la época era difícil para la familia, y su padre, un alcohólico casi siempre desempleado, lo alquiló a una granja cercana. Un día mientras estaba en el campo vio que se detenía el auto de su padre; no lo había visto en semanas, y corrió a su encuentro. Antes que pudiera llegar hasta donde su papá se hallaba, este ya había tomado el cheque de pago de su hijo y, al ver que el muchacho corría hacia él, saltó al auto y se alejó a toda velocidad. El chico tenía cinco años de edad.

En el caso de padres violentos, la pregunta del muchacho se responde en forma devastadora. «¿Tengo lo que se requiere? Papá, ¿soy un hombre?». No, eres un hijo de mami, un idiota, una gaviota. Esas son frases definitorias que moldean la vida de un hombre. Las heridas por agresión son como un disparo de escopeta en el pecho. Esto puede hacer un daño indescriptible cuando involucra maltrato físico, verbal o sexual recibido por años. Sin algún tipo de ayuda, muchos hombres nunca se recuperan. Este tipo de heridas son obvias. Las heridas pasivas no lo son; son perniciosas, como el cáncer. Puesto que son sutiles, a menudo no se les reconoce como heridas, y por consiguiente son más difíciles de curar.

Mi padre era un buen hombre en muchas maneras. Me mostró el oeste del país y me enseñó a pescar y acampar. Aún recuerdo los emparedados de huevos fritos que nos preparaba para la cena. Era en la finca de mi padre que yo trabajaba todos los veranos, y papá y yo vimos juntos gran parte del oeste cuando hacíamos el larguísimo viaje del sur de California a Oregón, a menudo desviándonos por Idaho y Montana para pescar. Sin embargo, como muchos hombres de su época, mi padre no había enfrentado los problemas de sus propias heridas, y se dedicó a beber cuando su vida comenzó a caer en picada. En ese tiempo yo tenía más o menos once o doce años... una edad muy crítica en la travesía hacia la masculinidad, la edad en que las inquietudes comienzan realmente a surgir. En el mismo instante en que me preguntaba desesperadamente qué significaba ser un hombre, y si tenía lo que se necesitaba, mi padre callaba y se iba. Él tenía un taller en la parte trasera, junto al garaje, y pasaba sus horas allí solo, leyendo, haciendo crucigramas y bebiendo. La herida que se creó en consecuencia fue muy grande.

No recibir ninguna bendición del padre ocasiona una herida. No pasar tiempo con él, o recibir escaso tiempo precioso, eso también crea una herida. El padre de mi amigo Alex murió cuando el niño contaba con cuatro años de edad. El sol se puso en su universo, para no volver a salir. ¿Cómo entiende eso un niño pequeño? Cada tarde Alex se paraba frente a la ventana, esperando que su padre llegara a casa. Esto continuó casi durante un año. He tenido muchos clientes cuyos padres simplemente se fueron y no regresaron. El papá de Stuart hizo eso, simplemente se levantó y se fue, y su madre, una mujer atribulada, no pudo criar al muchacho. Por tanto, lo enviaron donde una tía y un tío. El divorcio o el abandono crean una herida que persiste, porque el niño (o la niña) cree que, si hubiera hecho mejor las cosas, papá se habría quedado.

Algunos padres simplemente hieren con su silencio; están presentes y sin embargo ausentes para sus hijos. El silencio es ensordecedor.

Recuerdo que cuando niño quería que mi padre muriera, y sentía una culpa inmensa por tener tal deseo. Ahora comprendo que deseaba que alguien validara la herida. Mi padre se fue, pero puesto que físicamente aún estaba por allí, no se había ido. De modo que viví con una herida que nadie podía ver o entender. En el caso de padres silenciosos, pasivos o ausentes, la pregunta queda sin respuesta. «¿Tengo lo que se requiere?

Papá, ¿soy un hombre?». Su silencio es la respuesta: «No lo sé... lo dudo... tendrás que averiguarlo por ti mismo... probablemente no».

EFECTOS DE LA HERIDA

Todo hombre tiene una herida. No conozco a nadie que no tenga una.

No importa cuán buena pueda haberle parecido su vida, usted vive en un mundo destrozado lleno de personas quebrantadas. Por maravillosos que su padre y su madre sean, no pudieron haber sido perfectos. Ella es una hija de Eva y él un hijo de Adán. Por tanto, no hay forma de atravesar este campo sin salir herido. Las heridas pueden venir de otras fuentes: un hermano, un tío, un entrenador o un extraño. Pero de que vienen, vienen. Y toda herida, ya sea agresiva o pasiva, llega con *un mensaje*. El mensaje se siente definitivo y verdadero, absolutamente cierto, porque se pronuncia con mucha fuerza. Nuestra reacción al mensaje determina nuestra personalidad de maneras muy importantes. De allí fluye el falso ego. La mayoría de los hombres que usted encuentra viven un falso yo, una representación, que se relaciona directamente con su herida. Permítame tratar de explicar esto.

El mensaje que trajo mi herida (mi padre desapareciendo dentro de sus propias batallas) fue simplemente este: *Arréglatelas por tu cuenta, John. No hay nadie de tu lado, nadie que te muestre el camino, y por sobre todo, nadie que te diga si eres un hombre o no. La pregunta central de tu alma no tiene respuesta y nunca la podrás obtener.* ¿Qué hace un niño con eso? Primero, me volví un adolescente rebelde. Me expulsaron del colegio y tuve antecedentes policiales. A menudo malinterpretamos esa conducta como «rebeldía de adolescente»; sin embargo, esos son clamores por participar, por *comprometerse*. La herida permaneció incluso después del dramático rescate que Dios hizo en mi vida a los diecinueve años, cuando me convertí en cristiano. Así lo dijo mi amigo Brent: «Volverse cristiano no necesariamente arregla las cosas. Mis flechas aún estaban profundamente alojadas y no dejaban sanar algunas heridas de ira en mi interior».

Ya mencioné que por años fui un hombre ambicioso, perfeccionista, manipulador, un tipo muy independiente. El mundo premia esa clase de determinación; la mayoría de los hombres triunfadores que leen este libro son ambiciosos. Pero detrás de mí había una sarta de víctimas (personas que había herido o desechado), entre ellas mi padre. Allí estaba la casi víctima de mi matrimonio y sin duda víctima de mi corazón. Porque para vivir de modo ambicioso usted prácticamente debe aplastar su corazón o tratarlo a latigazos. Puede que nunca admita la necesidad, que nunca admita el destrozo. Esta es la historia de la creación del falso yo. Si usted le hubiera preguntado a mi esposa durante los primeros diez años de matrimonio si teníamos una buena relación, quizás ella habría contestado que sí. Pero si le hubiera preguntado si algo faltaba, si sentía una falla fatal, de inmediato le hubiera dicho: él no me necesita. Ese era mi juramento. *No necesitaré a nadie.* Después de todo, la herida era profunda y no estaba sanada, y el mensaje que llevaba parecía definitivo: debo arreglármelas por mi cuenta.

Otro amigo, Stan, es un próspero abogado y un tipo realmente bueno. Cuando tenía unos quince años de edad su padre se suicidó... poniéndose un arma en la boca y disparando el gatillo. Su familia intentó dejar todo atrás, barrer el asunto debajo de la alfombra. Nunca hablaron de eso otra vez. El mensaje entregado por este horripilante golpe fue algo así: *Tu origen es muy siniestro, en tu familia ni siquiera se puede nombrar lo masculino, cualquier cosa salvaje es violenta y mala.* El efecto era otra clase de juramento: «Nunca haré algo siquiera remotamente temerario, arriesgado o desenfrenado. Nunca seré como mi padre (¿cuántos hombres viven con ese voto?). No daré un paso en esa dirección. Seré el tipo más agradable que se pueda encontrar». ¿Sabe qué? Stan lo es. Él es el tipo más agradable que se pueda conocer: amable, creativo, cuidadoso, de voz suave. Ahora odia eso en él; detesta la idea de que es un incauto, que no competirá con usted, que no puede decir no, que no se defiende.

Esas son las dos opciones básicas. Los hombres o compensan exageradamente su herida y se vuelven ambiciosos (violentos), o se hunden y se vuelven pasivos (retraídos). Con frecuencia es una mezcla de uno y otro. Sea testigo de los mensajes gemelos que ostentan especialmente jóvenes universitarios: está aquel con chivera, barba o tatuaje que expresa: «Soy del tipo peligroso», y aquel con una gorra de béisbol hacia atrás que comunica: «Realmente soy un niñito; no me exijan nada». ¿Cuál de ellos lo representa a usted? ¿Es fuerte o débil? ¿Recuerda a Alex, quien permanecía ante la puerta esperando un papá que nunca regresó? Si usted lo hubiera conocido en la universidad, ni en un millón de años se habría imaginado que Alex vivió esa historia. Él era un hombre de hombres, un increíble jugador de fútbol americano. Un bebedor empedernido, que llevaba una vida dura, al que todos los demás admiraban. Conducía un camión, masticaba tabaco, le gustaba el aire libre. Solía comer vidrio. En serio. Esa era parte de los trucos de la fraternidad universitaria, la última muestra de fortaleza peligrosa. Prácticamente daba un mordisco a un vidrio, lo masticaba lentamente y lo tragaba. Cuando trabajó como gorila bravucón para un bar de mala muerte, esto fue un espectáculo imprevisto con el fin de tener a los matones en línea. Pero no era más que un espectáculo... la personalidad total del macho.

¿Qué cree usted que pasó con Charles, el chico artístico, el pianista cuyo padre lo llamó «afeminado»? Desde ese día nunca volvió a tocar el piano. Años después, ya un hombre con casi treinta años, no sabía qué hacer con su vida. No tenía pasión, no lograba encontrar una carrera que le gustara. Tampoco se podía comprometer con la mujer que amaba ni se podía casar con ella a causa de su inseguridad. Por supuesto, a inicios de su historia le habían arrancado el corazón. Dave también tiene ahora poco más de veinte años, está a la deriva, profundamente inseguro y cargado con gran dosis de odio por sí mismo. No se siente hombre y cree que nunca se sentirá como tal. Igual que muchos, lucha con tener confianza cerca de las mujeres y alrededor de hombres que ve como verdaderos hombres. Stuart, cuyo padre lo abandonó, se volvió un hombre sin emociones. Su personaje favorito de niño era Spock, el extraterrestre de *Viaje a las estrellas*, que vivía únicamente de su mente. Stuart es ahora un científico y su esposa está tremendamente sola.

Y así sucesivamente. La herida llega y con ella un mensaje. Una vez en esa posición, el niño hace un juramento, escoge una manera de vivir que hace que surja el falso yo. En el centro de todo esto hay una profunda inseguridad. El hombre no vive a partir de un centro. De ahí que muchos hombres se sientan atascados: o paralizados e incapaces de moverse, o incapaces de dejar de moverse. Por supuesto, toda niña pequeña también tiene su historia. Pero quiero dejar eso para un capítulo posterior, y juntarlo con la manera en que un hombre lucha por el corazón de una mujer. Permítame decir algunas palabras más acerca de lo que le sucede a un hombre después de recibir la herida.

CINCO

LA BATALLA POR EL CORAZÓN DEL HOMBRE

Ahora que andas allá afuera Dios sabe dónde, eres uno de los heridos ambulantes.

—Jan Krist

Devolverle el corazón a un hombre es la misión más difícil del mundo.

—De la película Michael

Nada que sea digno de tener viene sin alguna clase de lucha.

—Bruce Cockburn

Esta historia es del año en que Blaine, mi hijo del medio, hizo su gran transición al primer grado. Ese es un paso enorme para cualquier niño: dejar la comodidad y seguridad al lado de mamá, pasar todo el día en la escuela y estar entre los «chicos grandes». Pero Blaine es un niño muy extrovertido y encantador, un líder innato y sabíamos que manejaría la situación a las mil maravillas. Cada noche en la mesa del comedor nos deleitaba con sus narraciones de las aventuras del día. Era divertido recordar con él las alegrías de esos primeros días escolares: una lonchera nueva y reluciente, lápices amarillos #2 nuevos, una caja de crayolas con *sacapuntas incorporado*, un escritorio nuevo y amigos nuevos. Oíamos todo acerca de su nueva maestra, de su clase de gimnasia, de lo que jugó en el recreo, de la manera en que fue emergiendo como líder en todos los juegos. Pero entonces una noche se mantuvo en silencio.

—Qué pasa, Tigre? —le pregunté.

Blaine no dijo nada, ni siquiera levantó el rostro.

—¿Qué sucedió?

Él no quería hablar de eso. Finalmente la historia salió a la luz: un bravucón. Un pretencioso de primer grado lo había empujado y tirado al suelo frente a sus amigos. Lágrimas bajaban por sus mejillas mientras contaba lo que había pasado.

—Blaine, mírame.

Mi hijo levantó lentamente y de mala gana sus ojos llorosos. Había vergüenza escrita en su rostro.

—Quiero que escuches con mucha atención lo que te voy a decir. La próxima vez que el bravucón te empuje, esto es lo que quiero que hagas, ¿estás escuchando, Blaine?

—Sí —asintió fijando en mí sus grandes y húmedos ojos.

—Quiero que te levantes... y deseo que le pegues... tan duro como puedas.

Una mirada de vergonzoso placer asomó en el rostro de Blaine. Luego sonrió.

Buen Dios, ¿por qué le di ese consejo? ¿Y por qué a él le gustó tanto? ¿Por qué algunos de *ustedes* se alegraron, mientras otros se horrorizaron?

Sí, sé que Jesús nos dijo que diéramos la otra mejilla. Pero hemos malinterpretado ese versículo. Si usted toma un pasaje de las Escrituras y se aferra a él mientras hace caso omiso a todos los demás, sacará conclusiones ilógicas. Pablo manifestó: «Sería preferible no casarse» (1 Corintios 7:1, DHH). Entonces ningún hombre debería casarse. Jesús declaró: «Si quieres ser perfecto, anda, vende lo que tienes, y dalo a los pobres» (Mateo 19:21). ¿Por qué usted sigue teniendo posesiones? ¿Ve la tontería de esto?

Si Jesús hubiera querido enseñarnos «No resistas a un matón», ¿por qué también les dijo a sus discípulos: «El que tiene bolsa, tómela, y también la alforja; y el que no tiene espada, venda su capa y compre una» (Lucas 22:36). ¿Comprar una espada? Los discípulos dijeron: «Señor, aquí hay dos espadas». «Es suficiente», les respondió Jesús (v. 38, NBLA). El Señor los armó. Y ese pequeño asunto de hacer un látigo y usarlo para limpiar el templo, no se parece nada a poner la otra mejilla, ¿verdad?

No queremos enseñar a los chicos que nunca se debe resistir a los matones, ¡y no queremos enseñar a los bravucones que pueden salirse con la suya! Sí, las Escrituras enseñan el uso prudente de la fuerza y el poder del perdón. Pero no podemos enseñarle a un niño a usar su fuerza despojándolo de ella. Jesús pudo tomar represalias, créame. Pero prefirió no hacerlo. ¿Y sin embargo sugerimos que un muchacho de quien se burlan, a quien avergüenzan delante de sus compañeros, a quien quitan todo su poder y dignidad, quede maltratado en ese lugar porque Jesús lo quiere allí? Lo estaríamos castrando de por vida. De ahí en adelante será pasivo y temeroso. Crecerá sin saber cómo pararse firme en tierra, sin saber si es un verdadero hombre. Ah sí, será cortés y hasta tierno, respetuoso, preocupado por sus modales. Podría parecer moral, tal vez parezca dar la otra mejilla, pero solo resultará ser *debilidad*. No podemos dar otra mejilla que no tenemos. Nuestras iglesias están llenas de hombres así.

En aquel momento, el alma de Blaine pendía de un hilo. Entonces el fuego le volvió a los ojos y desapareció la vergüenza. Bueno, le di este consejo a un escolar en quien yo confiaba y que en ese entonces estaba en primer grado. No se lo di a un chico de secundaria cuyo enemigo podría apuntarle con una pistola. Hay sabiduría y contexto. Pero no podemos despojar de su fuerza a un hombre y llamar santificación a eso. Sin embargo, para muchos hombres sus almas aun penden de un hilo porque nadie, absolutamente *nadie*, los invitó a ser arriesgados, a conocer su propia fuerza, a descubrir que tienen lo que se requiere. Un joven de un poco más de veinte años confesó, suspirando: «Siento que hay un océano tormentoso dentro de mí y me la paso intentando que esas aguas se calmen y se vuelvan plácidas. Me gustaría ser temerario. Es decir... ¿es posible verdad? Siento que debo pedir permiso». ¿Por qué rayos tendría un joven que pedir permiso para ser hombre? Porque el ataque continúa mucho después que se le ha hecho la herida. No quiero crear una impresión equivocada: un hombre no es herido una vez sino muchas, muchas veces en el transcurso de su vida. Casi todo golpe va a parar al mismo lugar: contra su fortaleza. Le quita la vida, una vértebra a la vez, hasta que al final se queda sin columna vertebral.

EL TOQUE FINAL

Leí sobre un caso que ocurrió años atrás a un bebé varón que sufrió un terrible golpe durante una cirugía: le quitaron «accidentalmente» el pene. El hecho ocurrió en la década de los setenta y se tomó una decisión que reflejaba la creencia ampliamente apoyada de que los «roles sexuales» en realidad no son parte de nuestro diseño, sino solo conformados por la cultura, y, por consiguiente, son intercambiables. Los genitales del chico fueron reconstruidos en forma femenina y lo criaron como una niña. Esa historia es una parábola de nuestra época. Eso es exactamente lo que queremos hacer con los niños, empezando desde que son muy jóvenes. Christina Sommers dice en su libro *La guerra contra los chicos*: «Este es un mal momento para ser niño en EE.UU».[1] Nuestra cultura se ha vuelto contra la esencia masculina, pretendiendo cortarla lo más pronto posible. Como ejemplo señala el modo en que los disparos en el Colegio Columbine de Littleton, Colorado, se están usando contra los muchachos en general.

La mayoría de nosotros recordamos la trágica historia de abril de 1999. Dos niños entraron a la biblioteca escolar y comenzaron a disparar; cuando todo terminó, habían muerto trece víctimas y sus dos atacantes.

Sommers está alarmada, y yo también, por los comentarios de William Pollack, director del centro para hombres en el hospital McLean. He aquí lo que se expresó: «Los muchachos en Littleton son la punta del iceberg. Y el iceberg se refiere a *todos* los muchachos».[2] La idea, muy extendida en nuestra cultura, es que la naturaleza agresiva de los muchachos es intrínsecamente mala y que debemos convertirlos en algo más parecido a las niñas. La herramienta principal para tal operación es nuestro sistema de escuelas públicas. El maestro escolar común enfrenta un desafío increíble: llevar orden a un salón de muchachos y muchachas, y promover el aprendizaje. El obstáculo principal para ese noble propósito es lograr que los chicos tomen asiento tranquilos, se callen y presten atención... durante todo el día. Lo mejor es tratar de contener la marea. Esa no es la forma en que está hecho un niño, ni es el modo en que aprende. En vez de cambiar la forma de educar varones, intentamos cambiar a los varones.

Lionel Tiger dice en su libro *The Decline of Males* [La decadencia de los machos], que probablemente a los muchachos se les diagnostica que sufren tres o cuatro veces más que las muchachas de desorden de déficit de atención (DDA). Pero quizás no estén enfermos; tal vez, como dice Tiger, «esto solo significa que disfrutan movimientos musculares largos y acciones firmes. [...] Como grupo, los chicos parecen preferir actividades relativamente bulliciosas y móviles a los comportamientos serenos y físicamente restringidos con que los sistemas escolares recompensan, y a los que las chicas parecen estar más inclinadas».[3]

Dígamelo a mí. Este señor debería venir a cenar a casa. Con tres hijos en la mesa (además de un hombre con corazón de chico), a veces las cosas se ponen muy feroces. Las sillas, la mayor parte del tiempo, son una opción. Los muchachos las utilizan más como equipos de gimnasia que como sillas. Justo la otra noche, vi a Blaine balanceándose en la silla sobre su estómago, como un acróbata. Al mismo tiempo, nuestro hijo menor Luke no se veía por ninguna parte. Más bien, en el lugar de la mesa donde debería estar su cabeza, solo podíamos ver un par de medias señalando hacia arriba. Mi esposa frunció el ceño. Esto no es lo que hacen nuestros sistemas escolares. Tiger lo dice así:

> Al menos tres a cuatro veces a muchos más chicos que chicas se les define esencialmente como enfermos debido a que sus patrones favoritos de juego no se ajustan fácilmente a la estructura escolar. Entonces, directores psicólogos bien intencionados prescriben medicamentos tranquilizantes para DDA, como Ritalín. [...] La situación es escandalosa. El uso tan desproporcionado de medicamentos entre muchachos revela la falla de las autoridades escolares para comprender las diferencias de sexo. [...] la única enfermedad que esos chicos pueden tener es ser varones.[4]

Pero esto no solo pasa en las escuelas. (Muchas de ellas, que conste, están haciendo una labor heroica). ¿Y qué de nuestras iglesias? Hace poco acudió a mí un joven muy enojado y angustiado. Estaba frustrado por el modo en que su padre, un líder de la iglesia, lo entrenaba en los deportes. Él juega baloncesto y su equipo había llegado a las finales de la ciudad. La noche del gran partido, cuando salía por la puerta, su padre prácticamente lo detuvo y le dijo: «Ahora no salgas allí a "patear traseros", no es bueno hacer algo así». No estoy inventando esto. Qué ridiculez decir algo así a un atleta de diecisiete años de edad. Sal allí y dales... bueno, no les des nada. Solo sé bueno. Sé el tipo más bueno que el equipo contrario haya visto alguna vez. En otras palabras, sé *blando.* Ese es un ejemplo perfecto de lo que la iglesia les dice a los hombres. Leí que alguien dijo que la iglesia podría tener un exterior masculino pero que su alma se ha vuelto femenina.

La castración también ocurre en el matrimonio. A menudo las mujeres se sienten atraídas por el lado más salvaje de un hombre, pero una vez que lo han atrapado se disponen a domesticarlo. Irónicamente, si él cede se molestará con ella por eso, y ella a su vez se preguntará adónde se ha ido la pasión. La mayoría de los matrimonios van a parar allí. Una mujer cansada y sola me preguntó el otro día:

—¿Cómo logro que mi esposo cobre vida?

—Invítelo a ser arriesgado —dije.

—¿Quiere usted decir que le debo dejar que tenga motocicleta, verdad?

—Sí.

Ella retrocedió, con desilusión pintada en el rostro.

—Sé que usted tiene razón, pero detesto la idea. Lo he domesticado durante años.

Vuelva a pensar en el gran león en esa pequeña jaula. ¿Por qué pondríamos a un hombre en una jaula? Por la misma razón que ponemos allí un león. Por la misma razón que ponemos allí a Dios: es arriesgado. Para parafrasear a Sayers, también hemos cortado las garras del *cachorro* del León de Judá. Un hombre es algo peligroso. Las mujeres no inician guerras. En su mayoría, las mujeres no son las que cometen crímenes violentos. Nuestras prisiones no están llenas de mujeres. Columbine no fue obra de dos jovencitas. Es obvio que algo malo ha pasado en el alma masculina, y el modo en que hemos decidido manejar el asunto es alejar, por completo, esa naturaleza peligrosa.

Nuestra sociedad produce muchos niños, pero muy pocos hombres. Existen dos razones sencillas para esto: No sabemos cómo entrenar a los niños para que lleguen a ser hombres; y segundo, *en realidad no estamos seguros de querer hacerlo.* Queremos socializarlos, sin duda, pero *lejos* de todo lo que sea feroz, salvaje y apasionado. En otras palabras, lejos de la masculinidad y hacia algo más femenino. Pero como dice Sommers, hemos olvidado una verdad simple: «La energía, la competitividad y el atrevimiento físico de los varones normales y decentes son responsables de mucho de lo que es correcto en el mundo».[5] Sommers nos recuerda que durante la masacre de Columbine, «Seth Houy lanzó su cuerpo sobre una niña horrorizada para resguardarla de las balas; Daniel Rohrbough, de quince años de edad, pagó con su vida el sostener una puerta abierta para que otros pudieran escapar».[6]

Esa fortaleza tan esencial para los hombres también es lo que los convierte en *héroes.* Si un vecindario es seguro, se debe a la fortaleza masculina. La esclavitud se detuvo por la fortaleza de los hombres, a un terrible precio para ellos y sus familias. Los nazis fueron detenidos por hombres. El apartheid no fue derrotado por mujeres. ¿Quiénes cedieron sus puestos en los botes salvavidas que dejaban el *Titanic*, para que se salvaran mujeres y niños? Hemos olvidado que fue un Hombre quien se dejó clavar en la cruz del Calvario. Con esto no quiero decir que las mujeres no puedan ser heroínas. Conozco muchas mujeres que lo son. Esto nos recuerda sencillamente que Dios hizo a los hombres como son porque *necesitamos* con desesperación que sean como son. Sí, un hombre es algo peligroso. También lo es un bisturí. Puede herir, o puede salvar su vida. Usted no lo hace seguro haciendo que pierda su filo; lo pone en manos de alguien que sabe lo que debe hacer.

Si usted ha pasado algún tiempo alrededor de caballos sabe que un semental puede ser un gran problema. Los sementales son fuertes, muy fuertes y tienen espíritu propio. Típicamente no les gusta que los molesten y se pueden volver muy agresivos, en especial si hay yeguas alrededor. Un semental es difícil de domar. Si usted quiere un animal más seguro y tranquilo, hay una fácil solución: cástrelo. Un caballo castrado es mucho más dócil. Puede manejarlo a su antojo; él hará lo que le diga sin armar alboroto. Solo hay un problema. Los caballos castrados no producen vida. No pueden desenvolverse como lo hace un semental. Un semental es muy peligroso, pero si usted desea la vida que ofrece, también deberá tener el peligro. Lo uno y lo otro van de la mano.

EN TODO CASO, ¿QUÉ ESTÁ PASANDO REALMENTE AQUÍ?

Digamos que es 6 de junio de 1944, cerca de las 7:10 a.m. Usted es un soldado del tercer desembarco en la playa Omaha. Miles de hombres le han precedido y ahora es su turno. Cuando salta del barco Higgins y camina en el agua hacia la playa, ve por todas partes cadáveres de soldados caídos: flotando en el agua, lanzados a las olas, tendidos en la playa. Al subir por la arena encuentra centenares de hombres heridos. Algunos avanzan con dificultad hacia el acantilado en compañía de usted, y en busca de refugio. Otros apenas se arrastran. Francotiradores desde lo alto continúan eliminándolos. Dondequiera que usted mira hay dolor y quebranto. El daño es casi sobrecogedor. Cuando llega al acantilado, el único sitio seguro, encuentra escuadrones de hombres sin líder. Están traumatizados, pasmados y aterrados por la guerra. Muchos han perdido sus armas; la mayoría de ellos no quiere moverse. Están paralizados por el miedo. ¿Qué concluye después de haber captado todo esto? ¿Cómo evaluaría la situación? Pase lo que pase por su mente, tendría que admitir: *Esta es una guerra brutal*, y nadie estaría en desacuerdo con usted o pensaría que es raro por haber dicho esto.

Sin embargo, no pensamos con esta claridad acerca de la vida, y no sé por qué. Mire a su alrededor, ¿qué observa? ¿Qué ve en las vidas de los hombres con quienes trabaja, vive o asiste a la iglesia? ¿Están llenos de pasión por la libertad? ¿Luchan bien? ¿Están sus mujeres profundamente agradecidas por lo bien que las han amado sus hombres? ¿Están sus hijos radiantes de afirmación? La idea es casi risible, si no fuera tan trágica. A los hombres los han puesto a la derecha y la izquierda. Esparcidas por el vecindario yacen las vidas destrozadas de hombres (y mujeres) que han muerto a nivel del alma por las heridas que han recibido. ¿Ha oído la expresión «ese tipo es solamente la sombra de un hombre»? Han perdido el corazón. Muchos otros están vivos pero gravemente heridos. Intentan arrastrarse hacia adelante, pero pasan grandes trabajos para lograr organizar sus vidas; parecen seguir recibiendo golpes. Usted conoce a otros que ya están cautivos, languideciendo en prisiones de desesperación, adicción, ociosidad o aburrimiento. El lugar parece un campo de batalla, la playa Omaha del alma.

Y eso es exactamente lo que es. Ahora estamos en las últimas etapas de la guerra interminable y despiadada contra el corazón humano. Lo sé... parece demasiado dramático. Por poco no uso la palabra «guerra», por temor de ser rechazado en este punto como uno más en el grupo de «gallinitas», cristianos que corretean intentando lograr que todo el mundo se entusiasme con algún temor imaginario para llevar adelante su causa política, económica o teológica. Pero no estoy pregonando el temor en absoluto; hablo sinceramente de la naturaleza que se extiende a nuestro alrededor... *contra nosotros*. A menos que llamemos la situación por su nombre, no sabremos qué hacer al respecto. Es más, aquí es donde muchos individuos se sienten abandonados o traicionados por Dios.

Creen que al volverse cristianos terminarán de algún modo sus problemas, o al menos se reducirán de modo considerable. Nadie les dijo nunca que los estaban trasladando a las líneas frontales y parecen estar verdaderamente asombrados porque les hayan disparado.

La guerra no terminó después que los aliados se tomaron el puesto de avanzada en la playa de Normandía. En cierto modo acababa de empezar. Stephen Ambrose nos ofrece en *Citizen Soldiers* [Soldados ciudadanos], su crónica de cómo los aliados ganaron la guerra, sus registros inolvidables de lo que siguió a ese famoso desembarco. Muchas de esas historias son casi parábolas en su significado. He aquí una que siguió a los hechos del Día D. Es junio 7 de 1944:

> El brigadier general Norman «Dutch» Cota, comandante asistente de la 29ª división, avanzó hasta un grupo de infantería inmovilizado por algunos alemanes en un granero. Preguntó al capitán al mando por qué sus hombres no se esforzaban por tomar el edificio.
>
> —Señor, los alemanes están adentro y nos disparan —replicó el capitán.
>
> —Muy bien, le diré algo, capitán —dijo Cota, desabrochando dos granadas de su chaqueta—. Usted y sus hombres empiecen a dispararles. Yo tomaré un escuadrón, y usted y sus hombres observen con mucho cuidado. Les mostraré cómo tomar una casa con alemanes adentro.
>
> Cota condujo su escuadrón alrededor de un seto para acercarse tanto como pudiera a la casa. De repente armó una gritería y salió corriendo, con el escuadrón siguiéndolo y gritando como salvajes. Mientras lanzaban granadas por las ventanas, Cota y otro hombre echaron abajo la puerta de entrada a patadas, lanzaron un par de granadas adentro, esperaron las explosiones, y luego entraron corriendo a la vivienda. Los alemanes sobrevivientes huyeron por la puerta trasera para ponerse a salvo. Cota regresó a donde el capitán.
>
> —Usted ha presenciado cómo se toma una casa —dijo el general, aun jadeando—. ¿Entiende? ¿Ya sabe cómo hacerlo?
>
> —Sí, señor.[7]

¿Qué podemos aprender de la historia? ¿Por qué estaban inmovilizados esos tipos? Primero, parece que les sorprendió que les hubieran disparado. «Nos disparan, señor». ¿De veras? Eso es lo que sucede en la guerra: a usted le disparan. ¿Lo ha olvidado? Nacimos en un mundo en guerra. Esta escena en la que vivimos no es una comedia, sino una batalla sangrienta. ¿No ha notado con qué precisión mortal le hicieron la herida? Esos golpes que ha recibido... no son accidentes al azar en absoluto. Dieron exactamente en el blanco. Se suponía que Charles se convertiría en pianista, pero nunca volvió a tocar un piano. Tengo un don y un llamado a hablar a los corazones de hombres y mujeres. Pero mi herida me tienta a ser alguien solitario, a vivir lejos de mi corazón y de los demás. El llamado de Craig es a predicar el evangelio, como su padre y su abuelo. Su herida fue un intento de alejarlo de eso. Él es una gaviota, ¿recuerda? Lo único que puede hacer es «graznar». No mencioné antes a Reggie. Su papá lo hirió cuando él trató de sobresalir en el colegio. «Eres muy estúpido; nunca entrarás a la universidad». Reggie quería ser médico, pero nunca logró su sueño.

Y así sucesivamente. La herida está demasiado bien dirigida y es demasiado permanente como para ser accidental. Fue un intento de quitarle la fortaleza, estropearla o destruirla, y así sacarlo de la acción. Las heridas que hemos recibido apuntaban hacia nosotros con asombrosa precisión. Espero que entienda la situación. ¿Sabe por qué ha habido tal asalto? El enemigo le teme. Usted es un peligro de primera línea. Si alguna vez recupera su corazón, y vive con valor, será un gran problema para él. Le haría un gran daño... en el lado del bien. ¿Recuerda cuán valiente y eficiente ha sido Dios en la historia del mundo? Usted es una rama de ese tallo victorioso.

Regresemos a la segunda lección de la historia del Día D. La otra razón de que esos hombres yacieran allí, inmovilizados, incapaces de moverse, se debe a que nadie les había mostrado antes cómo tomar una edificación. Los habían entrenado, pero no para eso. A la mayoría de hombres no los han iniciado en la hombría. Nunca nadie les ha mostrado cómo hacerlo, y en especial, cómo luchar por su corazón. El fracaso de muchos padres, la cultura de castración y la iglesia pasiva han dejado a los hombres sin dirección.

Por eso escribí este libro. Estoy aquí para decirle que usted *puede* recuperar su corazón. Pero debo advertirle que si quiere volver a tener su corazón, si desea sanar la herida, restaurar su fortaleza, y averiguar su verdadero nombre, debe luchar por eso. Analice su reacción a mis palabras. ¿No se agita algo en su interior, un anhelo de vivir? ¿Y no hay otra voz que lo apremia, lo exhorta a la cautela, y quizás quiere rechazarme por completo? *John es un melodramático.* O: *Quizás algunos tipos lo logren, pero yo no.* O: *No sé... ¿vale realmente la pena?* Esa es parte de la batalla, exactamente allí. ¿Ve? No estoy inventando esto.

NUESTRA BÚSQUEDA DE UNA RESPUESTA

En primer lugar, todavía necesitamos conocer lo que nunca hemos oído, u oímos de forma incorrecta de nuestros padres. *Necesitamos saber* quiénes somos y si tenemos lo necesario. ¿Qué hacemos ahora con esta pregunta fundamental? ¿Dónde encontraremos una respuesta? A fin de ayudarle a encontrar una respuesta a la Pregunta, déjeme hacerle otras: ¿Qué *ha* hecho usted con su pregunta? ¿Adónde la ha llevado? Entienda esto, la pregunta esencial de un hombre no desaparece. Por años podría intentar sacarla a empujones de su conciencia, y simplemente «seguir adelante con la vida». Pero la pregunta no desaparece. Es una sed tan especial para nuestras almas que nos obligará a encontrar un propósito. En realidad dirige todo lo que hacemos.

Pasé algunos días este otoño con un hombre muy triunfador a quien llamaré Pedro. Fue mi anfitrión en un congreso en la costa este, y cuando me recogió en el aeropuerto conducía un Land Rover nuevo con todos los accesorios especiales. *Lindo vehículo,* pensé. *A este tipo le va bien.* Al día siguiente paseamos en su BMW 850CSi. Pedro vivía en la residencia más grande de la ciudad y tenía una casa de vacaciones en Portugal. No había heredado nada de su riqueza; él trabajó cada centavo. Le gustaban las carreras de Fórmula Uno y la pesca de salmón en Nueva Escocia. En realidad me cayó bien. *Este es en realidad un hombre*, me dije. Y, sin embargo, faltaba algo. Usted pensaría que un tipo como este sería centrado y seguro de sí mismo. Por supuesto, al principio lo parecía. Pero a medida que pasábamos tiempo juntos descubrí que era... indeciso. Tenía toda la apariencia de masculinidad, pero nada de esta parecía salir de un corazón verdadero.

Después de varias horas de conversación, Pedro admitió que estaba llegando a una revelación. «Mi padre murió de cáncer a principios de este año. Pero no lloré su pérdida. Ya sabes, nunca fuimos muy unidos [yo sabía lo que diría a continuación]. Todos estos años, luchando fuerte para seguir adelante... ni siquiera estaba satisfecho conmigo mismo. ¿Cuál era la causa? Ahora lo sé... estuve tratando de ganar la aprobación de mi padre». Un silencio interminable y triste. Luego Pedro dijo en voz baja, con lágrimas en los ojos: «No sirvió de nada». Por supuesto que no sirvió; nunca funciona. No importa cuánto haga usted, no importa cuán lejos llegue en la vida, eso nunca sanará su herida ni le dirá quién es. Sin embargo, muchos hombres siguen esta opción.

Después de años de tratar de triunfar a los ojos del mundo, un amigo aún se aferra de modo terco a esa idea. Sentado en mi oficina, y sangrando por todas sus heridas, me dijo: «¿Quién es el hombre verdadero? El que gana dinero». Usted comprende que él no está haciendo mucho; por tanto, aun va tras la ilusión.

Los hombres llevan la búsqueda de validación de su alma en todo tipo de direcciones. Brad es un buen hombre que por muchos años ha buscado su significado por medio del sentido de pertenencia. Él mismo confesó: «Mis heridas me enseñaron cómo hacer algo útil con mi vida: encontraré un grupo al cual pertenecer, haré algo increíble que los demás quieran y seré alguien». Primero fue la pandilla de chicos en el colegio; luego fue el equipo de lucha; años después fue el equipo ministerial adecuado. Esta ha sido una búsqueda desesperada, como él mismo lo reconoció, y no le ha ido bien. Cuando las cosas no funcionaron a principios de este año en el ministerio en que servía, supo que debía irse. «Mi corazón ha estallado y todas las heridas y saetas han salido a relucir. Nunca había sentido un dolor así. Las frases me gritan: "No pertenezco. Nadie me quiere. Estoy solo"».

¿Adónde va un hombre para encontrar sentido de validación? ¿A qué pertenece? ¿Quién le pone atención? ¿Cuán atractiva es su esposa? ¿Adónde sale a cenar? ¿Cuán bien practica deportes? Así alienta el mundo la búsqueda vana: gana un millón, sé un buen candidato a jefe, obtén un ascenso, batea un jonrón... *sé* alguien. ¿Puede usted sentir la burla en todo eso? El herido se arrastra por la playa mientras los francotiradores disparan. Pero el lugar más funesto al que un hombre lleva su búsqueda, el lugar en que todo hombre parece acabar sin importar el sendero que haya seguido, es la mujer.

DEPOSITAR LA BÚSQUEDA EN EVA

¿Recuerda la historia de mi primer beso, esa preciosidad de la que me enamoré en séptimo grado y cómo ella hizo que mi bicicleta volara? Me enamoré de Debbie el mismo año en que mi padre se alejó de mi historia, el año en que ocurrió mi más profunda herida. El tiempo no fue coincidencia. Llega el momento crucial en el desarrollo de un joven en que el padre debe intervenir. Ocurre a principios de la adolescencia, en alguna parte entre los once y los quince años de edad, dependiendo de cada muchacho. Si esa intervención no sucede, el chico está rumbo al desastre; la próxima ventana que se le abre en el alma es la sexualidad. Debbie me hizo sentir como un millón de dólares. En ese tiempo no tenía palabras para expresarlo; en realidad no tenía idea de lo que estaba pasando. Sin embargo, en mi corazón sentí que había encontrado la respuesta a mi pregunta. Una chica preciosa piensa que soy lo más grandioso. ¿Qué más puede pedir un chico? Si he encontrado a Julieta, entonces debo ser Romeo.

Cuando Debbie rompió conmigo, comenzó lo que ha sido una historia larga y triste de «buscar la mujer que me hará sentir como un hombre».

Fui de novia en novia, intentando obtener una respuesta. Ser el héroe para la bella... ese ha sido mi anhelo, mi imagen de lo que verdadera y definitivamente significa ser hombre. Bly lo llama *la búsqueda de la Mujer de Cabellos Dorados.*

> Ve a una mujer en el extremo opuesto de la habitación y sabe de inmediato que es «Ella». Abandona la relación que tiene, la persigue, se entusiasma, se apasiona, se obsesiona. Al cabo de unos meses, todo se viene abajo; ella se convierte en una mujer corriente. Él se siente confundido y perplejo. Luego vuelve a ver una cara radiante en el extremo opuesto de la habitación, y le vuelve a embargar la vieja certidumbre.[8]

¿Por qué la pornografía es lo más adictivo en el universo para los hombres? No hay duda de que el hombre es manipulado visualmente, que las fotografías y las imágenes excitan más a los hombres que a las mujeres. Pero la razón más profunda se debe a que la belleza seductora llega al interior de usted y toca su hambre desesperada de validación como hombre, que ni siquiera sabía que tenía, lo alcanza como nada más que la mayoría de hombres haya experimentado. Usted debe entender que se trata de algo más profundo que piernas, busto y buen sexo. Es algo mitológico. Mire hasta dónde han llegado los hombres para encontrar a la *Mujer de Cabellos Dorados.* Se han batido a duelo por su belleza; han peleado guerras. Como ve, todo hombre rememora a Eva. Estamos obsesionados por ella. De algún modo creemos que si la podemos encontrar otra vez, entonces también recuperaremos con ella nuestra masculinidad perdida.

¿Recuerda al niñito Phillip, de la película *Un mundo perfecto?* ¿Recuerda cuál era su temor? Que su pene era demasiado pequeño. Así es como muchos hombres expresan un sentido de castración. Más adelante el peor miedo de un hombre es a menudo la impotencia. Si no puede lograr una erección, entonces no tiene lo que se requiere. Pero lo opuesto también está en juego. Si un hombre puede sentir una erección, muy bien, entonces se siente poderoso. Se siente fuerte. Estoy seguro de que muchos hombres sienten que la Carencia está relacionada con su pene.

Si puede sentirse sexualmente como el héroe, bien, entonces señor, es el héroe. La pornografía es tan seductora porque ¿qué va a pensar un hombre hambriento y herido si literalmente hay cientos de bellezas dispuestas a entregársele? (Por supuesto, no es solo a él, pero cuando está solo con las fotos, siente que todo eso es únicamente para él).

Es increíble... ¿cuántas películas se centran en esta mentira? Consiga la bella, gánesela, acuéstese con ella y usted es el hombre. Usted es James Bond. Usted es un tipazo. Bruce Springsteen tuvo éxito con una canción titulada *Secret Garden* [El jardín secreto], donde canta acerca de cómo toda mujer tiene en su interior este lugar que es todo lo que un hombre desea, todo lo que un hombre necesita. Esta es una profunda mentira unida a una profunda verdad. Eva *es* un huerto de aromas (Cantares 4:16). Pero ella no es todo lo que usted anhela, todo lo que necesita... ni siquiera se acerca. Por supuesto que esta necesidad permanecerá a un millón de kilómetros o millas de distancia. Usted no puede llegar allí desde acá porque lo que necesita no está allí. *No se encuentra allí.* La solución a su carencia no se puede encontrar allí. No me malinterprete. Una mujer es una criatura cautivadora. Más cautivadora que todo lo que hay en la creación: su cuerpo desnudo es una porción «de eternidad demasiado grande para el ojo del hombre».[9] La feminidad puede *despertar* masculinidad. ¡Vaya que puede hacerlo! Mi esposa me muestra un poco de busto, un poco de muslo y estoy listo para la acción. Todos los sistemas se alertan. Stasi me dice con voz suave que soy un hombre, y saltaré rascacielos por ella. Pero la feminidad no puede *otorgar* masculinidad. Es como si usted le pidiera a una perla que le dé un búfalo. Es como pedirle a un campo de flores silvestres que le den un Chevy modelo 1957. Son sustancias totalmente distintas.

Cuando un hombre relaciona su carencia con la mujer, lo que sucede es adicción o castración. Por lo general ambas cosas.

Dave, cuyo padre le abrió un orificio en el pecho cuando lo llamó «hijito de mami», vinculó su carencia con la mujer. Hace poco me confesó que le obsesionaban las mujeres más jóvenes. Usted puede ver la razón: ellas son menos amenazantes. Una mujer más joven no es ni la mitad del desafío. Él puede sentirse con ella más como un hombre. Dave está avergonzado por su obsesión, pero esto no lo detiene. Una mujer más joven le parece la respuesta a su carencia *y él tiene que conseguir una respuesta.* Pero sabe que su búsqueda es imposible. El otro día me admitió: «Incluso si me casara con una mujer hermosa, siempre sabré que en alguna parte habrá otra aún más hermosa. Por lo que me preguntaré: ¿Podría ganármela?».

Esta es una mentira. Con cuánta frecuencia he visto esto. El hermano de un amigo tocó fondo hace unos años cuando su novia terminó con él. Él era un verdadero triunfador, un atleta de la universidad que se convirtió en un abogado joven y prometedor. Pero cargaba una herida de un padre alcohólico y adicto al trabajo que no le dio lo que el muchacho ansiaba. Igual que muchos de nosotros, relacionó su corazón y su carencia con la mujer. Cuando ella se deshizo de él, mi amigo dijo «que eso desmoronó a su hermano. Cayó en una gran picada y comenzó a beber y a fumar en exceso. Hasta se fue del país. Su vida se había destrozado».

Por esto es que muchos hombres temen en secreto a sus esposas. Ella ve a su marido como nadie más lo ve, duerme con él, sabe de qué está hecho. Si le ha dado el poder de validarlo, entonces también le ha dado el poder de *invalidarlo.* Y esa es la trampa mortal. Un pastor me dijo que durante años había tratado de agradar a su esposa y ella seguía dándole calificación «F». «¿Qué pasaría si ella no fuera tu libreta de calificaciones?», le pregunté. «Seguro que mi esposa siente que lo es… y estoy fallando». Otro hombre, Ricardo, se volvió verbalmente agresivo con su esposa en los primeros años de matrimonio. Su visión de la vida era que él debía ser Romeo; por tanto, ella debía ser Julieta. Cuando su esposa no resultó ser la *Mujer de Cabellos Dorados,* se puso furioso, pues eso significaba, como usted puede ver, que él no era el hombre heroico. Recuerdo haber visto una foto de Julia Roberts sin vestuario ni maquillaje; *Ah*, me di cuenta, *ella es solo una mujer común y corriente.*

«Él vino a mí en busca de validación», me dijo una joven refiriéndose al hombre con quien salía. O con quien había estado viéndose. Al principio se sintió atraída hacia él, y sin duda la atrajo el modo en que él quedó prendado de ella. «Por eso rompí con él». Me asombró la percepción y el valor de esta muchacha. Es muy raro encontrar esto, especialmente en mujeres jóvenes. Cuán maravilloso se siente al principio ser la obsesión del hombre. Que piense en la mujer como una diosa es algo emocionante. Pero con el tiempo, todo se transforma de romance a una presión inmensa sobre ella. «Él se la pasaba diciendo: "No sé si tengo lo que se necesita y me estás diciendo que no soy suficiente". Algún día me agradecerá por esto».

Los hombres que luchan con atracción por el mismo sexo tienen realmente mayor claridad en este punto. Saben que lo que se ha perdido en sus corazones es el amor *masculino.* El problema es que lo han sexualizado. El doctor Joseph Nicolosi dice que la homosexualidad es un intento de reparar la herida llenándola con masculinidad, ya sea el amor masculino que no recibieron o la fortaleza masculina que muchos hombres sienten que no poseen. Cuando la búsqueda involucra asuntos sexuales, se convierte en una búsqueda desesperada, y por eso es que hay tan abrumadora cantidad de relaciones homosexuales que no perduran, por eso muchos hombres homosexuales van de un hombre a otro, y muchos de ellos sufren de depresión y de muchas otras adicciones. Lo que necesitan no se puede encontrar allí; no trae curación a la herida.[10]

¿Por qué he dicho todo esto acerca de nuestra búsqueda de validación y la respuesta a nuestra carencia? Porque no podemos escuchar la verdadera respuesta a menos que comprendamos que tenemos una respuesta falsa. ¿Cómo podemos enfrentar la realidad mientras sigamos tras la ilusión? El anhelo está allí; vive en nuestras almas como un deseo hambriento, sin importar con qué lo hayamos intentado llenar. Si usted relaciona su carencia con Eva, se le romperá el corazón. Sé esto ahora después de muchos, muchos años difíciles. Usted no puede encontrar allí la respuesta. Es más, no puede obtener la respuesta en ninguna de las cosas que los hombres persiguen a fin de encontrar su sentido de ser. Solo hay una fuente para la respuesta a su carencia. Por tanto, sin que importe en dónde haya depositado su carencia, tiene que recuperarla. Tiene que alejarse. Ese es el principio de su viaje.

SEIS

LA VOZ DEL PADRE

Ningún hombre, por ningún período considerable, puede mostrar un rostro para sí mismo y otro para la multitud sin que finalmente se confunda respecto a cuál pueda ser el verdadero.

—Nathaniel Hawthorne

Esse quam videri
Ser, en lugar de parecer
¿Quién puede darle esto a un varón: su propio nombre?

—George MacDonald

Los veranos entre las artemisas del este de Oregón son cálidos, secos y polvorientos. A pleno sol, la temperatura puede superar los treinta grados (noventa Fahrenheit); así que, siempre que era posible hacíamos la mayor parte de las labores difíciles en la hacienda temprano en la mañana, o al atardecer o en la noche, cuando subía el aire fresco desde el valle del río que quedaba abajo. A veces arreglábamos zanjas de irrigación durante el calor del día, lo cual era una tremenda excusa para mojarme totalmente. Pisoteaba a lo largo de la zanja, haciendo que el agua sucia y caliente empapara mis jeans. Pero la mayor parte del tiempo volvíamos a la casa de la hacienda por un vaso de té helado. A Pa le encantaba el té endulzado con una buena dosis de azúcar, como lo beben en el sur. Nos sentábamos a la mesa de la cocina, tomábamos uno o dos vasos y hablábamos de los acontecimientos de la mañana, de un plan que él tenía para vender algunas reses en la subasta, o de cómo creía que pasaríamos la tarde.

Muy tarde un día, en el verano de mis trece años, Pa y yo acabábamos de entrar en nuestro ritual cuando se levantó y caminó hacia la ventana. La cocina daba al sur, y de allí dio una gran mirada a un enorme campo de alfalfa, y después a la pradera. Igual que la mayoría de hacendados, Pa cultivaba su propio forraje para alimentar el ganado y los caballos durante el invierno. Me le uní en la ventana y vi que un buey se había salido del campo y estaba en la alfalfa. Recuerdo a mi abuelo diciéndome que era peligroso para una vaca llenarse de alfalfa fresca, ya que esta se le expande en el estómago como pan inflado, y puede romperle uno de sus cuatro estómagos. Pa estaba claramente irritado, como solo un vaquero se puede irritar con el ganado. Yo, por mi parte, estaba emocionado. Esto significaba aventura.

«Ensilla a Tony y anda hasta donde ese buey», dijo el abuelo, volviéndose a sentar en su silla y pateando con sus botas la silla que estaba frente a él. Su actitud me clarificó que no iría conmigo; es más, en realidad no iría a ninguna parte. Mientras él tomaba otro vaso de té, mi mente revisó a toda prisa las implicaciones de lo que había dicho. Significaba que primeramente yo tenía que ir a buscar a Tony, el caballo más grande de la hacienda. Me asustaba Tony, pero sabíamos que era el mejor caballo para arrear ganado. Debía ensillarlo y montarlo para ir tras ese buey. Solo. Después de procesar esa información comprendí que había estado allí por quién sabe cuánto tiempo, y que era hora de partir. Mientras caminaba hacia el porche trasero en dirección al corral sentí dos cosas, y las sentí muy fuerte: temor... y honor.

La mayoría de los momentos que provocan cambios en la vida se comprenden mucho tiempo después. No podría decir por qué, pero sabía que acababa de atravesar un umbral en mi vida como hombre joven. Pa creyó en mí, y cualquier cosa que él haya visto y yo no, el hecho de que creyera en mí también me hizo creer. Ese día atrapé el buey... y mucho más.

DESESPERADO POR LA INICIACIÓN

Un hombre debe conocer su nombre. Debe saber que tiene lo que se necesita. Y no me refiero a «saber» en sentido modernista ni racionalista. No quiero decir que esa idea le haya atravesado la corteza cerebral y el hombre le ha dado aprobación intelectual, así como sabe acerca de la Batalla de Waterloo o la capa de ozono, como la mayoría de hombres «conocen» a Dios o las verdades del cristianismo. Aquí estoy hablando de un conocimiento profundo, de la clase que llega cuando se ha estado allí, se ha entrado allí y se ha experimentado de manera directa e inolvidable; así como «Adán conoció a su esposa» y dio a luz un niño. Adán no conoció *acerca de* Eva; la conoció íntimamente, por medio de una experiencia de carne y sangre a un nivel profundo. Hay conocimiento *acerca de* y conocimiento *de*. Cuando se trata de nuestra pregunta, necesitamos el último.

En la película *Gladiador*, que se desarrolla en el siglo II A.D., el héroe es un guerrero de España llamado Máximo. Es comandante de los ejércitos romanos, un general querido por sus hombres y por el envejecido emperador Marco Aurelio. El malvado hijo del emperador, Cómodo, averigua los planes de su padre de hacer emperador a Máximo en lugar de él, pero antes que Marco pueda determinar su sucesor, Cómodo estrangula a su padre. Sentencia a Máximo a la ejecución inmediata, y a su esposa e hijo a ser crucificados y quemados. Máximo escapa, pero demasiado tarde para salvar a su familia. Capturado por comerciantes de esclavos, es vendido como gladiador. Ese destino es normalmente una sentencia de muerte, pero no para Máximo, quien es un valiente luchador. No solo sobrevive, sino que se convierte en campeón. Finalmente lo llevan a

Roma para luchar en el Coliseo ante el emperador Cómodo (quien, por supuesto, cree que Máximo murió hace mucho tiempo). Después de una muestra notable de valentía y un disgusto asombroso, el emperador entra a la arena para encontrarse con el valeroso gladiador, cuya identidad permanece oculta detrás de su casco.

CÓMODO: Tu fama es muy merecida, español. No creo que alguna vez haya habido un gladiador que pueda compararse contigo... ¿Por qué el héroe no se revela y nos dice su verdadero nombre? (Máximo permanece en silencio). ¿Tienes nombre?

MÁXIMO: Mi nombre es Gladiador. (Da la vuelta y se aleja).

CÓMODO: ¿Cómo te atreves a darme la espalda? ¡Esclavo! Quítate el casco y dime tu nombre.

MÁXIMO: (Lentamente, muy lentamente levanta el casco y vuelve el rostro a su enemigo). Mi nombre es Máximo Décimus Meridius; comandante de los ejércitos del norte; general de las legiones de Félix; leal servidor del verdadero emperador, Marco Aurelio; padre de un hijo asesinado; marido de una esposa asesinada; y tendré mi venganza, en esta vida o en la otra.[1]

La respuesta de Máximo se levanta como una ola poderosa, cada vez más grande en tamaño y fortaleza antes de estrellarse en la playa. El hombre sabe quién es y de qué está hecho. ¿Adónde va un hombre para aprender una respuesta como esa... para saber su verdadero nombre, un nombre que nunca le podrán quitar? Ese profundo conocimiento del corazón llega solo por medio de un proceso de *iniciación*. Usted debe saber de dónde ha venido; debe enfrentar una serie de aflicciones que lo prueban; debe haber hecho un viaje; y debe haber enfrentado a su enemigo. Sin embargo, así se lamentó un joven hace poco tiempo: «He sido cristiano desde que tenía cinco años, y nadie me mostró alguna vez lo que significa realmente ser hombre». Ahora el chico está perdido. Se mudó al otro lado del país para estar con su novia, pero ella lo botó porque él no sabe quién es ni para qué está aquí. Hay muchos otros como él, un mundo de hombres así... un mundo de hombres no iniciados.

A la iglesia le gustaría creer que está iniciando hombres, pero no es así. ¿Hacia dónde lleva la iglesia a un hombre? ¿Qué lo llama a ser? Moral. Por desgracia eso no es suficiente. La moral es algo bueno, pero no es lo principal. Pablo dice que la ley fue dada como un tutor para el niño, mas no para el hijo. El hijo está invitado a algo mucho mayor. Él tiene las llaves del auto; se va con el padre en alguna misión peligrosa. Es conmovedora la escena del fin de la guerra civil, exactamente después de Appomatox, donde el general Robert E. Lee se ha rendido ante el general Ulises S. Grant. Lee había dirigido durante cinco años el ejército de Virginia del Norte a través de algunas de las aflicciones más terribles que los hombres habían conocido. Se podría creer que sus soldados estarían contentos de que todo terminara. Pero los hombres de Lee se aferran a las riendas de sus caballos y le ruegan no vaya a rendirse, pidiendo otra oportunidad de «azotar a esos yanquis». Lee se había convertido en su padre, y les había dado a esos hombres lo que nunca antes tuvieron: una identidad y un lugar en una historia más importante.

Todo hombre necesita alguien como Robert E. Lee, o ese brigadier general del regimiento 29: «¿Han visto cómo se toma una edificación? ¿Comprenden? ¿Saben ahora cómo hacerlo?». «Sí, señor». Necesitamos a alguien como mi abuelo, que nos enseñe «a montar». Pero Lee se fue hace mucho tiempo, los brigadieres generales son escasos y mi abuelo ya murió. ¿Adónde vamos? ¿A quién podemos volvernos?

A una fuente más asombrosa.

CÓMO DIOS INICIA A UN HOMBRE

Hace muchos años, en cierto momento de mi viaje personal en que me sentí más perdido que nunca, escuché una charla de Gordon Dalby, quien acababa de escribir *Healing the Masculine Soul* [Sanidad del alma masculina]. Planteó la idea de que a pesar del pasado de un hombre y las fallas de su padre para iniciarlo, Dios podía hacerse cargo de él durante esa travesía y proporcionarle lo que había perdido. Una esperanza surgió dentro de mí, pero la deseché con el cinismo que había aprendido a utilizar para guardar la mayoría de asuntos en mi alma. Varias semanas, quizás meses después, me dirigí temprano en la mañana a la planta baja a leer y orar. Como con muchos de mis «momentos de quietud», terminé mirando por la ventana hacia el este, para ver la salida del sol. Oí que Jesús me susurraba una pregunta: «¿Me permitirás iniciarte?». Antes que mi mente tuviera incluso una oportunidad de procesar, analizar minuciosamente y dudar de todo el contacto, mi corazón saltó y contestó: *Sí*.

George MacDonald pregunta: «¿Quién puede darle esto a un varón: su propio nombre? Solo Dios. Porque nadie más que él ve lo que el hombre es».[2] Dios se refleja en la piedrecilla blanca que el Apocalipsis incluye entre las recompensas que Dios dará a quienes «vencieren». En esa piedra blanca hay un nombre nuevo. Es «nuevo» solo en el sentido de que no es el nombre que el mundo nos da, ciertamente no el entregado con la herida. Ningún hombre hallará escrito en esa piedra: «Hijo de mami», «Gordito» o «Gaviota». Sin embargo, el nuevo nombre no es en realidad nuevo en absoluto cuando usted entiende que es su *verdadero* nombre, el que pertenece «a ese ser a quien Dios tuvo en mente cuando comenzó a formar al niño, y a quien tuvo en el pensamiento en todo el extenso proceso de creación» y redención.[3] Salmos 139 clarifica que fuimos planificados y creados de modo único y personal, formados en el vientre de nuestra madre por Dios mismo. Él tenía a alguien en mente y ese alguien tiene un nombre.

Ese alguien también ha sufrido un terrible ataque.

Sin embargo, el Señor sigue comprometido a la realización de ese mismo alguien. La entrega de la piedrecilla blanca lo clarifica: es lo que le corresponde. La historia de la relación de un hombre con Dios es la historia de cómo lo llama, de cómo se encarga de él durante la travesía y de cómo le otorga su verdadero nombre. La mayoría de nosotros ha creído que se trataba de la historia de cómo Dios se sienta en su trono, esperando golpear el costado de un hombre cuando este se sale de la línea. No es así. Él creó a Adán para la aventura, la batalla y la bella; nos creó para un lugar único en su historia y está comprometido a regresarnos al diseño original. Por tanto, Dios llama a Abram desde Ur de Caldea a una tierra que nunca ha visto, a los confines, y en el camino Abram obtiene un nuevo nombre. Se convierte en Abraham. El Señor llevó a Jacob a algún lugar de Mesopotamia para que aprendiera cosas que debía aprender, y que no podía hacerlo al lado de su madre. Cuando regresa al pueblo, padece de cojera y tiene un nombre nuevo.

Aunque su padre hubiera hecho muy bien su trabajo, solo puede llevarlo a recorrer parte del camino. Llega el momento en que usted tiene que dejar todo lo que conoce e ir con Dios a lo desconocido. Saulo era un individuo que pensaba de veras que entendía la historia y le gustaba mucho más la parte que él mismo había escrito. Era el héroe de su propia miniserie: «Saulo el vengador». Después de ese pequeño incidente en el camino a Damasco se convirtió en *Pablo*; y en vez de regresar por los caminos conocidos y antiguos, es llevado a Arabia durante tres años para aprender directamente de parte de Dios. Jesús nos muestra que la iniciación puede suceder incluso cuando hemos perdido a nuestro padre o abuelo. Él es el hijo del carpintero, lo que significa que José pudo ayudarle en los primeros días de su viaje. Pero cuando encontramos al joven Jesús, José está fuera del escenario. Jesús tenía un nuevo maestro (su verdadero Padre), y de él debe aprender quién es en realidad y de qué está hecho realmente.

La iniciación involucra un viaje y una serie de pruebas, y a través de ellas descubrimos nuestro verdadero nombre y nuestro lugar en la historia. El libro de Robert Ruark, *The Old Man and the Boy* [El viejo y el niño], es un ejemplo clásico de esta clase de relación. Hay un niño que necesita mucha enseñanza y hay un viejo que tiene mucha sabiduría. Pero la iniciación no se lleva a cabo en un escritorio de escuela, sino *en el campo*, donde lecciones sencillas acerca de la tierra, los animales y las estaciones se convierten en lecciones más grandiosas sobre la vida, el ser y

Dios. Por medio de cada prueba llega una *revelación*. El muchacho debe mantener abiertos los ojos y hacer las preguntas adecuadas. La cacería de codornices le ayuda a aprender acerca de sí mismo: «La codorniz es tan lista como el látigo, y cada vez que la enfrentas estás probando algo respecto a ti mismo».[4]

Durante mucho tiempo la mayoría de nosotros hemos malinterpretado la vida y lo que Dios está haciendo. «Creo que solo estoy tratando de lograr que Dios haga que mi vida funcione mejor», me confesó un cliente, pero pudo haber estado hablando por la mayoría de nosotros. Estamos haciendo las preguntas equivocadas. La mayoría de nosotros preguntamos: «Dios, ¿por qué permites que esto me suceda?». O, «Señor, ¿por qué sencillamente no...?». (llene el espacio en blanco: *me ayudas a triunfar, haces que mis hijos se enderecen, arreglas mi matrimonio*). Sin embargo, para entrar en un viaje de iniciación con Dios se necesita un nuevo juego de preguntas:

- ¿Qué intentas enseñarme aquí?
- ¿Qué asuntos de mi corazón tratas de plantear por medio de esto?
- ¿Qué quieres que yo vea?
- ¿Qué me estás pidiendo que abandone?

La verdad es que Dios ha estado tratando de iniciarlo durante mucho tiempo. Lo que se encuentra en el camino de la iniciación es la forma incorrecta en que usted ha manejado su herida, y la vida que ha construido como resultado.

DESPRECIO POR LA HERIDA

Bly señala: «Cuando son niños, a los hombres se les enseña una y otra vez que una herida que duele es motivo de vergüenza. Una herida que impide seguir jugando es una herida de niña. Un verdadero hombre sigue caminando, aunque arrastre las tripas».[5] Al igual que un hombre que se ha roto una pierna en una maratón, termina la carrera aunque sea arrastrándose y no dice una palabra al respecto. Esa clase de malentendido es la razón de que la mayoría de nosotros y nuestro mundo sea una inmensa fuente de vergüenza. Se supone que un hombre no debe salir herido; ciertamente se supone que no debe dejar que eso importe mucho. Hemos visto demasiadas películas donde al tipo bueno le clavan una flecha, este simplemente la rompe y se mantiene peleando; o tal vez le disparan, pero todavía es capaz de saltar por un cañón y atrapar a los bandidos. Y de este modo la mayoría de hombres minimiza su herida. «No hay problema. Muchas personas salen heridas durante la juventud. Estoy bien». El rey David (un hombre a quien no se le podía derrotar con facilidad) no actuó así. Confesó francamente: «Estoy afligido y necesitado, y mi corazón está herido dentro de mí» (Salmos 109:22).

También es posible que los hombres admitan lo que ha pasado, pero negarán que fue una herida porque se merecían lo que les ocurrió. Después de muchos meses de consejería juntos acerca de su herida, su juramento, y cómo era imposible solucionar su carencia en las mujeres, le hice a Dave una pregunta sencilla:

—¿Qué se necesitaría para convencerte de que eres un hombre?

—Nada —contestó—. Nada me puede convencer.

Nos sentamos en silencio, mientras lágrimas bajaban por mis mejillas.

—Has adoptado la herida, ¿verdad Dave? Te has apropiado de su mensaje como algo definitivo. Crees que tu padre tenía razón respecto a ti.

—Así es —dijo sin ninguna señal de emoción.

Fui a casa y lloré... por Dave y por tantos hombres que conozco, y por mí, porque en realidad comprendí que también había adoptado mi herida, y desde entonces había tratado de continuar viviendo. Haciendo de tripas corazón, como dice el refrán.

Lo único más trágico que la tragedia que nos ocurre es la manera en que la manejamos.

Dios está firmemente comprometido con usted, con la restauración y liberación de su corazón masculino. Pero una herida no reconocida y sin supurar es una herida que no puede sanar. Una herida que usted ha adoptado no puede curarse. Por eso Brennan Manning dice: «La vida espiritual empieza con la aceptación de nuestro yo herido».[6] ¿De veras? ¿Cómo puede ser eso? La razón es sencilla: «Cualquier cosa que se niegue no es posible curarla».[7] Vea usted, ese es el problema. La mayoría de hombres niegan sus heridas, niegan que están heridos, niegan que les dolió, y en realidad niegan que hoy día la herida está afectándoles el modo en que viven. Por consiguiente, la iniciación que Dios hace de un hombre debe seguir un curso muy ingenioso; un curso que quizás parezca muy extraño, y hasta cruel.

Dios nos herirá en el mismísimo lugar en que hemos sido heridos.

LA FRUSTRACION DEL FALSO YO

Desde el lugar de nuestras heridas construimos un falso yo. Encontramos algunos dones que nos funcionan e intentamos vivir a expensas de ellos. Stuart descubrió que era bueno en matemáticas y ciencias. Cerró su corazón y gastó todas sus energías perfeccionando su personalidad tipo «Spock». Allí, en la academia, estaba seguro; también se le reconocía y recompensaba. Alex era bueno en deportes y en toda la imagen de macho; se convirtió en un animal que comía vidrios. Stan se volvió el tipo más agradable que usted puede conocer. Admitió: «En la historia de mi vida quiero ser como el tipo bueno». Yo me volví un perfeccionista agresivo; allí, en mi perfección, encontré seguridad y reconocimiento. Brennan Manning confesó: «Cuando yo tenía ocho años, el impostor, o falso yo, nació como una defensa contra el dolor. El impostor interior susurraba: "Brennan, no seas más como tu verdadero yo porque a nadie le gusta como eres. Invéntate un nuevo yo que todo el mundo admirará, y nadie sabrá lo que has hecho"».[8] Vea la frase clave «como una defensa contra el dolor», como un modo de salvarse a sí mismo. El impostor es nuestro plan de salvación.

Por tanto, Dios debe quitar todo eso.

Esto ocurre a menudo al principio de nuestro viaje de iniciación. Él frustra nuestro propio plan de salvación; hace añicos el falso yo. En el capítulo anterior me referí al plan de Brad para su redención personal: pertenecer al «grupo interno». Él no renunciaría, incluso después que este le fallara repetidas veces, quebrantándole el corazón una y otra vez. Simplemente creyó que su propósito estaba desacertado; si encontraba el grupo *correcto*, entonces su plan funcionaría. Es difícil renunciar a nuestro plan de redención; este se adhiere a nuestros corazones como un pulpo. Por consiguiente ¿qué hizo Dios por Brad? Le quitó el plan que tenía. El Señor llevó a Brad al punto en que creyó haber encontrado *el* grupo, y entonces le impidió maniobrar allí. Brad me escribió una carta para describir lo que estaba ocurriendo:

> Dios se ha llevado todo; me ha despojado de todo lo que yo usaba para ganar la admiración de la gente. Yo estaba consciente de lo que él estaba planeando. Me puso en un lugar donde surgieron las más profundas heridas y flechas del corazón (y pecados). Mientras lloraba, aparecieran todas estas imágenes de aquello a lo que quiero pertenecer en un grupo: ser conferencista y consejero; fue como si Jesús me pidiera que renunciara a todo aquello. Lo que salió de mi corazón fue sorprendente: increíble *temor*. Y luego la imagen de que nunca obtendría estas cosas. Una frase surgió en mi corazón: «¡Quieres que muera! Si renuncio a eso, entonces nunca perteneceré ni seré alguien. ¡Me estás pidiendo que muera!». Esa había sido mi esperanza de salvación.

¿Por qué haría Dios algo tan cruel? ¿Por qué haría algo tan terrible como herirnos en el lugar de nuestra herida más profunda? Jesús nos advirtió que «todo el que quiera salvar su vida, la perderá» (Lucas 9:24). Él no usa aquí la palabra *bios*; no habla de nuestra vida física. El pasaje tiene que ver con intentar salvar su pellejo eludiendo el martirio o algo parecido. El vocablo que Cristo usa para «vida» es *psiquis*, que se usa para nuestra alma, nuestro yo interior, nuestro corazón. Él dice que las cosas que hacemos para salvar nuestra psiquis, nuestro yo, esos planes para salvar y proteger nuestra vida interior, son cosas que en realidad nos destruirán. «Hay caminos que el hombre considera buenos, pero que al final resultan caminos de muerte» (Proverbios 16:25, RVC). El falso yo, o sea nuestro plan de redención, nos parece correcto. Nos protege del dolor y nos asegura un poco de amor y admiración. Pero el falso yo es una falsedad; todo el plan está construido en base de la simulación. Es una trampa mortal. Dios nos ama demasiado como para dejarnos allí. Por consiguiente, nos frustra de muchas maneras distintas.

Para llevar a un hombre al interior de su herida, de tal modo que pueda sanarla y comenzar la liberación del verdadero yo, Dios frustrará el falso yo. A fin de darle vida, quitará todo en lo que usted se ha apoyado. En la película, *El Natural*, Robert Redford es un jugador de béisbol llamado Roy Hobbs, quizás el jugador de béisbol más dotado de todos los tiempos. Es un muchacho maravilla de secundaria, un talento natural que consigue una oportunidad en las ligas mayores. Pero sus sueños de una carrera profesional se truncan cuando erradamente lo sentencian a prisión por asesinato. Años después, un envejecido Hobbs obtiene una segunda oportunidad. Es contratado por los Caballeros de Nueva York, el peor equipo de la liga. Sin embargo, por medio de su don increíble, sin que lo hayan afectado los años, lleva a los Caballeros de la ignominia a las finales por el banderín de la Liga Nacional. Cohesiona al equipo, y se vuelve el centro de sus esperanzas y sueños.

El clímax de la película es el partido por el campeonato. Es la parte baja de la novena entrada; el marcador está Pittsburg 2, Caballeros 0. Los Caballeros tienen dos «outs»; hay un hombre en primera y en tercera cuando Hobbs entra a batear. Él es la única esperanza; este es su momento. Bueno, hay algo que usted debe saber, algo absolutamente crucial para la historia. Aun desde sus días en el colegio, Hobbs ha jugado con un bate fabricado por él mismo del centro de un árbol que un rayo tumbó en su jardín frontal. Grabado con fuego en el bate hay un relámpago y las palabras «Chico maravilla». Ese bate es el símbolo de su grandeza, su talento. Nunca ha jugado con otro bate. Con «Chico maravilla» firmemente agarrado, Hobbs entra a batear. Falló el primer intento; luego bateó un «foul», una bola alta y detrás del diamante. Su tercer intento fue un golpe sólido hacia la línea de primera base; parecía un jonrón, pero también fue «foul». Cuando Hobbs regresa a la base, ve su bate tirado allí... hecho pedazos. Se hizo añicos al pegarle a la bola anterior.

Este es el momento crítico en la vida de un hombre, cuando se viene abajo todo aquello con lo que ha contado, cuando su bate dorado se rompe en pedazos. Sus inversiones fallan; su compañía lo deja ir; su iglesia lo rechaza; lo ataca una enfermedad; su esposa se va; su hija aparece embarazada. ¿Qué debe hacer? ¿Seguirá en el partido? ¿Retrocederá hasta volver a sentarse en el «banquillo»? ¿Intentará luchar para tratar de arreglar las cosas, como hacen tantos hombres? La verdadera prueba de un hombre, el principio de su redención, comienza realmente cuando ya no puede confiar en lo que ha usado toda su vida. *La verdadera travesía empieza cuando el falso yo fracasa.* Transcurre un momento que parece una eternidad mientras Hobbs está allí, sosteniendo los pedazos rotos, contemplando el daño. El bate no tiene arreglo. Entonces dice al muchacho de los bates: «Bobby, escógeme un bate ganador».[9] Hobbs permanece en el partido y batea un jonrón para ganar la serie.

Dios también nos quitará el «bate». Hará algo para frustrar el falso yo. Stuart se «salvó» a sí mismo volviéndose insensible. El año anterior su esposa lo dejó. Se hartó de la existencia bidimensional de su marido. ¿Qué mujer quiere estar casada con Spock? Alex sufrió hace poco una serie de ataques de pánico que casi lo incapacitaron para salir de su casa. Toda la construcción machista se fue al suelo. Al principio nadie podía creerlo; Alex no lo podía creer. Él era invencible, el tipo más fuerte que se puede llegar a conocer. Pero estaba todo construido como una defensa contra la herida. Nuestra pérdida no necesariamente tiene que ser algo tan dramático. Un hombre podría despertar un día para encontrarse perdido, tan perdido como el mismo Dante se describió: «En medio del camino de mi vida, desperté en un bosque oscuro, donde el verdadero sendero se había perdido totalmente».[10] Así también fue el momento crucial en mi vida.

Cuando era joven fui a Washington D.C., para intentar hacer algo, para probar algo, para establecer credibilidad. Lo deplorable del asunto fue que triunfé. Mi talento funcionó en mi contra al hacerse evidente a través de mí. Me reconocieron y me premiaron. Pero sentí toda la experiencia como un acto de sobrevivencia; no como algo que fluía de un centro profundo sino como algo que debía probar, vencer, sujetar. Como dijera Manning de su impostor interior: «Estudié duro, saqué notas excelentes, gané una beca para la universidad y todo momento despierto fue acechado por el terror del abandono y la sensación de que allí no había nadie para mí».[11] Al final de los dos años desperté una mañana y comprendí que odiaba mi vida.

> ¡Cuánta ayuda brindas a quienes han de aprender!
> A unos una úlcera dolorosa, a algunos desasosiego;
> A otros un agotamiento peor que cualquier sufrimiento;
> A unos más una angustia, temor, ciega preocupación;
> Locura a algunos, a otros el violento dardo
> De muerte horrible que aún continúa cuando ellos se vuelven;
> A algunos un hambre que no partirá.
>
> A otros más les provees un profundo desasosiego, un desprecio
> Por todo lo que son o ven que sucede en la tierra;
> Una mirada, a la noche oscura y la clara alborada,
> Como en una tierra de vacío y muerte;
> A unos una amarga tristeza; a otros la pestilencia
> Del amor menospreciado, del abandono enfermizo;
> A otros un corazón helado, ah, ¡peor que cualquier cosa!
>
> Los mensajeros de Satanás piensan en hacer daño,
> Pero, al llevar el alma de la falsedad hacia la lealtad, hacen
> A ti, el reconciliador, el único real,
> En el único en quien se encuentran el *ser* y el *estar*.[12]

Este es un momento muy difícil, cuando parece que Dios se pone contra todo lo que ha significado vida para nosotros. Satanás espía esta oportunidad y salta a acusar a Dios en nuestros corazones. El diablo susurra: *Mira, Dios está enojado contigo. Está desilusionado de ti. Si te amara, te facilitaría las cosas. Es evidente que no está de tu parte.* El enemigo siempre nos tienta a que volvamos a tener el control, para así recuperar y reconstruir el falso yo. Debemos recordar que es por amor que Dios frustra a nuestro impostor. Hebreos nos recuerda:

> ¿Acaso olvidaron las palabras de aliento con que Dios les habló a ustedes como a hijos? Él dijo: «Hijo mío, no tomes a la ligera la disciplina del Señor y no te des por vencido cuando te corrige. Pues el Señor disciplina a los que ama y castiga a todo el que recibe como hijo». (12:5–6, NTV)

El Señor nos frustra para salvarnos.

Creemos que esto nos destruirá, pero ocurre lo contrario: debemos ser salvados de lo que realmente nos destruirá. Si hemos de caminar con Dios en nuestro viaje de iniciación masculina debemos alejarnos del falso yo, derribarlo, renunciar a él voluntariamente. Se siente una locura; se siente inmensamente vulnerable. Brad ha dejado de buscar el grupo. Stuart ha comenzado a abrir el corazón a la emoción, a la relación, y a todo lo que enterró años atrás. Alex dejó de «comer vidrio», dejó todo el asunto del hombre macho para enfrentar lo que nunca había enfrentado en el interior. Yo renuncié al perfeccionismo, salí de Washington y fui en busca de mi corazón. Simplemente aceptamos la invitación de dejar por completo aquello en lo que habíamos confiado y nos aventuramos a caminar con Dios. Para derribar todo esto podemos decidir hacerlo por nosotros mismos o podemos esperar que Dios lo haga.

Si usted no tiene idea de lo que puede ser su falso yo, entonces un punto inicial sería preguntar a aquellos con quienes vive y trabaja: «¿Qué impresión tienes de mí? ¿Cómo se vive conmigo (o cómo se trabaja conmigo)? ¿Qué *no* te sientes libre de sacar a relucir conmigo?». Si usted nunca dice ni una palabra en una reunión porque teme decir algo ridículo, entonces es hora de hablar. Si lo único que hace es dominar una reunión porque siente que su valía viene de dirigir, entonces debe callarse por un tiempo. Si se ha dedicado a los deportes porque se siente mejor con usted mismo haciendo eso, entonces quizás sea el momento de tomar un descanso y quedarse en casa con su familia. Si no participa en ningún juego con otros hombres, entonces es el momento de ir al gimnasio con los muchachos y jugar baloncesto. En otras palabras, enfrente sus temores de modo frontal. Suelte la hoja de higuera; salga de su escondite. ¿Por cuánto tiempo? Más de lo que usted desea; lo suficiente como para hacer surgir los asuntos más profundos, deje que la herida total emerja desde el fondo.

Es doloroso perder el falso yo; aunque se trata de una máscara, la hemos usado durante años y perderla puede parecer como perder un amigo íntimo. Debajo de la máscara está todo el dolor y el temor, de lo que hemos estado huyendo y escondiéndonos. Dejar que salga a la superficie puede sacudirnos como un terremoto. Pero este no es el final del camino; es el punto de partida. Usted se encuentra viajando hacia la libertad, la sanidad y la autenticidad.

ALEJARSE DE LA MUJER

Al alejarnos del falso yo nos sentimos frágiles y expuestos. Sentimos la tentación de regresar a aquello que nos produce consuelo para buscar alivio, a esos lugares en que hemos hallado solaz y descanso. Debido a que muchos de nosotros hemos recurrido a la mujer en busca de nuestro sentido de masculinidad, también debemos alejarnos de ella. NO QUIERO DECIR QUE USTED DEBA ABANDONAR A SU ESPOSA. Quiero decir que deje de buscar validación en ella, que deje de intentar que ella lo rescate, que deje de tratar de que ella le supla su carencia. Para algunos hombres, esto podría significar desilusionarla. Si usted ha sido un hombre pasivo, que durante años ha tenido miedo de molestar a su esposa, sin nunca hacer nada por cambiar la situación, entonces es hora de hacerlo. Párese ante ella, hágala enojar. Para los hombres violentos (entre ellos los triunfadores), esto significa: *deje de maltratarla.* Usted la libera como el objeto de su ira, porque la libera como aquella que se supone que lo convertiría en hombre. Arrepentirse para un hombre impetuoso significa volverse *amable.* Ambos aspectos siguen yendo hacia la mujer. El arrepentimiento depende del modo en que usted se acerca a ella.

No obstante, he aconsejado a muchos hombres jóvenes que no se relacionen más con la mujer a quien estuvieron *frecuentando*, debido a que la han convertido en su vida. Ella ha sido el sol de su universo, alrededor del cual han orbitado. Un hombre necesita una órbita mucho más grande que una mujer. Necesita una misión, un propósito de vida y necesita saber su nombre. Solo entonces es apto para una mujer, porque solo entonces tiene algo a qué invitarla. Un amigo me cuenta que en la tribu Masai en África un joven no puede cortejar a una mujer a menos que haya matado un león. Esa es su manera de decir: a menos que haya tenido su iniciación. He visto a muchos jóvenes cometer un tipo de promiscuidad emocional con una joven. Él la persigue no para ofrecerle su fortaleza sino para beber de su belleza, para ser afirmado por ella y sentirse hombre. Tendrán conversaciones íntimas y profundas. Pero no se comprometerá; es *incapaz* de comprometerse. Esto es muy injusto para la joven dama. Después de un año de esta clase de relación, una querida amiga dijo: «Nunca me sentí segura de lo que yo significaba para él».

Cuando sentimos el ímpetu hacia la *Mujer de Cabellos Dorados* debemos reconocer que algo más profundo está en juego. Así lo dice Bly:

> ¿Qué significa que un hombre se enamore de un rostro radiante que está en el otro extremo de la habitación? Puede querer decir que aún le queda trabajo espiritual por hacer. La cuestión es su alma. En lugar de seguirla e intentar verla a solas, lejos de su marido, necesita estar a solas él mismo, quizás en una cabaña de montaña, durante tres meses, escribiendo poesía, remando, soñando. Más de una mujer se ahorraría problemas.[13]

Repito, esto no es un permiso para separarse. Un hombre que se ha casado con una mujer le ha hecho un juramento solemne; no puede sanar su propia herida causando otra herida a quien prometió amar. En ocasiones es ella quien lo abandona, y esa es otra historia. Muchos hombres corren tras la mujer rogándole que no se vaya. Si ella debe irse, es probable que usted deba realizar algún trabajo en su alma. Lo que estoy diciendo es que la travesía masculina siempre *aleja* a un hombre de la mujer, a fin de que pueda regresar a ella con su carencia resuelta. Un hombre no recurre a una mujer para obtener fortaleza, sino para *ofrecérsela*. Usted no necesita a la mujer para convertirse en un gran hombre, y como un gran hombre no necesita a la mujer. Agustín lo expresó así: «Deja que mi alma te alabe por todas estas bellezas, oh Dios creador de todas, pero no permitas que me haga dependiente de ellas por la trampa del amor sensual»,[14] la trampa de la adicción por haber llevado nuestra alma a la mujer en busca de validación y consuelo. Esto causa un daño profundo y duradero al alma cuando implica compromisos sexuales; también crea fortalezas espirituales que el maligno usa entonces para atormentarnos. En el apéndice de este libro incluí una oración para sanidad sexual con el fin de ayudarle a encontrar libertad y realización en su sexualidad.

Pero hay un asunto aún más profundo que nuestra pregunta. ¿Qué más estamos buscando de la mujer con el rostro radiante? ¿Qué es ese dolor que intentamos mitigar con ella? Misericordia, consuelo, belleza, éxtasis; en una palabra, *Dios*. En serio. Lo que estamos buscando es a Dios.

Hubo una época en que Adán bebió profundamente de la fuente de todo amor. Nuestro primer padre y arquetipo vivió en una comunión perfecta con la Fuente de vida más cautivadora, hermosa y embriagadora en el universo. Adán tenía a Dios. Es cierto, no era bueno para el hombre estar solo, y Dios en su humildad nos dio a Eva, y también nos permitió que la necesitáramos. Pero algo pasó en la caída; algo *cambió*. Eva tomó el lugar de Dios en la vida del hombre. Déjeme explicarle.

Adán no fue engañado por la serpiente. ¿Sabía usted eso? Pablo lo clarificó en 1 Timoteo 2:14: Adán no cayó porque fuera engañado. Su pecado fue diferente; en cierta forma, fue más grave debido a que lo cometió con ojos abiertos. No sabemos cuánto duró, pero hubo un momento en el Edén en que Eva estuvo caída y Adán no; ella había comido, pero sin embargo él todavía tenía una opción. Creo que algo tuvo lugar en su corazón que fue más o menos así: *He perdido mi ezer kenegdo, mi alma gemela, la compañía más importante que he conocido. No sé cómo será la vida, pero sé que no puedo vivir sin ella.*

Adán prefirió a Eva por sobre Dios.

Si cree que exagero, simplemente mire a su alrededor. Observe todo el arte, la poesía, la música y el drama dedicado a la belleza femenina. Escuche el lenguaje que los hombres utilizan para describir a la mujer. Percibirá una poderosa obsesión en acción. ¿Qué más puede ser esto sino *adoración*? Los hombres venimos al mundo sin el Dios que fue nuestro gozo más profundo, nuestro éxtasis. Suspirando por algo que no sabemos qué es, conocemos a las hijas de Eva y quedamos acabados. Ella es lo más cercano que hemos encontrado, el pináculo de la creación, la mismísima encarnación de la belleza, el misterio, la ternura y el encanto de Dios. Y lo que sentimos hacia ella no es simplemente nuestro anhelo por Eva sino también nuestro anhelo por Dios. Un hombre sin su verdadero amor, su vida, su Dios, buscará otro amor. ¿Qué mejor sustituto que las hijas de Eva? Nada más en toda la creación se acerca.

A un joven que nunca había estado sin una novia desde que se hallaba en octavo grado le aconsejé que dejara toda cita amorosa durante un año. Por la mirada en su rostro usted pudo haber creído que le dije que se cortara el brazo... o algo peor. ¿Puede ver lo que ocurre aquí? Observe que la lucha con la pornografía o la masturbación es más difícil cuando usted se encuentra solo, ofendido o ansiando alguna clase de consuelo. Esto se volverá más intenso a medida que se acerca a la herida. El deseo de que el dolor desaparezca y la atracción hacia otros consoladores puede parecer abrumador. Lo he visto en muchos hombres. Lo sé por experiencia personal. Pero si esta es el agua de la que usted realmente está sediento, entonces ¿por qué permanece con sed después de haber bebido? Resulta ser el manantial equivocado.

Debemos cambiar radicalmente la decisión de Adán; debemos preferir a Dios por sobre Eva. Debemos llevarle a él nuestro dolor. Porque solo en Dios encontraremos la sanidad de nuestra herida.

SIETE

SANIDAD DE LA HERIDA

Forajido, ¿por qué no entras en razón?
—The Eagles

La tarea de sanar es respetarse a uno mismo
como criatura, ni más ni menos.
—Wendell Berry

El deseo más profundo de nuestros corazones es tener
unión con Dios, quien nos creó para estar unidos con
Él. Este es el propósito original de nuestras vidas.
—Brennan Manning

Creo que he dado una impresión errada de mi vida con mis hijos cuando eran pequeños. Escalada de rocas, piragüismo, lucha libre, nuestra búsqueda de peligro y destrucción; usted podría tener la impresión de que somos una especie de academia militar de la selva o una milicia sectaria. Así que permítame hablarle de mi acontecimiento favorito de esos días.

Sucedía tarde en la noche, a la hora de dormir, después que los muchachos se cepillaran los dientes e hiciéramos nuestras oraciones familiares. Mientras los arropaba, uno de mis hijos preguntaba: «Papá, ¿podemos acurrucarnos esta noche?». La hora de acurrucarse llegaba al recostarme cerca de ellos en una cama que en realidad no era lo suficientemente grande para acomodarnos mi hijo y yo, y de eso se trataba: que nos acercáramos todo lo posible. Allí en la oscuridad simplemente hablábamos. Por lo general empezábamos a reír, y luego debíamos susurrar porque los otros nos pedían que «no hiciéramos tanto ruido». A veces nos hacíamos cosquillas, otras veces era una oportunidad para que ellos hicieran preguntas serias acerca de la vida. Pero pasara lo que pasara, lo más importante era lo que estaba sucediendo debajo de todo eso: intimidad, cercanía, relación.

Sí, mis hijos querían que los guiara en la aventura y les encantaba probar su fuerza contra la mía. Pero todo eso se llevaba a cabo en el contexto de un vínculo íntimo de amor tan profundo que no se puede expresar con palabras. Lo que deseaban más que nada, lo que me gustaba ofrecerles más que nada, era unidad de alma a alma. (Esto sigue siendo así incluso en sus vidas de adultos). Como dijera Tom Wolfe:

> Según mi opinión, la búsqueda más profunda en la vida, lo que de una u otra manera fue fundamental para todos los seres vivos ha de ser la búsqueda de un hombre para encontrar un padre; no simplemente el padre de su carne, no simplemente el padre perdido de su juventud, sino la imagen de una fortaleza y sabiduría externas para su necesidad y superior a su hambre, a lo que la creencia y el poder de su propia vida podrían unirse.[1]

LA FUENTE DE VERDADERA FORTALEZA

Los hombres nos avergonzamos unánimemente de nuestro vacío y de nuestras heridas; como ya he explicado, esta es para la mayoría de nosotros una fuente de vergüenza. Pero no tiene que ser así. Desde el mismo principio, antes de la caída y el ataque, nuestra existencia estaba destinada a ser desesperadamente dependiente. Es como un árbol y sus ramas, explica Cristo: Ustedes son las ramas, yo soy el tronco. De mí extraen su vida; así es como se supone que fuera. Es más, él continuó diciendo: «Separados de mí nada podéis hacer» (Juan 15:5). Jesús no está reprochándonos o burlándose de nosotros, ni incluso lo dice suspirando y pensando todo el tiempo: *Me gustaría que se esforzaran y dejaran de necesitarme tanto.* Para nada. Estamos *hechos* para depender de Dios; para estar en unión con Él, y nada acerca de nosotros funciona bien sin esta unión. C. S. Lewis escribió: «Un automóvil está hecho para funcionar con gasolina, y no funcionaría adecuadamente con algo más. Pues bien, Dios diseñó la máquina humana para que funcionara sobre él mismo. El Señor es el combustible que nuestros espíritus fueron diseñados para quemar, o el alimento del que nuestros espíritus fueron diseñados para alimentarse. No hay otro».[2]

Aquí es donde nuestro pecado y nuestra cultura se han unido para mantenernos en esclavitud y desolación, para impedir la sanidad de nuestras heridas. Nuestro pecado es esa parte interior pertinaz que quiere, por sobre todo lo demás, ser independiente. Hay una parte de nosotros firmemente comprometida a vivir de tal manera que no tengamos que depender de alguien, especialmente de Dios. Entonces aparece la cultura con personajes como John Wayne y James Bond, y todos esos otros «hombres de verdad», y lo único que tienen en común es que son *solitarios*; no necesitan a nadie. Llegamos a creer muy profundo en nuestros corazones que necesitar a alguien para algo es una clase de debilidad, una desventaja. Por eso es que un hombre nunca jamás se detiene para pedir instrucciones. Soy muy conocido por esto. Sé cómo llegar allá; encontraré mi propio camino, muchas gracias. Solo cuando estoy total, final y definitivamente perdido es que me detengo y pido ayuda, y me siento como un tonto por hacerlo.

Jesús no sabía nada de eso. El Hombre que nunca se acobardó para enfrentarse a los hipócritas, Aquel que expulsó a «cien hombres con un azote de cuerdas», el Maestro del viento y el mar, vivió en una desesperada dependencia de su Padre. «Les digo la verdad, el Hijo no puede hacer nada por su propia cuenta; solo hace lo que ve que el Padre hace»; «Yo vivo gracias al Padre viviente que me envió»; «Las palabras que yo digo no son mías, sino que mi Padre, quien vive en mí, hace su obra por medio de mí». Esto no es motivo de vergüenza para Cristo; todo lo contrario. Se jacta de la relación que tiene con su Padre. Está feliz de decirle a todo aquel que escucha: «El Padre y yo somos uno» (Juan 5:19; 6:57; 14:10; 10:30, NTV).

¿Por qué es importante esto? Porque muchos hombres que conozco viven con una profunda confusión en cuanto al cristianismo. Lo miran como una «segunda posibilidad» para ordenar la vida. Han sido perdonados; ahora creen que su tarea es cumplir el programa. Intentan concluir la maratón con una pierna rota. Pero ahora póngale atención a esto: Usted recordará que la masculinidad es una esencia transmitida de padre a hijo. Esta es una imagen, como muchas cosas en la vida, de una realidad más profunda. La *verdadera* esencia de la fortaleza nos la transmite Dios *por medio de nuestra unión con Él.* Observe que esta es una parte profunda y vital en la vida del rey David. Recordando que él es un hombre de hombres, con seguridad un varón de guerra, vea cómo describe su relación con Dios en los Salmos:

> Te amo, oh Jehová, fortaleza mía (18:1).
>
> Tú, Jehová, no te alejes; fortaleza mía, apresúrate a socorrerme (22:19).
>
> A causa del poder del enemigo esperaré en ti, porque Dios es mi defensa (59:9).

Me atrevo a decir que David podría enfrentarse en cualquier momento a John Wayne o James Bond; sin embargo, este verdadero hombre no se avergüenza de admitir su dependencia de Dios. Sabemos que estamos hechos para encarnar fortaleza, sabemos que no somos aquello para lo que fuimos hechos, y por eso sentimos nuestro quebrantamiento como una fuente de vergüenza. Al hablar hace poco de su herida, y de cómo debía ingresar a ella para encontrar sanidad, Dave protestó: «Ni siquiera deseo ir allá. Todo se siente muy real». Los hombres suelen ser muy duros con los lugares de quebranto dentro de ellos. Muchos informan que se sienten como si en su interior existiera un niño, y desprecian eso de sí mismos. Se dan la orden: *Deja de ser como un bebé.* Pero así no es como Dios siente. Él está furioso por lo que le ha pasado a usted. «Mejor le fuera que se le atase al cuello una piedra de molino y se le arrojase al mar, que hacer tropezar a uno de estos pequeñitos» (Lucas 17:2). Piense en cómo se sentiría si las heridas que le causaron, los golpes que le asestaron, se los hubieran dado a un niño que usted ama, quizás su hijo. ¿Lo avergonzaría por eso? ¿Sentiría desprecio de que su hijo no pudiera superar el asunto? No. Usted sentiría compasión. Así escribió Gerard Manley Hopkins:

> Mi propio corazón me ha hecho tener más lástima; déjame vivir para mi entristecido yo de aquí en adelante.[3]

En la película *Good Will Hunting* (En busca del destino) hay una hermosa imagen de lo que puede pasar cuando un hombre comprende que se ha «apropiado» de su herida y descubre que ya no la tiene. Will Hunting (representado por Matt Damon) es un joven brillante, un genio, que trabaja como conserje en MIT y vive en una zona peligrosa de la ciudad. Nadie conoce su talento porque lo esconde detrás de un falso yo de «chico bravucón mal encaminado». Es un peleador (un hombre violento). Ese falso yo nació de una herida paterna; no conoció a su progenitor, y el hombre que lo crio llegaba borracho a casa y golpeaba sin misericordia a Will. Después de ser arrestado por armar una pelea por enésima vez, la corte ordena a Will que vaya donde un psicólogo, Sean (representado por Robin Williams). Se forma un vínculo entre ellos; por primera vez en la vida de Will, un hombre mayor se preocupa en gran manera por él. Su iniciación ha comenzado. Al terminar una de las sesiones finales, Sean y Will hablan de los golpes que este último ha soportado, registrados ahora en el archivo de su caso.

WILL: Así que, este... tú sabes, eso es como si «Will tuviera un trastorno afectivo», ¿se trata de todo eso? ¿«Temor al abandono»? ¿Es por eso que terminé con Skyler [su novia]?

SEAN: No sabía que tuvieras eso.

WILL: Lo tengo.

SEAN: ¿Quieres hablar del asunto?

WILL: (Mirando al piso) No.

SEAN: ¡Eh! Will... no sé mucho, pero mira esto (sostiene su archivo)... Esto no es culpa tuya.

WILL: (Desestimándolo) Sí, lo sé.

SEAN: Mírame, hijo. No es tu culpa.

WILL: Lo sé.

SEAN: No es culpa tuya.

WILL: (Poniéndose más a la defensiva) Lo sé.

SEAN: No, no, no lo sabes. No es tu culpa.

WILL: (De veras a la defensiva) Lo sé.

SEAN: No es culpa tuya.

WILL: (Intentando terminar la conversación) Está bien.

SEAN: No es tu culpa... no es culpa tuya.

WILL: (Enojado) No te metas conmigo, Sean, no tú.

SEAN: No es culpa tuya... no es tu culpa... no es tu culpa.

WILL: (Se desploma en sus brazos, llorando) Lo siento, lo siento.[4]

No es una vergüenza que usted necesite sanidad; no es una vergüenza buscar fortaleza en alguien más; no es vergonzoso que en su interior se sienta joven y temeroso. No es su culpa.

COMO ENTRAR A LA HERIDA

Frederick Buechner tenía diez años cuando su padre se suicidó. Dejó una nota para la madre del chico: «Te adoro y te amo, y no soy bueno...

Dale a Freddie mi reloj de pulsera, y a Jaime mi prendedor de perlas. A ti te doy todo mi amor»,[5] y luego se sentó en el garaje mientras el auto prendido llenaba el ambiente con monóxido de carbono. Sucedió en una mañana sabatina de otoño. Ese día debía llevar a Frederick y a su hermano a un partido de fútbol americano. En vez de eso, se apartó para siempre de sus vidas. ¿Qué puede hacer un niño de diez años con esa clase de acontecimiento?

> Un niño toma la vida como llega porque no tiene otra manera de tomarla. El mundo se había acabado ese sábado por la mañana, pero yo he visto acabarse un mundo cada vez que nos hemos mudado a otro lugar, y siempre ha habido otro mundo para reemplazarlo. Mark Twain dijo que cuando muere alguien a quien amas es como cuando tu casa se incendia; pasan años antes de comprender la total extensión de tu pérdida. Para mí fue más largo que para la mayoría, si es que acaso ya lo he comprendido del todo. Mientras tanto la pérdida se fue enterrando tan profundamente en mí, que después de un tiempo apenas la saqué siquiera para verla, mucho menos para hablar de ella.[6]

Así es como tratamos nuestras heridas, especialmente los hombres. Las enterramos profundamente y no las volvemos a sacar. Sin embargo, debemos sacarlas, o mejor aún, entrar en ellas.

Yo entré en mi herida por medio de la sorprendente puerta de mi ira. Después de mudarnos a Colorado, hace más o menos once años, me descubrí hablando bruscamente a mis hijos por tonterías. Un vaso de leche derramado provocaba un arrebato de ira. Pensé: *¡Vaya, John!, dentro de ti están pasando cosas; más te vale que eches un vistazo a tu interior.* Mientras exploraba mi enojo con la ayuda de mi querido amigo Brent, mi consejero en esa época, comprendí que me encontraba furioso por sentirme totalmente solo en un mundo que una y otra vez demandaba de mí más de lo que me sentía capaz de dar. Algo en mí se sentía joven... como un niño de diez años en el mundo de un hombre, pero sin la capacidad de un hombre para salir adelante. Había mucho temor debajo de la superficie; temor de fallar, de ser descubierto y, finalmente, de que debía arreglármelas por mi cuenta. Me pregunté: *¿De dónde venía todo este miedo? ¿Por qué me sentía tan solo en el mundo... y tan joven por dentro? ¿Por qué algo se sentía huérfano en mi corazón?*

Mi respuesta llegó por medio de varias películas.

Me sorprendió *A River Runs Through It* [Nada es para siempre] y su hermosa narración de muchachos que en realidad nunca tuvieron a sus padres, excepto durante sus viajes de pesca, y cómo al final hasta perdieron eso. Comprendí que había perdido a mi padre y, al igual que Buechner, enterré la pérdida tan profundamente en mí que después de un tiempo apenas la volví a sacar. Me conmovió *A Perfect World* [Un mundo perfecto] simplemente porque allí vi cuánto significa un padre para su hijo, y cómo yo anhelaba esa intimidad con una fuente de fortaleza que me amara y pudiera pronunciar mi nombre. Me identifiqué mucho con Will Hunting porque yo también era un luchador que se vio enfrentado al resto del mundo, que debí aceptar mi herida y que nunca me había desconsolado por ella. Creía que era mi culpa.

De alguna manera Dios tuvo que intervenir sutilmente por medio de esas historias, pues yo simplemente no estaba dispuesto a saltar feliz por el sendero hacia el dolor más profundo de mi corazón. Luchamos contra esta parte de la travesía. Todo falso yo es una defensa elaborada para no entrar a nuestro corazón herido. Es una ceguera escogida. Manning declara: «Nuestro falso yo nos ciega tercamente a cada uno de nosotros a la luz y la verdad de nuestro propio vacío y falsedad».[7] Hay lectores que aun ahora no tienen idea de cuál es su herida, o incluso de cuál es el falso yo que ha surgido de ella. Ah, qué conveniente es esa ceguera. Dichosa ignorancia. Pero una herida que no se siente es una herida sin sanar. Debemos entrar en ella. La puerta podría ser la ira que sentimos; podría ser el rechazo que hemos experimentado, quizás de una chica; podría ser el fracaso, o la pérdida del bate dorado, y la manera en que Dios está frustrando nuestro falso yo. Podría ser una simple oración: Jesús, llévame al interior de mi herida.

Él dice: «He aquí, yo estoy a la puerta y llamo».

SANIDAD DE LA HERIDA

Si usted quería aprender a sanar a los ciegos, y pensaba que al seguir a Cristo y ver lo que él hizo le clarificaría las cosas, terminará muy frustrado. Él no actúa dos veces de la misma forma. En un caso escupe sobre un tipo; en otro escupe en tierra, hace lodo y lo pone en los ojos del ciego. A un tercero simplemente le habla, a un cuarto lo toca, y a un quinto le echa fuera un demonio. Con Dios no hay fórmulas. El modo en que él cura nuestra herida es un proceso profundamente personal. El Señor es una persona e insiste en obrar personalmente. Para algunos, la sanidad llega en un momento de toque divino. Para otros, ocurre con el tiempo y por la ayuda de otra persona, o quizás de muchas otras. Agnes Sanford dice: «En muchos de nosotros hay heridas tan profundas que solo puede sanarnos la intervención de alguien más ante quien podamos "llevar nuestro dolor"».[8]

Por tanto, mucha de la sanidad ocurrió en mi vida simplemente por medio de mi amistad con Brent. Éramos compañeros, pero mucho más que eso, éramos amigos. Pasábamos horas juntos en pesca con mosca, viajando con mochila, andando en clubes. Nada sana tanto como pasar tiempo con un hombre a quien yo respetaba de verdad, un verdadero hombre que me amaba y respetaba. Al principio temí que lo estuviera engañando, que él vería mi herida algún día y me dejaría. Pero no lo hizo, y lo que ocurrió en vez de eso fue validación. Mi corazón sabía que si un hombre que *conozco* es alguien que cree que también soy un hombre, entonces después de todo es posible que yo lo sea. Recuerde, la masculinidad otorga masculinidad. Pero ha habido otras maneras importantes en las que Dios ha obrado: tiempos de oración, momentos de dolor por la herida y de perdonar a mi padre. La mayoría de las veces, tiempos de profunda comunión con Dios. Lo importante es esto: la sanidad nunca ocurre fuera de la intimidad con Cristo. La sanidad de nuestra herida fluye de nuestra unión con Él.

Pero existen algunos temas comunes que aporto mientras usted busca la restauración de su corazón.

PRIMER PASO: NOS RENDIMOS

El primer paso parece tan sencillo que es casi imposible creer que lo pasemos por alto, que nunca lo pidamos y que cuando lo hacemos, luchamos a veces durante días solo para lograr que las palabras salgan.

La restauración empieza cuando nos rendimos. Lewis lo expresa así: «Usted no tendrá un verdadero yo, a menos que se entregue por completo a Dios».[9] Reconectamos la rama a su tronco; cedemos nuestras vidas ante Aquel que es nuestra vida. Luego *invitamos a Jesús al interior de la herida*; le pedimos que entre y nos encuentre allí, con el fin de llegar hasta los lugares heridos y no sanados de nuestro corazón. Cuando la Biblia nos dice que Cristo vino para «redimir a la humanidad», lo que se ofrece es mucho más que perdón. El solo hecho de perdonar a un hombre destrozado es como decirle a alguien que corre una maratón: «Está bien que te hayas roto una pierna. No voy a usar eso en tu contra. Termina ahora la carrera». Es muy cruel dejarlo incapacitado de ese modo. No, hay mucho más para nuestra redención. El núcleo de la misión de Cristo se predijo en Isaías 61:

> El Espíritu del Señor DIOS está sobre mí, porque me ha ungido el SEÑOR para traer buenas nuevas a los afligidos. Me ha enviado para vendar a los quebrantados de corazón, para proclamar libertad a los cautivos y liberación a los prisioneros. (v. 1, NBLA)

Isaías comunica que el Mesías vendrá a vendar y sanar, a libertar y liberar. ¿Qué? *El corazón de usted.* Cristo llega a restaurarle y liberarle el interior, el alma, el verdadero ser. Este es el pasaje central de toda la Biblia acerca de Jesús, el único que decide citar acerca de sí mismo cuando da un paso al frente en Lucas 4 y anuncia su llegada. Por tanto, confíe en el mensaje del Señor, pídale que sane todos los lugares quebrantados en su interior y que los una en un corazón íntegro y sano. Pídale que lo libere de toda esclavitud y cautiverio, como prometió hacerlo. MacDonald oró: «Recoge mis fragmentos destrozados en una sola pieza. [...] Permite que mi corazón sea alegre y totalmente receptivo, pero haz que sea completo, iluminado por todas partes».[10]

Sin embargo, usted no puede hacer esto a cierta distancia; no puede pedir a Cristo que entre a su herida mientras usted permanece fuera. Tiene que ir allí con Él.

> *Señor Jesús, te entrego mi vida: todo lo que soy, todo aquello en que me he convertido. Me entrego a ti por completo. Ven y sé mi Señor. Sé mi sanador. Te entrego mi corazón herido. Ven y encuéntrate aquí conmigo. Entra a mi corazón y mi alma, a mis heridas y mi pérdida, y trae tu amor sanador a estos mismos lugares.*

SEGUNDO PASO: NOS AFLIGIMOS

Debemos afligirnos por nuestra herida. Esta no ocurrió por culpa nuestra y sí *tuvo importancia*. Oh, qué día tan importante fue para mí cuando me permití expresar simplemente que la pérdida de mi padre sí importaba. Las lágrimas que fluyeron fueron las primeras que concedí a mi herida, y resultaron ser profundamente curativas. Todos esos años de aguantarla se desvanecieron en mi dolor. Es muy importante que nos aflijamos por nuestra herida; es lo único sincero que podemos hacer. Porque al hacerlo admitimos la verdad: que fuimos heridos por alguien a quien amábamos, que perdimos algo muy querido y que eso nos dolió en gran manera. Las lágrimas curan. Nos ayudan a abrir y limpiar la herida. Agustín escribió en sus *Confesiones*: «Las lágrimas [...] fluyeron, y las dejé correr tan libremente como quisieron, convirtiéndose en una almohada para mi corazón. Sobre ellas descansó».[11] Afligirnos es una forma de validación; declara que la herida *tuvo importancia*.

TERCER PASO: DEJAMOS QUE DIOS NOS AME

Le permitimos a Dios que nos ame; le dejamos que se nos acerque. Lo sé, parece dolorosamente obvio, pero le digo que muy pocos hombres son alguna vez tan sensibles como para permitir con sencillez que Dios los ame. Después que Brad perdió su plan de redención, le pregunté: «Brad, ¿por qué simplemente no dejas que el Señor te ame?». Él se retorció en su silla y declaró: «He tenido dificultades con eso, con simplemente dejarme amar. Me hace sentir al descubierto. Preferiría tener el control, ser admirado por lo que aporto al grupo». Más tarde escribió en una carta que me envió:

> Después que todo se fuera a pique me sentí abrumado por la tristeza y la aflicción. El sufrimiento es increíble. En medio de eso, Dios me preguntó: «Brad, ¿me dejarías amarte?». Sé lo que él está pidiendo. Me siento preocupado de tener que enviar correos electrónicos a todas estas instituciones y asegurarme un futuro. Pero estoy cansado de huir. Quiero llegar a casa. Hojeé mi Biblia y llegué a Juan 15:9: «Como el Padre me ha amado, así también yo os he amado; permaneced en mi amor». La lucha es muy intensa. A veces todo es muy claro. Otras veces es neblina. Exactamente ahora lo único que puedo hacer es aferrarme lo mejor que pueda a Jesús y no huir de todo lo que hay en mi corazón.

Morar en el amor de Dios es nuestra única esperanza, el único hogar verdadero para nuestros corazones. No se trata de reconocer en forma intelectual que Dios nos ama, sino dejar que nuestros corazones lleguen a casa con él y permanecer en su amor. MacDonald lo dice de este modo:

> Cuando nuestros corazones se vuelven a Dios; es decir, cuando le abrimos la puerta [...] él entra, no solo por nuestro pensamiento, no solo en nuestra idea, sino que viene en persona, y por su propia voluntad. Por tanto, el Señor, el Espíritu, se convierte en el alma de nuestras almas. [...] Entonces *existimos* de verdad; entonces sí que tenemos vida; la vida de Jesús se ha [...] vuelto vida en nosotros. [...] Somos uno con Dios por siempre y para siempre.[12]

O como San Juan de la Cruz repitió: «Ah, con cuánta suavidad y cuánto amor yaces despierto en lo profundo y en el centro de mi alma, donde moras en secreto y en silencio, como el único Señor, no solo como en tu propia casa o en tu propia habitación, sino también como dentro de mi propio pecho, en unión cercana e íntima».[13] Esta profunda unión inseparable con Jesús y con su Padre es la fuente de toda nuestra sanidad y de toda nuestra fortaleza. Es, como dice Leanne Payne, «la verdad central y única del cristianismo».[14] Después de un retiro en el que hablé a un grupo pequeño de hombres acerca de la travesía masculina, recibí este correo electrónico:

> Mi padre nunca me abandonó, solo que nunca tuvo tiempo para mí, ni me dio palabras de ánimo. Pasó toda su vida haciéndose el centro de atención. Por primera vez comprendí por qué estoy sumamente acorralado, por qué no dejo que alguien se me acerque (ni siquiera mi esposa), y por qué soy un impostor para la mayoría de las personas. Me quebranté y lloré. Ahora siento la presencia de Dios en mi corazón como nunca antes la había sentido... y sé que es el principio de un corazón nuevo.

CUARTO PASO: PERDONAMOS

Ha llegado el momento de perdonar a nuestros padres y a todos aquellos que nos han ofendido. Pablo nos advierte que la falta de perdón y la amargura pueden hundir tanto nuestras vidas como las de otras personas (ver Efesios 4:31; Hebreos 12:15). Me apena pensar en todos los años de mi vida en que mi esposa soportó la ira y la amargura que heredé de mi padre y que redirigí hacia ella. Como alguien dijo, el perdón libera a un prisionero, y luego descubro que yo era el prisionero. Encontré algo de ayuda en la experiencia de Bly de perdonar a su padre, cuando dijo: «Empecé a pensar en él, no como en alguien que me había privado de amor, de atención o de compañerismo, sino como en alguien que había sido privado de todo ello por su padre y por su madre, y por la cultura».[15] Mi padre también tuvo su propia herida que nadie le ofreció sanar. Su padre también fue alcohólico por un tiempo, y hubo algunos años difíciles durante su juventud, tal como sucedió conmigo.

Ahora bien, usted debe entender algo: Perdonar es una decisión. No es un sentimiento, sino un acto de la voluntad. Neil Anderson escribió: «No espere a perdonar hasta tener el deseo de hacerlo; nunca lo conseguirá. Lleva tiempo sanar los sentimientos después que se ha tomado la decisión de perdonar».[16] Dejamos que Dios haga surgir la herida de nuestro pasado, porque «su perdón será incompleto si usted no visita el núcleo emocional de su vida». Reconocemos que la herida duele, que fue importante, y entonces decidimos extender perdón a nuestro padre. *No* se trata de decir: «En realidad no importó»; tampoco es decir: «De todos modos es probable que yo haya merecido algo de esto».

El perdón expresa: «Eso estuvo mal, importó y te libero».

Entonces le pedimos a Dios que sea nuestro Padre y nos llame por nuestro verdadero nombre.

EL NOMBRE QUE DIOS TIENE PARA NOSOTROS

Hace años me di cuenta de que en mi propia travesía masculina me relacionaba bien con Jesús y con «Dios», pero no con Dios como *Padre.* No es difícil imaginar cuál es la razón de eso. Mi padre terrenal ha sido una fuente de dolor y desilusión para mí... para muchos de nosotros. Entonces leí esto de MacDonald:

> En mi propia infancia y niñez, mi padre era el refugio de todos los males de la vida, incluso el dolor agudo. Por consiguiente, al hijo o a la hija a quienes no les complace el nombre *Padre,* le digo: «Interpreta el vocablo para todo aquello que has perdido en la vida. Todo lo que la ternura humana puede dar o desear en la cercanía, y la disposición del amor, todo e infinitamente más debe ser cierto en cuanto al Padre perfecto... el Hacedor de la paternidad».[17]

El regalo llegó en el momento perfecto, porque yo sabía que era hora de dejar que Dios fuera mi Padre. (En todo el proceso de mi iniciación, el Señor ha provisto palabras como esas: mensajes, personas y obsequios para abrir la próxima etapa del trayecto). La masculinidad se transmite de padre a hijo, y luego de Padre a hijo. Adán, Abraham, Jacob, David, Jesús... todos ellos supieron quiénes eran a través de la intimidad que tuvieron con Dios, con el Padre. Después de todo, «¿quién puede dar esto a un varón: su propio nombre? Solo Dios. Porque nadie más que él ve lo que el hombre es».[18] Por lo general se piensa en esto con sentimientos de culpa: *sí, Dios me ve... y lo que observa es mi pecado.* Eso es erróneo por dos razones.

Primera, nuestro pecado ya se ha tratado. Nuestro Padre lo ha eliminado de nosotros, así como «está lejos el oriente del occidente» (Salmos 103:12). Nuestros pecados han sido lavados (1 Corintios 6:11). Cuando Dios nos mira, no ve nuestro pecado. Él no tiene ningún pensamiento de condenación hacia nosotros (Romanos 8:1). Pero eso no es todo. Tenemos un corazón nuevo. Esa es la promesa del nuevo pacto: «Os daré corazón nuevo, y pondré espíritu nuevo dentro de vosotros; y quitaré de vuestra carne el corazón de piedra, y os daré un corazón de carne. Y pondré dentro de vosotros mi Espíritu, y haré que andéis en mis estatutos, y guardéis mis preceptos, y los pongáis por obra» (Ezequiel 36:26–27). Existe una razón para que se le llamen buenas nuevas.

Demasiados cristianos hoy día están viviendo en el antiguo pacto. Les han inculcado Jeremías 17:9, y caminan por ahí creyendo: *Mi corazón es engañoso y perverso.* Ya no lo es. Lea el resto del libro. Dios anuncia en Jeremías 31:33 la cura para todo eso: «Daré mi ley en su mente, y la escribiré en su corazón; y yo seré a ellos por Dios, y ellos me serán por pueblo». El Señor nos concedió un corazón nuevo. Por eso Pablo declaró en Romanos 2:29: «Uno es verdaderamente judío cuando lo es en su interior. La verdadera circuncisión está en el corazón y se hace por el Espíritu, y no por lo que está escrito. El que tiene la circuncisión de corazón, por el Espíritu recibe la aprobación de Dios y no la de los demás» (PDT). El pecado no es lo más profundo acerca de usted, ya que tiene un nuevo corazón. ¿Me escuchó? Su corazón es *bueno.*

Lo que Dios ve cuando lo mira a usted es su yo *verdadero,* el usted real, el hombre que él tenía en mente cuando lo creó. ¿Cómo más podría darle una piedrecilla blanca con su verdadero nombre inscrito en ella? Le he contado la historia de Dave y de cómo su padre lo hirió llamándolo «hijito de mami», de cómo él buscó su sentido de masculinidad en las mujeres, de cómo aceptó la herida y el mensaje que transmitió como algo definitivo y verdadero. Un día nos sentamos juntos en mi oficina, con su vida muy bien detallada y desentrañada ante nosotros, como si hubiéramos vaciado un cofre de secretos y los hubiéramos esparcido a la luz del día. ¿Qué más había que decir? «Dave, solo tienes una esperanza: que tu padre estuviera equivocado con relación a ti».

Debemos preguntar a Dios qué piensa de nosotros, y debemos seguir haciendo la pregunta hasta que recibamos la respuesta. La batalla allí será cruel. Esto es lo último que el diablo quiere que sepamos. Él hará de ventrílocuo; nos susurrará como si fuera la voz de Dios. Recordemos que él es el acusador de los hermanos (Apocalipsis 12:10). Después de ver *Gladiador,* anhelé mucho ser un hombre como Máximo. Él me recordaba a Enrique V, de un drama de Shakespeare... un hombre valiente. Máximo es fuerte y valiente, y pelea muy bien; sin embargo, su corazón está dedicado a la eternidad. Anhela el cielo, pero prefiere quedarse luchando para que otros puedan ser libres. Lloré al final, estremecido por unas ansias de ser como él. Satanás estaba en todo eso, diciéndome que no, que en realidad yo era Cómodo, el condenado maquinador que representa al villano en la película. Lo que hizo muy difícil sacudir esas malas ideas es que una vez fui Cómodo: era egoísta, un individuo conspirador que manipulaba todo para mi beneficio personal. Eso fue hace mucho tiempo, pero la acusación ardía profundamente.

Salí de viaje a Inglaterra donde dicté cuatro conferencias en cinco días. Fue un viaje atroz y experimenté mucho ataque espiritual. Qué descanso fue dejarme caer en mi asiento al tomar un avión para regresar a casa. Cansado hasta los huesos, agotado y golpeado, necesitaba oír palabras de mi Padre. Por tanto, en mi diario comencé a derramar mi corazón ante Él.

> ¿Qué de mí, querido Señor? ¿Te gustó lo que viste? ¿Qué ves? Siento mucho tener que preguntar, quisiera saber sin preguntar. El miedo, supongo, me hace dudar. No obstante, ansío oír de ti... una palabra, o una imagen, un nombre o incluso una mirada tuya.

Esto es lo que escuché: *Eres Enrique V después de Agincourt... el hombre en la arena, cuyo rostro está cubierto de sangre, sudor y tierra, quien luchó valientemente... un gran guerrero... sí, como Máximo.*

Y luego: *Eres mi amigo.*

No puedo decirle cuánto significaron esas palabras para mí. Es más, me da vergüenza contárselas; parecen arrogantes. Pero lo hago con la esperanza de que le ayuden a encontrar las suyas. Son palabras de vida, palabras que sanan mi herida y hacen añicos las acusaciones del enemigo. Estoy agradecido por ellas; profundamente agradecido. Ah, qué maravillosas historias le puedo contar de cuántas veces Dios me ha hablado a mí y a otros hombres desde que le hicimos la pregunta. Mi amigo Aaron fue a un parque cerca de nuestra casa y encontró un lugar solitario. Allí esperó la voz del Padre. Esto fue lo que primero escuchó: «La verdadera masculinidad es espiritual». Aaron había creído por mucho tiempo que la espiritualidad era femenina, lo que lo puso en un aprieto terrible debido a que es un hombre muy espiritual y, sin embargo, añora ser un hombre verdadero. Dios declaró exactamente lo que él necesitaba oír: la masculinidad es espiritual. Luego escuchó: «La verdadera espiritualidad es buena». Y después: «Eres un hombre. Eres un hombre. Eres un hombre».

Es una batalla llegar a esta situación, y una vez que se han pronunciado palabras como estas, el enemigo se apresura a robarlas. Recuerde cómo atacó a Cristo en el desierto, justo después de escuchar las palabras del Padre. Otro amigo y yo estuvimos hablando de estas historias y muchas más como ellas. Mi amigo suspiró y dijo: «Es verdad, recuerdo una vez en la iglesia cuando escuché que Dios me decía: "Lo estás haciendo muy bien. Estoy orgulloso de ti, justo donde estás". Pero yo no podía creerlo. Sencillamente no parecía cierto». Por eso siempre nos basamos en la verdad ofrecida. Nos apoyamos en lo que la Biblia dice acerca de nosotros. Somos perdonados. Nuestros corazones son buenos. La voz del Padre *nunca* es condenatoria. Desde ese lugar le pedimos a Dios que nos hable en persona para romper el poder de la mentira que se nos entregó con nuestras heridas.

Él conoce nuestro nombre.

DE NUESTRA HERIDA VIENE NUESTRA GLORIA

Tengo en mi oficina una pintura favorita, una reimpresión de *My Bunkie*, de Charles Schreyvogel. Es una escena de cuatro soldados de caballería, hecha al estilo occidental de Remington. La acción es un rescate; según parece han disparado al caballo de uno de los jinetes, y tres hombres galopan para recogerlo. En primer plano, al soldado en dificultades lo están poniendo en las ancas del caballo de su compañero (su «bunkie»), mientras los otros dos le brindan protección con sus rifles. Me encanta esta escena porque eso es lo que quiero hacer y ser; quiero cabalgar hacia el rescate de aquellos que han caído porque les han disparado. Pero mientras me hallaba en mi oficina un día, Dios empezó a hablarme acerca de la pintura y de mi papel en ella: *No puedes ser el hombre que rescata, John, a menos que seas el hombre sin caballo, el que necesita ser rescatado.*

Así es. La verdadera fortaleza no sale de las fanfarronadas. A menos que estemos destrozados, nuestra vida será egocéntrica e independiente; nuestra fortaleza será propiedad nuestra. Mientras creamos realmente que valemos algo por nosotros mismos, ¿para qué necesitaríamos a Dios? No confío en un hombre que no haya sufrido; no dejo que se me acerque un hombre que no ha enfrentado su herida. Piense en los farsantes que conoce, ¿son la clase de individuo a quien usted llamaría a las dos de la mañana, cuando la vida se le derrumba a su alrededor? No quiero eso. No quiero clichés; quiero una verdad profunda y conmovedora, que solo llega cuando un hombre ha transitado por el camino del que he estado hablando. Buechner manifestó:

> Hacer por usted mismo lo mejor que se puede, rechinar los dientes y apretar el puño para sobrevivir de la manera más dura y difícil que el mundo ofrezca, es por tanto ser incapaz de permitir que algo se haga por usted y en usted, que sea aún más maravilloso. El problema con endurecerse contra el rigor de la realidad es que el mismo temple que lo protege a usted contra la destrucción de la vida, también le protege la vida contra la apertura y la transformación.[19]

Solo cuando ingresamos en nuestra herida descubrimos nuestra verdadera gloria. Hay dos razones para esto. Primera, porque la herida se ha llevado a cabo en el lugar de nuestra verdadera fuerza, como un intento para eliminarnos. A menos que vayamos allá, aún estaríamos fingiendo, ofreciendo algo más superficial e insustancial. Y por tanto, la segunda razón es que es a partir de nuestro quebrantamiento que descubrimos lo que tenemos para brindar a la comunidad. El falso yo no es totalmente falso. Esos dones que hemos usado son a menudo bastante ciertos en cuanto a nosotros, pero los hemos usado para escondernos detrás de ellos. Creímos que el poder de nuestra vida estaba en el bate dorado, pero se encuentra dentro de *nosotros*. Cuando empezamos a ofrecer no solo nuestros dones sino nuestro verdadero yo, es entonces cuando nos volvemos poderosos.

Allí es cuando estamos listos para la batalla.

POSDATA

Antes de pasar al siguiente capítulo quiero hacer una pausa y resaltar lo vital y crucial que es para usted encontrar sanidad para su corazón herido.

Ahora escuche atentamente: comprender la herida no es lo mismo que sanar el corazón; claridad no equivale a restauración. El solo hecho de que usted entienda que tiene una herida, o que podría tener una, no la cura. Lo insto encarecidamente a buscar consejería o un ministerio de oración para sanidad. Lea *El despertar de los muertos*, particularmente los capítulos seis al diez. Sea bastante específico e intencional respecto a su sanidad; tome esto tan en serio como si el médico le dijera que tiene cáncer y que debe comenzar a tratarse de inmediato.

OCHO

UNA BATALLA POR PELEAR: EL ENEMIGO

Territorio ocupado por el enemigo, eso es este mundo.

—C. S. Lewis

No somos más que guerreros sin ceremonias;
Nuestra alegría y nuestro brillo están manchados
Al marchar en la lluvia en medio del difícil terreno...
Sin embargo, por lo general nuestros corazones están en la cuerda floja

—Enrique V

Si como hombres valientes nos esforzáramos por seguir batallando, seguramente sentiríamos la favorable ayuda de Dios desde el cielo. Porque quien nos da la oportunidad de luchar, de modo que al final consigamos la victoria, está listo para socorrer a aquellos que luchan valientemente y confían en la gracia divina.

—Thomas à Kempis

«Papá, ¿existen castillos todavía?». Luke y yo estábamos sentados en la mesa de desayunar; en realidad, él estaba sentado y yo atendía a su Alteza Real, preparándole tostadas con mermelada de albaricoque. Tan pronto hizo la pregunta supe lo que su joven corazón indagaba. ¿Existen aventuras grandiosas todavía? ¿Hay grandes batallas? Quise explicar que en realidad las hay, pero antes de que pudiera hablar le apareció ese brillo en los ojos y preguntó: «¿Y existen los dragones?». Ah, cuán profundamente se encuentra esto grabado en el alma masculina. El niño es varón de guerra; el niño es su nombre. Un hombre necesita tener una batalla que pelear; necesita un lugar para que el guerrero en su interior se anime, se entrene y madure. Si podemos volver a despertar esa feroz cualidad en un hombre, si podemos engancharla a un propósito superior, si podemos liberar el guerrero interior, entonces el niño puede crecer y llegar a ser verdaderamente masculino.

Un día cuando yo trabajaba en la primera edición de este libro, Blaine bajó las escaleras y sin decir palabra me pasó un dibujo que había hecho frente a mí. Era un esbozo a lápiz de un ángel de amplios hombros y cabello largo; sus alas se extendían a su alrededor como si estuvieran a punto de desplegarse para revelar que sostiene una espada de dos filos, una claymore escocesa tradicional. El ángel sostenía erguida la hoja, lista para la acción; su mirada era firme y feroz. Debajo del dibujo estaban estas palabras, escritas con la mano de un niño de nueve años: «Todo hombre es un guerrero en su interior. Pero la decisión de luchar es suya». Y un niño pequeño lo dirigirá. Blaine sabía con una certeza tan profunda como podía saber cualquier cosa, que todo hombre es un guerrero, y que debe decidirse a luchar. El guerrero no es el único papel que un hombre debe representar; existen otros que exploraremos más adelante. Sin embargo, el guerrero es crucial en nuestro recorrido hacia cualquier identidad masculina; está integrado en todo hombre.

EL CORAZÓN GUERRERO

Tengo en mis archivos una copia de una carta escrita por el mayor Sullivan Ballou, un oficial de la unión en el segundo escuadrón de Rhode Island. Le escribió a su esposa la víspera de la batalla de Bull Run, una contienda que sintió como si fuera la última en que participaría. Le habla con ternura de su amor imperecedero, de «los recuerdos de momentos de gran felicidad que he pasado contigo». Ballou llora al pensar que debe renunciar a «la esperanza de años futuros, en que, Dios mediante, aun podríamos haber vivido y amarnos, y ver crecer a nuestros hijos a nuestro alrededor hasta una honorable madurez». No obstante, a pesar de su amor, la batalla llama y él no logra volver de ella. «No tengo recelo al respecto, ni falta de confianza en la causa en que estoy comprometido, y mi valor no se detiene ni titubea. [...] Cuán grandiosa deuda tenemos con quienes pasaron antes que nosotros por la sangre y los sufrimientos de la revolución. [...] Sara, mi amor por ti no tiene fin, parece cegarme con cables poderosos que nadie más que el Omnipotente puede romper»; y, sin embargo, una causa más grande «llega sobre mí como un viento recio y me jala de modo irresistible con todas estas cadenas hacia el campo de batalla».[1]

Un hombre debe tener una batalla que pelear, una gran misión para su vida que involucre y trascienda aun el hogar y la familia. Debe tener una causa a la cual esté dedicado incluso hasta la muerte, porque esto se halla escrito en el material de su ser. Escuche ahora con mucho cuidado: *Usted tiene esa causa*. Por eso Dios lo creó... para que fuera su íntimo *aliado*, a fin de unirse a él en la gran batalla. Usted tiene un lugar específico en el frente, una misión que Dios creó para usted. Por eso es esencial que escuche su verdadero nombre de parte de Dios, porque en ese nombre está la misión de su vida. A Churchill lo invitaron a dirigir a los ingleses durante las desesperadas horas de la Segunda Guerra Mundial. Él dijo: «Siento como si caminara con destino y que toda mi vida pasada solo hubiera sido una preparación para este momento y este período».[2] Lo mismo se aplica a usted; toda su vida ha sido preparación.

«Me gustaría ser William Wallace, dirigiendo el ataque con una gran espada en mi mano. Pero me siento como el tipo en la cuarta fila, con un azadón». Esa es una mentira del enemigo: que su lugar es de veras insignificante, que usted en realidad no está dotado para nada. Usted *es* en su vida William Wallace, ¿quién más podría ser? No hay otro hombre que pueda reemplazarlo en el campo de batalla al cual se le ha designado. Si usted deja su lugar en el frente, este permanecerá vacío. Nadie más puede ser la persona que usted está destinado a ser. Usted *es* el héroe de su historia. No es un actor sin importancia, no es un extra, sino el personaje principal. Esta es la próxima etapa en el viaje de iniciación, cuando Dios llama a un hombre a las líneas frontales. Él quiere desarrollar y liberar en nosotros las cualidades que todo guerrero necesita, incluso una aguda percepción de los enemigos que enfrentaremos.

Por sobre todo, un guerrero tiene una *visión*; tiene trascendencia para su vida, una causa más grande que su autoconservación. La esencia de todos nuestros juramentos y de nuestro falso yo es esta: Intentamos salvar nuestra vida y la perdimos. Cristo llama a un hombre más allá de eso: «Todo el que pierda su vida por causa de mí y del evangelio, la salvará» (Marcos 8:35). Nuevamente, esto no solo se trata de estar dispuestos a morir por Cristo; es mucho más diario que eso. Durante años toda mi energía cotidiana se gastó intentando soportar los sufrimientos en mi vida y arreglándomelas para tener algo de placer. Mis semanas se desperdiciaban ya sea luchando o buscando satisfacción. Yo era un mercenario. Un mercenario lucha por una paga, para su beneficio; su vida está dedicada a sí mismo. Un verdadero guerrero sirve a algo, o a Alguien, superior a sí mismo. Esa es la cualidad conmovedora en la carta de Ballou; ese es el secreto del corazón guerrero de Jesús.

En segundo lugar, un guerrero es *astuto*. Sabe cuándo pelear y cuándo huir; puede sentir una trampa y no ataca a ciegas; sabe qué armas portar y cómo usarlas. En cualquier terreno específico al que usted sea llamado (hogar, trabajo, el reino de las artes, la industria o el mundo de la política), siempre enfrentará tres enemigos: el mundo, el demonio y la carne. Ellos conforman una especie de trinidad impía. Puesto que siempre conspiran juntos, es bastante difícil hablar de ellos individualmente; en cualquier batalla participan al menos dos de ellos, pero por lo general están los tres. Aun así, cada uno tiene su personalidad; por eso los tomaré uno a la vez, y luego intentaré mostrar cómo actúan contra nosotros. Empecemos con el enemigo más cercano.

EL TRAIDOR INTERIOR

> Por fuerte que pueda ser un castillo, si en su interior habita una parte traicionera (lista a traicionar a la primera oportunidad que se le presente), el castillo no se puede mantener a salvo del enemigo. Hay traidores en nuestros corazones, listos a participar, a acechar y a acompañar toda tentación, y a rendirse por completo al mal.[3]

Desde ese fatídico día en que Adán entregó la esencia de su fortaleza, los hombres han luchado contra una parte de sí mismos que está dispuesta en cualquier momento a hacer lo mismo. No queremos decir lo que pensamos a menos que sepamos que saldrá bien, y no queremos movernos a menos que tengamos el éxito asegurado. Lo que las Escrituras llaman la carne, el viejo hombre, o la naturaleza pecaminosa, es esa parte del caído Adán en todo individuo que siempre quiere la salida más fácil. Es mucho más fácil masturbarse que hacerle el amor a su esposa, especialmente si las cosas no están bien entre ustedes e iniciar la relación sexual con ella parece arriesgado. Es mucho más fácil bajar hasta el campo de prácticas y atacar un balde de pelotas, que enfrentar a las personas en el trabajo que están disgustadas con usted. Es mucho más fácil limpiar el garaje, organizar sus archivos, cortar el césped o trabajar en el auto, que hablar con su hija adolescente.

Para decirlo sin rodeos, su carne es una comadreja, una presuntuosa y un cerdo egoísta. Y su carne *no es usted.* ¿Sabía eso? Su carne no es el verdadero usted. Cuando Pablo nos da su famoso pasaje en el que parece luchar contra el pecado (Romanos 7), nos cuenta una historia que conocemos muy bien:

> Yo no me entiendo a mí mismo, porque no hago lo que quiero, sino lo que aborrezco. Sé bien que si hago lo que no quiero hacer, entonces la ley es buena. De manera que no soy yo el que lo hace. Es el pecado que está dentro de mí. Yo sé que en mi vieja naturaleza no hay nada bueno. Pues aunque quiero hacer lo bueno, no puedo. Cuando quiero hacer el bien, no lo hago; y cuando trato de no hacer lo malo, lo hago de todos modos. Entonces, si hago lo que no quiero hacer, está claro cuál es el problema: es el pecado que vive en mí. Así que, queriendo hacer el bien, me enfrento a esta ley: el mal vive en mí. En mi interior, quisiera obedecer la voluntad de Dios, pero me doy cuenta de que en los miembros de mi cuerpo hay otra ley, que es la ley del pecado. Esta ley está en guerra contra mi mente, y me tiene cautivo. ¡Qué triste es el estado en que me encuentro! (vv. 15-23, NBV)

Muy bien, todos hemos vivido eso muchas veces. Sin embargo, lo que Pablo concluye es sencillamente asombroso: «Si hago lo que no quiero hacer, está claro cuál es el problema: es el pecado que vive en mí» (Romanos 7:20, NBV). ¿Observó la diferencia que resalta el apóstol? Él dice: «¡Oye! Sé que peleo contra el pecado. Pero también sé que *mi pecado no soy yo...* este no es mi verdadero corazón». Usted no es su pecado; este ya no es lo más cierto sobre un hombre que ha entrado en comunión con Jesús. Su corazón es bueno. «Os daré corazón nuevo, y pondré espíritu nuevo dentro de vosotros» (Ezequiel 36:26). La gran mentira en la iglesia contemporánea es que no somos más que «pecadores salvados por gracia». Usted es mucho más que eso. Es una nueva criatura en Cristo. El Nuevo Testamento lo llama santo, consagrado, hijo de Dios. En el centro de nuestro ser somos hombres buenos. Sí, hay una guerra en nuestro interior, pero es una guerra *civil.* La batalla no es entre nosotros y Dios; no, hay un traidor en el interior en guerra contra nuestro verdadero corazón que lucha al lado del Espíritu de Dios en nosotros:

> Un nuevo poder está en funcionamiento. El Espíritu de vida en Cristo, al igual que un viento recio, ha clarificado de modo magnífico el aire, liberándolo a usted de una vida predestinada de tiranía brutal a manos del pecado y la muerte. [...] Cualquiera, por supuesto, que no ha recibido este Dios invisible pero claramente presente, el Espíritu de Cristo, no sabrá de qué estamos hablando. Pero para usted que lo ha recibido, en quien él mora, [...] si el Dios vivo y presente que resucitó a Jesús de la muerte se mueve en su vida, él hará en usted lo mismo que hizo en Jesús. [...] Cuando Dios vive y respira en usted (y lo hace, como seguramente lo hizo en Jesús), usted es liberado de esa vida muerta. (Romanos 8:2–3, 9–11)

El *verdadero* usted está del lado de Dios contra el falso yo. Saber esto será determinante en el mundo. El hombre que quiere vivir con valor perderá rápidamente el corazón si cree que este no es más que pecado. ¿Por qué luchar? La batalla se siente perdida aun antes de que empiece. No, su carne es su *falso yo* (el impostor, manifestado en cobardía y autoconservación), y el único modo de tratar con él es crucificándolo. Ahora sígame aquí muy de cerca: nunca, nunca se nos ha dicho que crucifiquemos nuestro corazón. Nunca se nos dijo que matemos al hombre verdadero en nuestro interior, nunca se nos dijo que nos deshagamos de esos deseos profundos de batalla, aventura y belleza. Se nos dijo que le disparáramos al traidor. ¿Cómo? Tenemos que decidir enfrentarlo cada vez que levanta su horrible cabeza. Hágale frente a esas situaciones de las que generalmente huye. Hable con franqueza de los asuntos que por lo general no comenta. Si quiere crecer en la verdadera fortaleza masculina, entonces debe dejar de sabotear la suya.

SABOTAJE

Ricardo es un joven muy apasionado que realmente intenta aprender qué significa ser hombre. Hace algunas semanas tenía planes de salir con unos amigos. Estos prometieron llamarlo antes de salir y luego pasar por él; no llamaron. Algunos días después, cuando apareció uno de ellos, Ricardo dijo: «Ah, está bien. No tiene importancia». Pero en su interior estaba *furioso.* Eso es sabotaje. Él decidió deliberadamente tirar abajo su verdadera fortaleza y vivir el falso yo. Haga eso a menudo y sentirá que no tiene fortaleza alguna. He notado que cuando niego la ira que siento, esta se convierte en miedo. Si no permitimos lo que Sam Keen llama «fuego en el vientre», algo más débil tomará su lugar. Hace años tuve la oportunidad de decirle a mi jefe lo que en realidad pensaba de él; no con ira pecaminosa (es diferente), ni para herirlo, sino para ayudarlo. Él me llamó y me preguntó si tenía un momento para conversar. Yo sabía por qué me llamaba y salí corriendo; le dije que estaba ocupado. Los días siguientes me sentí débil; me sentí como un hipócrita. Saboteé mi fortaleza al negarme a conversar.

También ocurre sabotaje cuando entregamos nuestra fortaleza. Sabotaje es aceptar un soborno, dejarse comprar por medio de sobornos o consentir adulaciones a cambio de alguna clase de lealtad. Usted caerá profundamente al negarse a confrontar un asunto pues si se queda callado le darán un ascenso, lo nombrarán anciano o conservará su empleo. La masturbación es sabotaje. Esta es una acción intrínsecamente egoísta que lo derriba. He hablado con muchos hombres cuya adicción a masturbarse ha erosionado su sentido de fortaleza. Igual pasa si se involucra sexualmente con una mujer con quien no está casado. Carlos es otro joven a quien las mujeres parecen encontrar especialmente atractivo. Me asombra que haya muchachas que se le ofrezcan cuando están hambrientas del amor y la afirmación que nunca tuvieron de sus padres. Ellas se entregan a un hombre para probar un poco del hecho de ser amadas y deseadas. Carlos acudió a mí porque su actividad sexual era descontrolada. Docenas tras docenas de mujeres se le ofrecían y cada vez que él cedía se sentía debilitado; su resolución de resistir era cada vez menor.

Todo comenzó a cambiar para Carlos cuando no vio toda la lucha sexual como pecado *sino como una batalla por su fortaleza.* Él desea ser fuerte, lo desea con desesperación, y eso empieza a alimentar su decisión de resistir. Kempis lo manifestó así: «Un hombre debe luchar mucho en su interior y con todas sus fuerzas, antes de aprender totalmente a vencer».[4] Carlos y yo pasamos horas orando por cada una de esas relaciones, confesando el pecado, rompiendo las ataduras sexuales entre dos almas, limpiando su fortaleza y pidiendo a Dios que lo restaurara. Carlos lo logró, y con gratitud expreso que tales días terminaron para él. No fue fácil, pero fue algo verdadero; ahora está felizmente casado. He incluido esa oración en el apéndice.

LO VERDADERO

Comience prefiriendo vivir su fortaleza y descubrirá que esta aumentará poco a poco. Ricardo necesitaba frenos para su auto; llamó al almacén de repuestos y le pidieron cincuenta dólares por el par. Pero cuando llegó allá, el dependiente le cobró noventa dólares. Estaba tomando a Ricardo por tonto y algo en él fue provocado. Normalmente habría dicho: «Ah, está bien. No hay problema», y hubiera pagado el precio mayor; pero no esta vez. Le dijo al dependiente que el precio que acordaron fue de cincuenta dólares y se mantuvo firme. El sujeto retrocedió y no intentó timarlo más. Ricardo me contó después: «Se siente grandioso, sentí que finalmente estaba actuando como un hombre». Esa podría parecer ahora una historia simple, pero allí es donde usted descubre su fortaleza: en los detalles cotidianos de su vida. Empiece a saborear sus verdaderas fuerzas y querrá *más.* Algo en el centro de su pecho se siente importante y sustancial.

Debemos dejar que nuestra fortaleza surja. Parece muy extraño, después de todo esto, que un hombre no permita que su fortaleza aparezca, pero muchos de nosotros estamos enervados por nuestra propia masculinidad. ¿Qué pasará si la dejamos salir de veras? Gordon Dalby cuenta en *Healing the Masculine Soul* [Sanidad del alma masculina] una historia acerca de un hombre a quien lo asolaba un sueño recurrente, una pesadilla «en que un feroz león lo perseguía hasta que el individuo caía agotado y despertaba gritando».[5] El hombre estaba consternado; no sabía qué significaba el sueño. ¿Era el león un símbolo de temor? ¿Lo abrumaba algo en su vida? Un día el hombre fue guiado por su pastor (un amigo de Dalby) a volver a visitar el sueño en oración:

> Mientras oraba [el pastor], llevado por un impulso invitó al hombre a recordar el sueño, aun con todo su miedo. Vacilante, estuvo de acuerdo, y pronto comentó que estaba viendo realmente al león, y que este se dirigía hacia él. [El pastor] le dio entonces instrucciones: «Cuando el león esté cerca de ti, no intentes huir, en vez de eso quédate y pregúntale quién o qué es, y qué está haciendo en tu vida... ¿puedes intentarlo?».
>
> Moviéndose nerviosamente en su silla, el hombre estuvo de acuerdo y luego informó lo que estaba ocurriendo: «El león está de pie frente a mí, gruñendo y sacudiendo la cabeza... le pregunto quién es... y... ¡ah! ¡No puedo creerlo lo que está diciendo! Dice: "Soy tu valor y tu fortaleza. ¿Por qué huyes de mí?"».[6]

Tuve un sueño recurrente parecido a este durante muchos años... especialmente en la adolescencia. Un enorme semental salvaje estaba en la cresta de una colina; percibí el peligro, pero no un peligro maligno, simplemente algo fuerte, valeroso y más grande que yo. Intentaba escabullirme; el semental siempre se volvía para mirarme y salía corriendo hacia mí colina abajo. Yo despertaba en el momento justo en que se me abalanzaba. Parece una locura que un hombre se escabulla de su fortaleza, que tema que esta apareciera, pero es por eso que saboteamos. Nuestra fortaleza es salvaje y feroz, y nos desconcierta lo que podría pasar si le permitiéramos acercarse. Sabemos una cosa: nada será como antes. Un cliente me dijo: «Temo que haré algo malo si permito que todo esto aparezca». No, la verdad es justo lo contrario. Usted hará algo malo si *no* lo permite. Recuerde: las adicciones de un hombre son el resultado de rechazar su fortaleza.

Hace años Brent me dio un consejo que cambió mi vida: «Deja que la gente sienta el peso de quién eres y deja que se las arreglen con eso». Esto nos lleva al campo de batalla de nuestro próximo enemigo.

EL MUNDO

¿Cuál es el enemigo que la Biblia llama «el mundo»? ¿Beber, bailar y fumar? ¿Ir al cine o jugar cartas? Ese es un enfoque superficial y ridículo de la santidad. Nos adormece a la realidad de que el bien y el mal son aspectos mucho más serios. Las Escrituras no prohíben beber alcohol, solo prohíben emborracharse; danzar fue parte vital de la vida del rey David; y mientras hay algunas películas buenas por ahí, también hay algunas iglesias muy impías. No, «el mundo» no es un lugar o una serie de comportamientos; es cualquier sistema levantado por nuestro pecado colectivo, en que todos nuestros falsos yoes se unen para premiarse y destruirse mutuamente. Tome todos los impostores o charlatanes que existen, póngalos juntos en una oficina, un club o una iglesia, y lo que obtiene es lo que la Biblia llama «el mundo».

El mundo es un carnaval de falsificaciones: batallas falsas, aventuras falsas, bellezas falsas. Los hombres deberían pensar que el mundo es una corrupción de su fortaleza. El mundo dice: «Ábrase paso hasta llegar a la cumbre, y eso demostrará que es hombre». ¿Por qué entonces los hombres que alcanzan esa meta son a menudo los impostores más vacíos, asustadizos y orgullosos que existen? Son mercenarios que solo luchan para construir sus propios reinos. No hay nada trascendental en sus vidas. Lo mismo se aplica a los adictos a la aventura; no importa cuánto gaste usted, no importa cuán lejos lleve su pasatiempo, este aún sigue siendo eso: un pasatiempo. En cuanto a las bellezas falsas, el mundo constantemente trata de decirnos que la *Mujer de Cabellos Dorados* está allí... que vayamos tras ella.

El mundo ofrece al hombre una falsa sensación de poder, y una falsa sensación de seguridad. Sea muy sincero ahora; ¿de dónde viene su propia sensación de poder? ¿De cuán bella es su esposa... o su secretaria? ¿De cuántas personas asisten a su iglesia? ¿Se trata de *conocimiento:* que usted tiene una habilidad, y que eso hace que otros lo busquen y se postren ante usted? ¿O es su posición, grado o título? Una bata blanca, una maestría, un podio o una oficina revestida de paneles pueden hacer sentir muy bien a un hombre. ¿Qué sucede en su interior cuando sugiero que renuncie a eso? Deje el libro por unos momentos y considere lo que pensaría de usted mismo si mañana perdiera todo aquello con que el mundo lo ha premiado. MacDonald afirma: «En todo lo que un hombre hace sin Cristo debe fracasar miserablemente o triunfar aún más miserablemente».[7] Jesús nos advierte contra cualquier cosa que nos dé una falsa sensación de poder. Él dijo que nos sentáramos en la parte posterior cuando fuéramos a una cena de la empresa o a una ceremonia de la iglesia. Escoja la senda de la humildad; no se auto promueva, no sea un adulador, un fingidor o impostor. *Baje* la escalera; invite a cenar al cartero; trate a su secretaria como si fuera más importante que usted; busque servir a todos. Es bueno hacerse a menudo esta pregunta: ¿De dónde proviene mi sensación de fortaleza y poder?

Si quiere saber qué siente *en realidad* el mundo respecto a usted, simplemente empiece a vivir dentro de su verdadera fortaleza. Diga lo que piensa, defienda a los desamparados, desafíe políticas insensatas. Se volverán contra usted como tiburones. ¿Recuerda la película *Jerry Maguire, seducción y desafío*? Jerry es un promotor de atletas profesionales que llega a una clase de revelación personal acerca de la corrupción de su empresa. Hace público un memo, una declaración visionaria que insta a adoptar un enfoque más humano hacia el trabajo. Dice que dejemos de tratar a la gente como ganado, que dejemos de servir al resultado final y sirvamos de veras a nuestros clientes. Todos sus compañeros lo vitorean; cuando la firma se deshace de él (como sabía que iba a pasar) se apresuran a apoderarse de sus clientes. He visto esto una y otra vez. Un amigo mío confrontó a su pastor por algunas declaraciones falsas que había hecho para obtener el cargo. Este pastor del rebaño empezó a hacer circular rumores de que mi amigo era homosexual; intentó arruinarle la reputación.

Al mundo de farsantes lo sacude un hombre verdadero. Los farsantes harán cualquier cosa para hacerlo regresar a la fila: lo amenazan, lo sobornan, lo seducen, lo socavan. Ellos crucificaron a Jesús. Pero no funcionó, ¿verdad? Usted debe permitir que su fortaleza se manifieste. ¿Recuerda a Cristo en el huerto, la fuerza pura de su presencia? Muchos de nosotros en realidad hemos tenido miedo de dejar que nuestra fortaleza se manifieste, porque el mundo no tiene un lugar para ella. Bien. El mundo se fastidia. Deje que la gente sienta el peso de quién es usted y deje que se las arreglen con eso.

EL DIABLO

Mi esposa y yo conducíamos a casa el otro día después de haber estado fuera toda la tarde, y de salir corriendo un poco tarde para llevar a nuestro hijo menor a un partido de fútbol de temporada. Me hallaba en el asiento del conductor y disfrutábamos una larga charla sobre algunos sueños que teníamos para el futuro. Después de varios minutos nos dimos cuenta de que estábamos atascados en un embotellamiento de tráfico que no iba a ninguna parte. Momentos preciosos se deslizaban mientras la tensión crecía en el auto. En un esfuerzo por ser útil, Stasi sugirió una ruta alterna: «Si tomas aquí a la derecha y llegas hasta la calle primera podríamos cortar camino y ahorrar unos cinco minutos de manejo».

Yo estaba listo para divorciarme de ella.

En serio. En cerca de veinte segundos estuve listo para el divorcio. Si el juez hubiera estado en el auto, yo le habría firmado los papeles en ese instante. ¡Por Dios! ¿Por un comentario acerca de mi modo de conducir? ¿Es eso lo único que pasaba en ese momento?

Permanecí sentado detrás del volante en silencio y echando humo. Por fuera parecía tranquilo; por dentro, he aquí lo que sucedía:

Me llega este pensamiento: ¡Demonios! ¿Acaso ella piensa que no sé cómo llegar allá? *Odio que me haga esto.*

Entonces otra voz añade: *Ella siempre hace eso.*

Contesto (interiormente, todo el diálogo se realiza en mi interior, en un abrir y cerrar de ojos): *Así es... ella... siempre dice cosas como esa. Odio eso en ella.*

Me inunda una sensación de acusación, ira y arrogancia.

Luego la voz dice: *John, esto nunca va a cambiar.*

Yo estoy de acuerdo: *Esto no va a cambiar.*

Entonces la voz continúa: *Tú sabes John, allá afuera hay muchas mujeres que estarían profundamente agradecidas de tenerte como su hombre.*

Y yo pienso: *Así es... por allí hay un montón de mujeres...*

Usted capta la idea. Cambie los personajes y el entorno, y lo mismo le ha ocurrido a usted. Solo que tal vez creyó que todo el asunto era algo que le sucedía únicamente a usted.

Sin duda el diablo tiene un lugar en nuestra teología; no obstante, ¿es Satanás una categoría en la que pensamos durante los sucesos frecuentes de nuestras vidas?

¿Ha pensado incluso que no todos los pensamientos que le pasan por la mente provienen de usted mismo? Lo que experimenté en medio del tráfico ese día sucede todo el tiempo en matrimonios, en ministerios y en cualquier relación. Nos llegan mentiras todo el tiempo. Pero no nos detenemos para decir: «Un momento... ¿quién más está hablando aquí? ¿De dónde salen esas ideas? ¿De dónde vienen esos *sentimientos*?». Si lee acerca de los santos de toda época antes de la era moderna (ese período henchido de orgullo de la razón, la ciencia y la tecnología en que todos fuimos ampliamente educados) descubrirá que en realidad toman muy en serio al diablo. Como Pablo expresó: «No vaya a ser que Satanás se aproveche de nosotros, pues conocemos sus malignas intenciones» (2 Corintios 2:11, RVC). Pero nosotros, los iluminados, tenemos un enfoque mucho más amplio de sentido común para las cosas. Buscamos explicación psicológica o física, o incluso política para todo problema que encontramos.

¿Quién hizo que los caldeos robaran los rebaños de Job y mataran a sus siervos? Es claro que Satanás (Job 1:17). Sin embargo, ¿le damos al diablo un pensamiento pasajero cuando oímos hablar del terrorismo moderno? ¿Quién mantuvo encorvada durante dieciocho años a esa pobre mujer, aquella a quien Jesús sanó en el día de reposo? Está claro que fue Satanás (Lucas 13:16). Sin embargo, ¿pensamos en el diablo cuando tenemos un dolor de cabeza que nos impide orar o leer la Biblia? ¿Quién incitó a Ananías y Safira a mentir a los apóstoles? Otra vez Satanás (Hechos 5:3). No obstante, ¿vemos su mano detrás de una enemistad o división en el ministerio? ¿Quién estaba detrás de ese brutal asalto a la fortaleza de usted, detrás de las heridas que ha recibido? William Gurnall lo dijo así: «La imagen de Dios reflejada en usted es lo que enfurece al infierno; el demonio le lanza sus armas más poderosas».[8]

Detrás de las escenas de nuestras vidas está ocurriendo mucho más de lo que nos han enseñado a creer. Tome la Navidad como ejemplo.

TRAS BASTIDORES

Es muy probable que la mayoría de las personas tenga un nacimiento que exhiben en Navidad encima de la chimenea o mesa de centro. La mayoría de estos nacimientos muestran una serie regular de personajes: pastores, reyes magos, quizás algunos animales de corral, José, María y, por supuesto, el niño Jesús. Sí, el nuestro tiene un ángel o dos, e imagino que el de usted también. Pero eso es todo lo sobrenatural que se exhibe. ¿Cuál es la *atmósfera* general de la escena? ¿Acaso no tienen todos esos nacimientos una clase de atmósfera cálida y pastoral, una tranquila e íntima sensación como la que alguien experimenta cuando usted canta «Noche de paz» o «Lejos en un pesebre»? Aunque todo esto es cierto, también es muy *engañoso* pues no es un cuadro completo de lo que de veras está pasando. Para eso, tiene que ir a Apocalipsis 12:

> Apareció en el cielo una gran señal: una mujer vestida del sol, con la luna debajo de sus pies, y sobre su cabeza una corona de doce estrellas. Y estando encinta, clamaba con dolores de parto, en la angustia del alumbramiento. También apareció otra señal en el cielo: he aquí un gran dragón escarlata, que tenía siete cabezas y diez cuernos, y en sus cabezas siete diademas; y su cola arrastraba la tercera parte de las estrellas del cielo, y las arrojó sobre la tierra. Y el dragón se paró frente a la mujer que estaba para dar a luz, a fin de devorar a su hijo tan pronto como naciese. Y ella dio a luz un hijo varón, que regirá con vara de hierro a todas las naciones; y su hijo fue arrebatado para Dios y para

> su trono. [...] Después hubo una gran batalla en el cielo: Miguel y sus ángeles luchaban contra el dragón; y luchaban el dragón y sus ángeles; pero no prevalecieron, ni se halló ya lugar para ellos en el cielo. Y fue lanzado fuera el gran dragón, la serpiente antigua, que se llama diablo y Satanás, el cual engaña al mundo entero; fue arrojado a la tierra, y sus ángeles fueron arrojados con él. (vv. 1-5, 7-9)

Philip Yancey dice que nunca ha visto esta versión de la historia en una tarjeta navideña. Sin embargo, esta es una historia más real, el resto del cuadro de lo sucedido en esa fatídica noche. Yancey llama al nacimiento de Cristo la Gran Invasión, «una atrevida incursión del gobernante de las fuerzas del bien en el trono universal del diablo».[9] Espiritualmente hablando, esta no es una noche de paz. Es el día D. «También va más allá de mi comprensión, pero acepto que esta idea es la clave para entender la Navidad, y en realidad es el criterio de mi fe. Como cristiano creo que vivimos en mundos paralelos. Un mundo se compone de colinas, lagos, establos, políticos y pastores que observaban sus rebaños esa noche. El otro consiste de ángeles y fuerzas siniestras»,[10] y todo el mundo espiritual. El niño nace, la mujer escapa y la historia continúa así:

> Entonces el dragón se llenó de ira contra la mujer; y se fue a hacer guerra contra el resto de la descendencia de ella, los que guardan los mandamientos de Dios y tienen el testimonio de Jesucristo. (v. 17)

Detrás del mundo y de la carne hay un enemigo aún más mortífero, alguien de quien casi no hablamos, y a quien mucho menos estamos listos a resistir. Pero aquí es donde vivimos ahora: en las líneas frontales de una feroz guerra espiritual que es la culpable de la mayoría de víctimas que usted ve por doquier y de la mayoría de ataques en su contra. Es hora de prepararnos para esa ofensiva. Sí, hay un dragón. He aquí cómo puede matarlo.

NUEVE

UNA BATALLA POR PELEAR: LA ESTRATEGIA

Ella tenía razón en que la realidad puede ser dura y en que usted cierra los ojos ante ella sencillamente a su propio riesgo, porque si no enfrenta al enemigo en todo su poder siniestro, entonces el enemigo se le presentará por detrás algún triste día y lo destruirá, mientras usted lo enfrenta de otra manera.

—Frederick Buechner

Ciñe tu espada sobre el muslo, oh valiente,
Con tu gloria y con tu majestad.
En tu gloria sé prosperado;
Cabalga sobre palabra de verdad, de humildad y de justicia,
Y tu diestra te enseñará cosas terribles.

—Salmos 45:3–4

Usted, como parte del ejército de Cristo, marcha en las filas de aguerridos espíritus. Cada uno de sus compañeros soldados es hijo de un Rey. Algunos, igual que usted, están en medio de la batalla, asediados por todos lados por la aflicción y la tentación. Otros, después de muchos asaltos, rechazos y ofensivas a la fe, ya están ante los muros del cielo como conquistadores. Desde allí miran hacia abajo y lo exhortan a usted y a todos los camaradas en la tierra, a subir la colina detrás de ellos. Esto es lo que gritan: «Luchen hasta la muerte y la ciudad es de ustedes, ¡como ahora es nuestra!»

—William Gurnall

La invasión de Francia y el final de la Segunda Guerra Mundial comenzaron realmente la noche antes que los aliados tocaran las playas de Normandía, cuando las divisiones aerotransportadas 82 y 101 cayeron detrás de las líneas enemigas con el fin de cortar los refuerzos de Hitler. Si ha visto las películas *Hermanos de sangre, El día más largo* o *Rescatando al Soldado Ryan*, recordará los peligros que enfrentaron esos paracaidistas. Solos, o en grupos pequeños, se movían entre la muerte nocturna en una nación en que nunca antes habían estado para pelear con un enemigo que no podían ver o anticipar. Este fue un momento de valentía sin paralelo... y de cobardía. Porque esa fatídica noche no todos los soldados jugaron el papel de hombre. Claro, muchos saltaron; pero después, muchos se escondieron. Un grupo llevó la cobardía a un nuevo nivel.

> Muchos se resguardaron en setos para esperar el amanecer; algunos incluso se fueron a dormir. El soldado Francis Palys de la división 506 vio que esa tal vez fue la peor negligencia en el cumplimiento del deber. Él había reunido un escuadrón cerca de Vierville. Oyendo «toda clase de ruidos y cánticos a la distancia», Palys y sus hombres se acercaron

> sigilosamente a la casa de una hacienda. Allí había un grupo mezclado de ambas divisiones estadounidenses. Los soldados habían encontrado [licor] en el sótano [...] y estaban más borrachos que un puñado de pueblerinos en un jolgorio de sábado por la noche. Increíble.[1]

Realmente increíble. Estos hombres *sabían* que estaban en guerra; sin embargo, se negaron a comportarse de acuerdo con la realidad. Actuaron en una peligrosa negación, que no solamente los puso en peligro a ellos sino a muchos otros que dependían de que ellos hicieran su parte. Esta es una imagen *perfecta* de la iglesia en occidente cuando de guerra espiritual se trata. Durante una reciente reunión del personal de la iglesia, un amigo mío sugirió que algunas de las dificultades que estaban enfrentando podrían ser obra del enemigo. Preguntó: «¿Qué creen ustedes?». Uno de los pastores replicó: «Bueno, supongo que esa clase de cosas pasan. Quizás en el Tercer Mundo, o tal vez para frustrar una cruzada importante. Tú sabes... eso pasa en lugares donde hay ministerios vanguardistas».

PRIMERA ETAPA: «NO ESTOY AQUÍ»

Increíble. Tremenda autoacusación. «Nada arriesgado está ocurriendo aquí». Esos hombres ya están fuera porque se tragaron la primera línea de ataque del enemigo: «No estoy aquí... ustedes son los que tienen esa sensación». Usted no puede pelear una batalla que no cree que existe. Esto se sacó de *Cartas del diablo a su sobrino*, donde Lewis da a su aprendiz las antiguas instrucciones del diablo:

> Mi querido Orugario: Me asombra que me preguntes si es esencial mantener al paciente ignorante de tu propia existencia. Esa pregunta, al menos durante la fase actual del combate, ha sido contestada para nosotros por el Alto Mando. Nuestra política, por el momento, es la de ocultarnos.[2]

Si usted es de los que desean ser vanguardistas (invencibles), observe atentamente 1 Pedro 5:8–9:

> ¡Estén alerta! Cuídense de su gran enemigo, el diablo, porque anda al acecho como un león rugiente, buscando a quién devorar. Manténganse firmes contra él y sean fuertes en su fe. Recuerden que su familia de creyentes en todo el mundo también está pasando por el mismo sufrimiento. (NTV)

¿Qué está sugiriendo el Espíritu Santo, por medio de Pedro, respecto a lo que usted está viviendo? *Que se encuentra bajo ataque espiritual.* Este no es un pasaje acerca de los incrédulos; Está hablando a «su familia de creyentes». Pedro da por sentado que todo creyente está bajo alguna clase de ataque invisible. ¿Y qué le dice él que usted haga? *Que se cuide* del diablo. Que vuelva a la pelea, que tome su lugar.

Me acongojó profundamente la disolución de una sociedad ministerial en que algunos queridos amigos eran ejes centrales. Se habían asociado con otra organización para llevar el evangelio a ciudades de los Estados Unidos. Sus conferencias eran muy poderosas; es más, nunca he visto nada que se parezca a este ministerio por el impacto que tuvo. Con lágrimas de agradecimiento, los asistentes hablaban de la sanidad, libertad y liberación que experimentaban. Recuperaban sus corazones y se acercaban a una intimidad con Dios que nunca antes habían vivido. Esto es hermoso y sorprendente. Pues bien, ¿cree usted que el enemigo deja simplemente que esa clase de asuntos funcione a las mil maravillas sin ninguna interferencia?

La asociación encontró algunas dificultades, en verdad nada preocupante y nada extraño en cualquier relación; sin embargo, de manera unilateral los demás miembros decidieron terminar la coalición y marcharse a mitad de temporada. ¿Participaron asuntos personales? Apuesto que sí; siempre los hay. Pero no tenían mucha importancia. Principalmente hubo malentendidos y orgullo herido. Hasta donde sé, no hubo una palabra ni un pensamiento acerca del enemigo, y de lo que podría estar haciendo para romper esa alianza estratégica. Me rechazaron cuando saqué a relucir el hecho de que les haría bien interpretar las cosas con los ojos abiertos, teniendo en mente los ataques del maligno. Estas buenas personas con buenos corazones quisieron explicar todo en un nivel «humano»; le aseguro que cuando usted hace caso omiso al enemigo, este gana. A él sencillamente le encanta culparnos de todo, herir nuestros sentimientos, producir malentendidos y sospechas, y hacernos resentir unos con otros.

Antes de poder dar un golpe militar eficaz es necesario eliminar la línea de comunicación del ejército enemigo. El maligno hace esto todo el tiempo en ministerios y especialmente entre parejas. El matrimonio es una imagen sensacional de lo que Dios ofrece a su pueblo. La Biblia nos dice que es una metáfora viva, una parábola andante, una pintura del evangelio que hiciera Rembrandt. El enemigo sabe esto, *y odia* el matrimonio con todas las fuerzas de su corazón perverso. Él no tiene intención de dejar que el hermoso retrato permanezca vivo delante del mundo con tan profundo llamado, de modo que nadie pueda resistir la oferta de Dios. Y así como en el huerto, Satanás entra a dividir y a conquistar. A menudo siento esta acusación cuando estoy con mi esposa. Es difícil describirlo y por lo general no se expresa en palabras, pero simplemente recibo el mensaje de que *estoy arruinándolo todo.* Al final lo converso con Stasi y le aparecen lágrimas en los ojos. Ella dice: «Estás bromeando. He estado sintiendo lo mismo. Creí que te habías desilusionado de *mí*». Entonces pienso: *Espera un momento. Si yo no estoy enviando este mensaje, y tú tampoco lo estás enviando...*

Sobre todo, el enemigo intentará bloquear las comunicaciones con el cuartel general. Comprométase a orar cada mañana durante dos semanas, y sencillamente vea lo que pasa. Usted no querrá levantarse de la cama; lo llamarán a una reunión importante que interfiere en la oración; se resfriará; o, si logra hacer sus oraciones, su mente vagará hacia lo que desayunará, cuánto pagará por esa reparación del calentador de agua, y qué color de medias se vería mejor con su traje gris. Muchas, pero muchas veces simplemente he caído en una cloaca de *confusión* tan espesa que de pronto me descubro preguntándome por qué alguna vez creí en Jesús en primera instancia. Esa dulce comunión que normalmente disfruto con el Señor se interrumpe, se va, desaparece como el sol detrás de una nube. Si usted no sabe qué está pasando, pensará de veras que ha perdido la fe, que Dios lo ha abandonado, o dará a la situación cualquier giro que el diablo le ponga. Oswald Chambers nos advierte: «A veces no hay nada que obedecer, lo único que se puede hacer es mantener una conexión vital con Jesucristo, para ver que nada interfiera con eso».[3]

Luego viene la propaganda. Así como las famosas radioemisiones en la Segunda Guerra Mundial llamadas *Rosa de Tokio*, el enemigo está constantemente difundiendo mensajes para intentar desmoralizarnos. Como en mi episodio durante el embotellamiento de tráfico, él está continuamente *tergiversando* las cosas. Después de todo, la Biblia lo llama «el acusador de nuestros hermanos» (Apocalipsis 12:10). Piense en lo que está pasando, en lo que usted oye y siente, cuando realmente lo echa todo a perder: *Soy un idiota; siempre hago eso; nunca llegaré a ser alguien.* Esto me parece acusación. ¿Y qué pasa cuando intenta realmente dar un paso adelante como hombre? Puedo garantizarle lo que ocurrirá cuando me disponga a hablar. Yo conducía hacia el aeropuerto con el fin de viajar a la costa oeste a dictar una conferencia para hombres acerca de *Salvaje de corazón.* En todo el trayecto estuve bajo esa nube de incomodidad; casi me abrumaba una sensación de *John, eres un gran impostor. No tienes absolutamente nada que decir. Simplemente da vuelta al auto, anda a casa y diles que no puedes hacerlo.* Ahora en mis momentos lúcidos sé que se trata de un ataque, pero usted debe comprender que todo esto llega tan sutilmente que en ese instante parece real. Por poco cedo y regreso a casa.

Cuando el diablo ataca a Cristo en el desierto, la arremetida definitivamente es contra su identidad. Satanás le dice tres veces con desdén: «*Si* eres Hijo de Dios». Entonces le pide que lo demuestre (Lucas 4:1–13). Brad regresó del campo misionero el año pasado para un período sabático. Después de siete años en el extranjero, la mayor parte del tiempo sin ninguna relación verdadera, estaba muy apaleado; se sentía fracasado. Me contó que cuando despertaba en la mañana «oía» una voz en sus pensamientos que decía: *Buenos días... perdedor.* Muchos hombres viven bajo una acusación similar. Craig ya se había metido en la batalla y había peleado con valentía durante algunos meses. Entonces tuvo una pesadilla, un sueño muy vívido y espeluznante en el cual había violado a una niña pequeña. Despertó sintiéndose sucio y condenado. Esa misma semana yo había tenido un sueño en que me acusaban de cometer adulterio; en realidad no lo había cometido, pero en mi sueño nadie me creía. Piense en esto: Mientras un hombre no sea una verdadera amenaza para el enemigo, la línea de Satanás es: *Estás bien.* Sin embargo, una vez que usted tome partido, esta se convierte en: *Tu corazón es perverso y tú lo sabes.*

Finalmente el diablo explora el perímetro, buscando debilidades. He aquí cómo actúa esto: Satanás nos lanza un pensamiento o una tentación, esperando que caigamos. Él conoce nuestra historia, sabe lo que funciona en nosotros, por lo que la línea está hecha a la medida de nuestra situación. Justo esta mañana en mi tiempo de oración surgió orgullo, luego preocupación, luego adulterio, luego codicia, luego glotonería. Si hubiera pensado que eso era todo, que el problema era mi corazón, me habría desalentado. Saber que mi corazón es bueno me permitió bloquear aquello en ese mismo instante. Cuando Satanás lo pruebe, no haga arreglos. Si usted los hace, si algo en su corazón dice: *Sí, tienes razón*, entonces él se le lanza encima. Usted ve una mujer hermosa y algo en su interior dice: *La deseas.* Ese es el diablo apelando al traidor que usted lleva dentro. Si el traidor dice: *Sí, la deseo*, entonces la lujuria empieza de veras a arraigarse. Deje que eso continúe por años, y usted le ha dado una fortaleza al diablo. Esto puede hacer que un hombre bueno se sienta muy mal porque se cree un individuo lujurioso, aunque no lo sea; este es un ataque directo y continuo.

No me malinterprete, por favor. No estoy culpando al diablo de todo. Casi en toda situación participan aspectos humanos. Todo hombre tiene sus luchas; todo matrimonio tiene dificultades; todo ministerio tiene conflictos personales. Pero esos asuntos son como una chispa donde el enemigo lanza gasolina y se convierte en una hoguera. Las llamas se convierten en un infierno rugiente, y repentinamente quedamos abrumados con lo que sentimos. Simples malentendidos se vuelven terrenos para el divorcio. Todo el tiempo creemos que el problema somos nosotros, que estamos arruinando las cosas, que debemos reprocharnos, y el enemigo ríe a carcajadas porque nos hemos tragado la mentira «No estoy aquí, es una sensación tuya». Tenemos que ser más astutos que eso.

MANTÉNGASE FIRME EN LA VERDAD

En cualquier combate cuerpo a cuerpo hay un constante «toma y dame» de golpes, esquivadas, bloqueos, contraataques, etc. Eso es exactamente lo que ocurre con lo invisible que nos rodea. Inicialmente solo tiene lugar al nivel de nuestros pensamientos. Cuando estamos bajo ataque debemos mantenernos firmes en la verdad. Tenemos que esquivar el golpe, bloquearlo con un terco rechazo, atacar con la verdad. Así es como Cristo le contestó a Satanás; no se puso a discutir con él, intentando razonar cómo escabullirse. Simplemente se mantuvo firme en la verdad. Respondió con las Escrituras, y nosotros debemos hacer lo mismo. Esto no será fácil, especialmente cuando todo el infierno se desata a nuestro alrededor. Sentimos que estamos amarrados a una cuerda que nos arrastra detrás de un camión, como tratar de conservar el equilibrio en medio de un huracán. Satanás no solo nos lanza un pensamiento; también nos lanza *sentimientos.* Entre en una casa oscura a altas horas de la noche, y de repente lo invadirá el miedo; o sencillamente párese en el pasillo de una tienda con toda esa prensa amarilla mostrándole escenas de sexo, y de repente lo asaltará una sensación de podredumbre.

Sin embargo, allí es donde se revela su fortaleza, e incluso se aumenta... por medio del ejercicio. Manténgase firme en la verdad y no la deje ir. Punto. El traidor dentro del castillo intentará bajar el puente, pero no se lo permita. Cuando Proverbios 4:23 nos dice que guardemos nuestros corazones, no está diciendo: «Enciérrelo porque es realmente criminal hasta la médula», sino: «Defiéndalo como un castillo, usted no querrá regalar la base de sus fuerzas». Kempis lo expresa de este modo: «No obstante, debemos estar atentos, especialmente al principio de la tentación; porque el enemigo es entonces más fácil de vencer si no le permitimos entrar por la puerta de nuestro corazón, sino que lo resistimos sin que ingrese cuando lanza el primer golpe».[4]

¿Recuerda la escena en *Corazón Valiente* donde el malvado padre de Robert Bruce le susurra mentiras acerca de traición y compromiso? Él le dice a Robert lo que el enemigo nos dice a nosotros de mil maneras: «Todos los hombres traicionan; todos los hombres pierden la esperanza». ¿Cómo responde Robert? Él grita:

> ¡No quiero perder la esperanza! Quiero creer, como [Wallace] hace. Nunca volveré a estar en el lado equivocado.[5]

Ese es el momento decisivo en su vida... y en la nuestra. La batalla cambia a un nuevo nivel.

SEGUNDA ETAPA: INTIMIDACIÓN

Stasi vivió bajo una nube de depresión durante muchos años. A través de consejería vimos un poco de sanidad, pero la depresión permanecía. Habíamos tratado los aspectos físicos que pudimos por medio de medicamentos, pero aún seguía deprimida. Pensé: *Muy bien, la Biblia me dice que tenemos un cuerpo, un alma y un espíritu. Hemos tratado asuntos del cuerpo y el alma... lo que queda debe ser espiritual.* Stasi y yo empezamos a leer bastante sobre cómo tratar con el enemigo. En el transcurso de nuestro estudio ella se encontró con un pasaje que se refería a distintos síntomas que a veces acompañan la opresión; uno de ellos era el mareo. Cuando leyó el pasaje en voz alta se sorprendió.

—¿Qué pasa? —pregunté.

—Bueno... a mí me dan muchos ataques de mareos —contestó.

—¿De veras? ¿Cuán a menudo?

—Ah, todos los días.

—¡¿Todos los días?!

Yo había estado casado con Stasi por diez años y nunca me había mencionado esto. Sencillamente la pobre había pensado que los mareos eran normales, puesto que eran normales en ella.

—Stasi, yo nunca he tenido un ataque de mareos en mi vida. Creo que aquí nos topamos con algo.

Comenzamos a orar contra el mareo, tomando autoridad sobre cualquier ataque en el nombre de Jesús. ¿Sabe usted qué sucedió? ¡*Los mareos empeoraron!* Una vez descubierto, el enemigo por lo general no se da la vuelta ni se aleja sin pelear. Observe que a veces Jesús reprende *con severidad* a un espíritu malo (ver Lucas 4:35). Es más, cuando encuentra al sujeto que vive entre los sepulcros gadarenos, atormentado por una legión de espíritus, la primera reprensión de Jesús no parece resolver el problema. Tuvo que obtener más información para echar fuera los demonios (ver Lucas 8:26–33). Pues bien, si Jesús tuvo dificultades con esos espíritus malignos, ¿no supone usted que nosotros también las tendremos? Stasi y yo no cedimos terreno, y «firmes en la fe», como dice Pedro, resistimos la arremetida; ¿sabe qué pasó? Los ataques de mareos terminaron. Son cosa del pasado. No ha tenido uno solo en años.

Ese es el siguiente nivel en la estrategia del enemigo. Cuando empezamos a cuestionarlo, a resistir sus mentiras, a ver su mano en las «pruebas comunes y corrientes» de nuestras vidas, entonces él intensifica los ataques; se vuelve hacia la intimidación y el temor. Es más, es probable que en algún punto de las últimas páginas usted haya comenzado a sentir algo como: *¿Deseo realmente meterme en todo este rompecabezas súper espiritual? De todos modos es algo espeluznante.* Satanás intentará lograr que usted esté de acuerdo con la intimidación, *porque él le teme.* Usted le representa una gran amenaza. El diablo no quiere que usted se levante y pelee, porque de ser así, él pierde. Santiago dice: «Resistid al diablo, *y huirá de vosotros*» (Santiago 4:7, énfasis añadido). Así que intentará evitar que usted batalle. Él pasa de la sutil seducción al ataque abierto. Aparecen pensamientos, toda clase de cosas empiezan a desmoronarse en su vida, su fe parece delgada como un papel.

¿Por qué muchos hijos de pastores se van al otro extremo? ¿Cree que es una coincidencia? Muchas iglesias comienzan con fervor y vitalidad, solo para terminar divididas, o simplemente se debilitan y mueren. ¿Por qué? ¿Por qué un amigo mío casi no supo qué decir cuando trató de contar su testimonio en una reunión? ¿Por qué mis vuelos a menudo se frustran cuando intento llevar el evangelio a una ciudad? ¿Por qué todo parece ir mal en el trabajo cuando usted obtiene algunas victorias en el hogar, o viceversa? Porque estamos en guerra, y el maligno usa una táctica antigua: golpear primero y quizás la oposición saldrá huyendo. Él no puede ganar, usted lo sabe. Franklin Roosevelt dijo: «A lo único que debemos tenerle miedo es al miedo».[6]

DIOS ESTÁ CON NOSOTROS

> Sé fuerte y valiente, porque tú darás a este pueblo posesión de la tierra que juré a sus padres que les daría. Solamente sé fuerte y muy valiente. [...] ¿No te *lo* he ordenado Yo? ¡Sé fuerte y valiente! No temas ni te acobardes, porque el Señor tu Dios *estará* contigo dondequiera que vayas (Josué 1:6-7, 9, NBLA).

Josué sabía qué era tener miedo. Durante años había sido segundo al mando, la mano derecha de Moisés. Pero ahora le tocó el turno de dirigir. Los hijos de Israel no iban a entrar muy campantes a la tierra prometida y tomarla con facilidad; tendrían que pelear por ella, y Moisés no iría con ellos. Si Josué tenía plena confianza en la situación, ¿por qué Dios habría tenido que decirle una, otra y otra vez que no temiera? De hecho, Dios le da un mensaje especial de ánimo: «Como estuve con Moisés, estaré contigo; no te dejaré, ni te desampararé» (Josué 1:5). ¿Cómo estuvo Dios «con Moisés»? Como un poderoso guerrero. ¿Recuerda las plagas? ¿Recuerda todos esos soldados egipcios ahogados en el mar Rojo con sus caballos y sus carros? Fue después que Dios mostrara su fortaleza, que el pueblo de Israel cantó: «Jehová es varón de guerra; Jehová es su nombre» (Éxodo 15:3). Dios peleó por Moisés y por Israel; luego pactó con Josué para hacer lo mismo, y ellos tomaron Jericó y otras ciudades enemigas.

Jeremías también supo lo que significaba tener a Dios «con él». Así cantó: «El Señor está conmigo como un guerrero poderoso; por eso los que me persiguen caerán y no podrán prevalecer, fracasarán y quedarán avergonzados» (Jeremías 20:11, NVI). Incluso Jesús anduvo en esta promesa cuando batalló por nosotros aquí en la tierra:

> Vosotros sabéis lo que se divulgó por toda Judea, comenzando desde Galilea, después del bautismo que predicó Juan: cómo Dios ungió con el Espíritu Santo y con poder a Jesús de Nazaret, y cómo éste anduvo haciendo bienes y sanando a todos los oprimidos por el diablo, *porque Dios estaba con él.* (Hechos 10:37–38, cursivas añadidas)

¿Cómo ganó Jesús la batalla contra Satanás? Dios *estaba con Él.* Esto realmente facilita las riquezas de la promesa que Cristo nos hizo cuando prometió: «Yo estoy con vosotros todos los días, hasta el fin del mundo», y «no te desampararé, ni te dejaré» (Mateo 28:20; Hebreos 13:5). Eso no solo significa que él estará ahí, o incluso que nos consolará en nuestras aflicciones. Significa que *peleará por nosotros*, con nosotros, exactamente como ha peleado por su pueblo a lo largo de todas las épocas. Mientras caminemos con Cristo, y permanezcamos en Él, no tenemos nada que temer.

Siempre que Satanás utiliza la intimidación y el miedo trata de apelar al compromiso de autoconservación del traidor. Esas tácticas funcionarán siempre que volvamos a la historia antigua de salvar nuestro pellejo, buscando ser el número uno. Retrocederemos. Pero lo contrario también es cierto. Cuando un hombre decide convertirse en un guerrero, cuando da su vida por una causa trascendental, entonces no lo puede acobardar el gran lobo malvado que amenaza derribarle la casa. Después de describir la guerra en el cielo entre los ángeles y la caída de Satanás a la tierra, Apocalipsis nos cuenta cómo los ángeles lo vencieron:

> Ellos le han vencido por medio de la sangre del Cordero y de la palabra del testimonio de ellos, y menospreciaron sus vidas hasta la muerte. (12:11)

El hombre más peligroso en la tierra es el que ha tenido que vérselas con su propia muerte. «Todos los hombres mueren; pocos *viven* realmente». Seguro, usted puede crear una vida segura para usted mismo... y acabar sus días en un asilo de ancianos, balbuceando acerca de alguna desgracia olvidada. Prefiero caer luchando. Además, mientras menos intentemos «salvarnos», seremos guerreros más eficientes. Escuche lo que dice G. K. Chesterton sobre el valor:

> El valor es casi una contradicción en términos. Significa un fuerte deseo de vivir tomando la forma de una disposición a morir. «El que pierde su vida por mi causa, la hallará», no es una pieza mística para santos y héroes. Es un consejo diario para marinos o montañistas. Se podría imprimir en una guía alpina o en un manual de instrucciones. La paradoja es el principio íntegro del valor; incluso de un valor terrenal o bruto. Un hombre a quien el mar le corta el paso podría salvar su vida si se arriesga a caminar sobre el acantilado. Solo puede alejarse de la muerte si transita continuamente a un centímetro de ella. Si un soldado rodeado de enemigos ha de abrirse paso, debe combinar un fuerte deseo de vivir con una extraña despreocupación por la muerte. No debe aferrarse simplemente a la vida, porque entonces será un cobarde que no podrá escapar. No debe simplemente esperar la muerte, porque entonces será un suicida, y tampoco podrá escapar. Debe buscar su vida en un espíritu de furiosa indiferencia ante ella; debe anhelar la vida como el agua y, sin embargo, beber la muerte como se bebe el vino.[7]

TERCERA ETAPA: HACER UN TRATO

El tercer nivel de ataque que emplea el maligno, después que hemos resistido el engaño y la intimidación, es simplemente intentar que hagamos un trato. Por eso muchos hombres han sido sobornados de una u otra manera. El teléfono acaba de sonar, un amigo me llamó para decirme que otro líder cristiano ha caído en inmoralidad sexual. La iglesia sacude la cabeza de un lado al otro y expresa: «Vea pues. Él sencillamente no pudo mantenerse puro». Eso es ingenuidad. ¿Cree usted que un hombre, un seguidor de Cristo, en lo más íntimo de su corazón *quiere* realmente caer? ¿Qué hombre empieza su viaje con este deseo: «Creo que un día, después de veinte años de ministerio, lo tiraré todo por la borda debido a una aventura amorosa»? Ese hombre *fue derribado.* Todo estaba tramado. En su caso fue una tarea larga y sutil para menoscabarle las defensas, no tanto a través de una batalla sino por medio del *aburrimiento.* Conocí a ese hombre; no tenía una gran causa por la cual luchar, solamente la monotonía del «ministerio cristiano profesional» que detestaba, pero del que no se podía salir porque le pagaban bien. Estaba listo para una caída. A menos que usted esté consciente de este peligro, también será eliminado.

Observe esto: ¿Cuándo cayó el rey David? ¿Cuáles fueron las circunstancias de su aventura amorosa con Betsabé? «Aconteció al año siguiente, en el tiempo que salen los reyes a la guerra, que David envió a Joab, y con él a sus siervos y a todo Israel» (2 Samuel 11:1). David ya no era un hombre de guerra; envió a otros a pelear por él. Aburrido, saciado y gordo, se pone a pasear por la terraza del palacio en busca de algo que lo distraiga. El diablo le señala a Betsabé, y el resto es historia; la que, como sabemos, se repite. William Gurnall nos advierte:

> Persistir hasta el fin será el aguijón en tu carne cuando el camino parezca interminable y tu alma pida liberarse antes de tiempo. La constancia añade peso a todas las dificultades del llamamiento. Hemos conocido a muchos que se han unido al ejército de Cristo y les ha gustado ser soldados durante un par de escaramuzas; pero pronto se han hartado y han terminado por desertar. Se alistan por impulso en el deber cristiano, se persuaden fácilmente a profesar la religión, y con la misma facilidad la abandonan. Como la luna nueva, brillan un poco al empezar la noche, pero se esconden antes del alba.[8]

LAS ARMAS DE GUERRA

Contra la carne, el traidor interior, un guerrero utiliza la disciplina. Ahora tenemos una versión bidimensional de esto, a la que llamamos «tiempo de quietud». Pero a la mayoría de los hombres les cuesta mantener cualquier tipo de vida devocional porque no tienen una conexión vital para recuperar y proteger su fortaleza; esto se siente tan importante como usar hilo dental. Sin embargo, si usted hubiera mantenido esa vida devocional, habría visto su vida como una gran batalla y *habría sabido* que necesitaba pasar tiempo con Dios a fin de sobrevivir. Quizás no perfectamente (nadie lo consigue y de todos modos, ese no es el punto), pero usted debe tener una razón para buscar al Señor. Damos intentos poco entusiastas a las disciplinas cuando la única razón que tenemos es que «debemos» hacerlo. Sin embargo, encontraremos una manera de hacer la obra cuando estamos convencidos de que somos historia si no lo hacemos.

El tiempo con Dios cada día no tiene que ver con un estudio académico, con revisar cierta cantidad de Escrituras o con cualquier otra cosa. Tiene que ver con conectarse con Dios. Tenemos que mantener abiertas esas líneas de comunicación; por tanto, usemos cualquier ayuda. A veces escucho música; otras veces leo la Biblia o parte de un libro; a menudo un periódico; quizás salgo a caminar; luego hay días en que lo único que necesito es silencio, soledad y el sol naciente. El punto simplemente es hacer *cualquier cosa que me regrese a mi corazón y al corazón de Dios.* El Señor me ha librado muchas veces de una emboscada que yo no estaba consciente de que vendría; me ha advertido en mi tiempo con él temprano en la mañana de algo que iba a suceder durante esa jornada. Justo el otro día fue un pasaje de un libro acerca del perdón. Sentí que él me estaba diciendo algo personalmente. *Señor, ¿soy alguien que no perdona? No,* dijo. Casi una hora después recibí una llamada telefónica muy dolorosa, una traición. *Ah, me estabas diciendo que estuviera preparado para perdonar, ¿verdad? Así es.*

A propósito, la disciplina no es el propósito. El sentido de una «vida devocional» es *conectarnos con Dios.* Este es nuestro antídoto principal para las falsificaciones que el mundo nos ofrece. Si usted no tiene a Dios, si no lo tiene profundamente, se volverá hacia otros amantes. Maurice Roberts lo dice así:

> El éxtasis y el deleite son esenciales para el alma del creyente, y promueven santificación. No estamos destinados a vivir sin regocijo espiritual. [...] El creyente está en peligro espiritual si pasa algún tiempo sin saborear el amor de Cristo. [...] Cuando no es Cristo quien llena de satisfacción nuestros corazones, nuestras almas irán en busca silenciosa de otros amantes.[9]

Un hombre dedicará muchas horas a su economía si tiene como meta una jubilación temprana; soportará un riguroso entrenamiento cuando se propone correr una maratón de diez kilómetros o más. La capacidad de disciplinarse está allí, pero inactiva en muchos de nosotros.

Contra el diablo usamos la armadura de Dios. Que él nos haya provisto armas de guerra nos asegura un mayor sentido si nuestros días fueran como una escena de *Salvando al soldado Ryan.* ¡Cuántos cristianos han leído el pasaje sobre el escudo de la fe y el yelmo de la salvación, y en realidad no saben qué hacer con ellos! Quizás piensan: *Qué imaginación poética y amorosa; me pregunto qué significa.* Significa que Dios le ha dado a usted su armadura y lo mejor que puede hacer es ponérsela. Todos los días. Esta armadura está realmente allí, en el mundo espiritual e invisible. Usted no lo ve, pero los ángeles y sus enemigos sí. Así que simplemente empiece orando a través de todo este pasaje de Efesios como si se alistara para saltar al campo de batalla:

> «Por tanto, tomad toda la armadura de Dios, para que podáis resistir en el día malo, y habiendo acabado todo, estar firmes. Estad, pues, firmes, ceñidos vuestros lomos con la verdad». *Señor, me ciño los lomos con la verdad. Escojo un estilo de vida de honestidad e integridad. Muéstrame las verdades que necesito hoy con desesperación. Pon al descubierto las mentiras que estoy creyendo y de las que no estoy consciente.*

«Y vestidos con la coraza de justicia». *Sí, Señor, hoy uso tu coraza de justicia contra toda condenación y corrupción. Lléname de tu santidad y pureza, defiéndeme de todos los asaltos contra mi corazón.*

«Y calzados los pies con el apresto del evangelio de la paz». *Decido vivir para el evangelio en todo momento. Muéstrame dónde se desarrolla la historia mayor y evita que esté tan relajado que crea que lo más importante de hoy día son las comedias de este mundo.*

«Sobre todo, tomad el escudo de la fe, con que podáis apagar todos los dardos de fuego del maligno». *Jesús, me levanto frente a toda mentira y todo asalto contra la confianza en que eres bueno, y en que tienes lo bueno almacenado para mí. Nada vendrá hoy que me venza, porque tú estás conmigo.*

«Y tomad el yelmo de la salvación». *Gracias Señor por mi salvación. La recibo de ti de modo transformador y nuevo, y declaro que ahora nada puede separarme del amor de Cristo y del lugar que siempre tendré en tu reino.*

«Y la espada del Espíritu, que es la palabra de Dios». *Espíritu Santo, muéstrame hoy específicamente las verdades de la Biblia que necesitaré para enfrentar los asaltos y las trampas del enemigo. Recuérdamelas todo el día.*

«Orando en todo tiempo con toda oración y súplica en el Espíritu, y velando en ello con toda perseverancia y súplica por todos los santos». *Finalmente, Espíritu Santo, estoy de acuerdo en caminar contigo en todo, en toda oración a medida que mi espíritu está en íntima comunión contigo todo el día.* (6:13-18)

Además, caminamos en la autoridad de Cristo. No atacamos con ira, no caminamos con aire arrogante. A usted lo clavarán. Me gusta la escena en *La máscara del zorro* en que el espadachín evita que su joven aprendiz, quien en ese momento había bebido en exceso, se abalance sobre su enemigo. Le advierte: «Hubieras peleado con mucho valor, y habrías muerto rápidamente».[10] Toda autoridad en el cielo y en la tierra se le ha dado a Jesucristo (Mateo 28:18). Él nos dice esto antes de darnos la Gran

Comisión, el mandato de extender su reino. ¿Por qué? Nunca hemos hecho la conexión, porque si vamos a servir al Rey verdadero necesitaremos su autoridad. No intentemos enfrentarnos a ningún ángel, mucho menos a uno caído, en nuestras propias fuerzas. Por eso Cristo nos extiende su autoridad, y estaremos «completos en Él, que es la cabeza sobre todo poder y autoridad» (Colosenses 2:10, NBLA). Reprenda al enemigo en su propio nombre y él se reirá; ordénele en el nombre de Cristo y huirá.

Algo más: Ni siquiera piense en entrar a la batalla estando solo. Ni siquiera trate de realizar la travesía masculina sin al menos un hombre a su lado. Sí, hay ocasiones en que un hombre debe enfrentar a solas la batalla, a altas horas de la madrugada y luchar con todo lo que tiene. Pero no haga de eso un estilo de aislamiento. Este podría ser nuestro punto más débil, como lo señala David Smith en *The Friendless American Male* [El estadounidense sin amigos]: «Un grave problema es la condición sin amistades del hombre estadounidense promedio. A los hombres les es difícil aceptar que necesitan la comunión de otros hombres».[11] Gracias al movimiento de hombres, la iglesia entiende ahora que un varón necesita a otros hombres, pero lo que hemos ofrecido es otra solución bidimensional: Grupos o compañeros para «rendir cuentas». ¡Puf! Eso parece antiguo pacto: «Eres un verdadero tonto y solo estás esperando para correr hacia el pecado; así que es mejor que pongamos un guardia a tu lado para mantenerte bajo control».

No necesitamos grupos para rendir cuentas; necesitamos compañeros guerreros, alguien con quién luchar, alguien que guarde nuestras espaldas. Un joven me detuvo en la calle y dijo: «Me siento rodeado de enemigos y estoy completamente solo». La crisis total de hoy día en la masculinidad ha llegado porque ya no tenemos una cultura guerrera, un lugar donde los hombres aprendan a luchar como hombres. No necesitamos una reunión de chicos realmente agradables; necesitamos una reunión de hombres realmente temerarios. *Eso es* lo que necesitamos. Pienso en Enrique V en Agincourt. Su ejército se había reducido a una pequeña banda de hombres cansados y aburridos; muchos de ellos se hallaban heridos. Los superaban en proporción de cinco a uno. Sin embargo, Enrique reúne sus tropas a su lado cuando les recuerda que no son mercenarios sino «hermanos de sangre».

Somos pocos, felizmente pocos, somos hermanos de sangre;
Porque quien hoy derrame su sangre conmigo
Será mi hermano...
Y los caballeros de Inglaterra, que ahora están en la cama
Se considerarán malditos por no haber estado aquí;
Y conservarán su hombría barata cuando escuchen hablar
Que lucharon con nosotros.[12]

Así es, necesitamos hombres ante quienes podamos desnudar nuestras almas. Pero esto no ocurrirá con un grupo de individuos en los que usted no confía, quienes en realidad no están dispuestos a acompañarlo a la batalla. Es una verdad antigua que no hay un grupo de hombres más consagrado que aquel cuyos miembros hayan peleado uno junto al otro, los hombres de su escuadrón, los muchachos en su trinchera. Nunca será un grupo grande, pero no necesitamos un gran grupo. Necesitamos una banda de hermanos dispuestos a «derramar su sangre» con nosotros.

HERIDAS DE HONOR

Una advertencia antes de terminar este capítulo: usted resultará herido. El solo hecho de que esta batalla sea espiritual no significa que no sea verdadera; lo es, y las heridas que un hombre puede recibir son de algún modo más horribles que las que llegan en un tiroteo. Perder una pierna no es nada comparado con perder el corazón; quedar discapacitado por metralla no necesariamente tiene que destruir su alma, pero esto puede ocurrir si queda discapacitado por la vergüenza y la culpa. Usted será herido por el enemigo. Él conoce las heridas de su pasado e intentará herirlo de nuevo en el mismo lugar. Pero estas heridas son distintas; son *heridas de honor*. Rick Joyner lo expresó así: «Es un honor ser herido en el servicio del Señor».[13]

La otra noche mientras cenábamos, Blaine me mostraba sus propias cicatrices. «Esta es cuando Samuel me lanzó una piedra y me pegó en la frente. Esta es del río Teton, cuando caí en ese tronco con punta. No recuerdo en dónde me hice esta; ah, aquí hay una buena, esta fue cuando me caí en la laguna mientras perseguía a Luke. Esta es realmente vieja, cuando me quemé la pierna con el horno de acampar». Él está orgulloso de sus cicatrices; para un niño, y para un hombre, son símbolos de honor. Ahora no tenemos el equivalente de un corazón púrpura de guerra espiritual, pero lo tendremos. Uno de los momentos más nobles que nos espera vendrá en la fiesta de bodas del Cordero. Nuestro Señor se levantará y empezará a llamar al frente a quienes salieron heridos en la batalla por el bien de su nombre, y honrará y premiará el valor que mostraron. Pienso en el verso de Enrique V para sus hombres:

> El que sobreviva este día, y regrese seguro a casa,
> Se pondrá de puntillas cuando llegue el día,
> Y despertará ante el nombre de Crispín. [...]
> Entonces se arremangará y mostrará las cicatrices,
> Y dirá: «Recibí estas heridas el día de Crispín».
> Los hombres viejos olvidan; y, sin embargo, todo será olvidado,
> Pero él recordará con ventajas
> Qué proeza hizo ese día; entonces nuestros nombres [...]
> Serán en sus copas fluidas con frescura recordados.[14]

Jesús dijo: «El reino de los cielos sufre violencia, y los violentos lo arrebatan» (Mateo 11:12). ¿Es eso bueno o malo? Es de esperar que usted vea por ahora la profunda y santa bondad de la agresión masculina y que eso le ayude a comprender lo que Cristo está diciendo. Compárelo con esto: «El reino de los cielos está abierto a hombres pasivos y debiluchos que entran allí tumbados en el sofá viendo la televisión». Si usted ha de vivir en el reino de Dios, dice Jesús, necesitará cada onza de pasión y fuerza que tenga. La situación se volverá intensa; por eso a usted le dieron un corazón indomable. Me gusta la imagen de esta prosa que nos dio John Bunyan en *El progreso del peregrino*:

> En seguida llevó a Cristiano a un sitio muy delicioso, donde había un soberbio y bellísimo palacio, en cuya azotea había algunas personas vestidas de oro y a cuya puerta vio una gran muchedumbre de hombres, muy deseosos, al parecer, de entrar; pero que no se atrevían. Vio también a poca distancia de la puerta un hombre sentado a una mesa, con un libro y recado de escribir, y tenía el encargo de ir apuntando los nombres de los que entraban. Además vio en el portal muchos hombres armados para guardar la entrada, resueltos a hacer todo el daño posible a los que intentasen entrar. Mucho sorprendió esto a Cristiano; pero su asombro subió de punto al observar que mientras todos retrocedían, por miedo a los hombres armados, uno que llevaba retratada en su semblante la intrepidez se acercó al que estaba sentado a la mesa, diciéndole: "Apunte usted mi nombre", y luego desenvainando su espada y con la cabeza resguardada por un yelmo acometió por medio de los que estaban puestos en armas, y a pesar de la furia infernal con que se lanzaron sobre él, empezó a repartir denodadamente tajos y golpes. Su intrepidez fue tal que, aunque herido y habiendo derribado a muchos que se esforzaban desesperadamente por detenerle, se abrió paso y penetró en el palacio.[15]

Si yo pudiera instarlo a usted a intentar algo que le cambiará la vida espiritual en gran manera, le diría que por favor haga la «Oración diaria» que he incluido en el apéndice. He desarrollado esta oración a lo largo de los años a medida que he aprendido más acerca de cómo tomar cada día mi lugar en Cristo y cómo resistir los ataques que vienen contra mí. La oración ha demostrado ser *muy* poderosa no solo para mí, sino para innumerables hombres que la han convertido ahora en parte de sus vidas.

DIEZ

UNA BELLA PARA AMAR

La belleza es tanto misteriosa como terrible.... Dios y el diablo están peleando allí, y el campo de batalla es el corazón del hombre.

—Fiódor Dostoyevski

Estarás feliz cada noche que la trates a ella como es debido.

—George Thorogood

Vaquero, llévame lejos, más cerca del cielo y más cerca de ti.

—The Chicks

Érase una vez (como empiezan las historias) una hermosa doncella; una dama absolutamente atractiva. Podría ser la hija de un rey o una sierva común, pero sabemos que es una princesa de corazón. Es joven, con una juventud que parece eterna. El cabello suelto, los ojos profundos, los labios cautivadores, su figura esculpida... ella hace que la rosa se sonroje de vergüenza; el sol palidece ante la luz de la joven. Su corazón es dorado, su amor tan certero como una flecha. Pero esta adorable doncella es inalcanzable, es prisionera de un poder maligno que la tiene cautiva en una torre oscura. Solo un campeón podría alcanzarla; solo el guerrero más valiente, audaz y magnífico tiene una oportunidad de liberarla. Contra toda esperanza, él llega; con valor astuto y bárbaro sitia la torre y lucha contra el siniestro que mantiene cautiva a la dama. Mucha sangre se derrama de parte y parte; el caballero es derribado tres veces, pero tres veces se vuelve a levantar. Finalmente el hechicero es derrotado; el dragón se desploma, el gigante cae muerto. La doncella le pertenece; por medio de su valor el caballero le ganó el corazón. Montan a caballo hasta su casita junto a un riachuelo en los bosques, para un encuentro que promete darle nuevo significado a la pasión y el romance.

¿Por qué esta historia se encuentra tan profundamente arraigada en nuestra mente? Toda niña conoce la fábula sin que se la hayan contado. Sueña con que un día llegará su príncipe. Los niños ensayan su parte con espadas de madera y escudos de cartón. Un día el muchacho, ahora todo un joven, comprende que anhela ser quien se gane a la bella. Los cuentos de hadas, la literatura, la música y las películas en su totalidad se basan en este tema: la Bella Durmiente, la Cenicienta, Helena de Troya, Romeo y Julieta, Marco Antonio y Cleopatra, Arturo y Ginebra, Tristán e Isolda. Desde las fábulas antiguas hasta el último éxito de taquillas, el tema de un hombre fuerte que llega a rescatar a una mujer hermosa es universal para la naturaleza humana. Está grabado en nuestros corazones, es uno de los principales anhelos de cada hombre y cada mujer.

Conocí a Stasi en la secundaria, pero no fue hasta la universidad en que comenzó nuestro romance. Hasta ese momento éramos simplemente amigos. Cuando uno de los dos iba a casa para pasar el fin de semana le daba al otro una llamada, solo para «salir», ya sea al cine o a una fiesta. Entonces, una noche de verano algo cambió. Pasé a ver a Stasi; ella salió descalza por el pasillo, usando jeans azules y blusa blanca con encaje alrededor del cuello, y los botones superiores desabrochados. El sol le había aclarado el cabello y oscurecido la piel, ¿cómo es que nunca antes me di cuenta de lo hermosa que ella era? Esa noche nos besamos, y aunque ya había besado a algunas chicas, nunca había saboreado un beso como ese. Está por demás decir que después de ese momento me convertí en historia. Nuestra amistad se había convertido en amor, sin que supiera en realidad cómo o por qué, solo que deseaba estar con esta mujer el resto de mi vida. En lo que a Stasi concernía, yo era su caballero.

¿Por qué diez años después me preguntaba si aún deseaba estar casado con ella? El divorcio nos parecía una opción muy factible.

Muchas parejas se despiertan un día para descubrir que ya no se aman. ¿Por qué la mayoría de nosotros nos perdemos en algún punto entre «érase una vez» y «vivieron felices para siempre»? Los romances más apasionados parecen acabar en veladas frente a la televisión. ¿Por qué el sueño parece tan inalcanzable, desapareciendo de la vista incluso cuando lo descubrimos por nosotros mismos? Nuestra cultura se ha vuelto cínica respecto a la fábula. Don Henley dice: «Los cuentos de hadas nos han envenenado».[1] Existen docenas de libros para refutar el mito, libros como *Beyond Cinderella* [Más allá de la Cenicienta] y *The Death of Cinderella* [La muerte de la Cenicienta].

No, los cuentos de hadas no nos han envenenado y no son solo «mitos». ¡Todo lo contrario! Lo cierto es que no los hemos tomado suficientemente en serio. Roland Hein dice que «los mitos son historias que nos confrontan con algo trascendental y eterno».[2] En el caso de nuestra doncella, hemos pasado por alto dos aspectos muy importantes para ese mito. En primer lugar, ninguno de nosotros creyó siquiera que el hechicero fuera real. Pensamos que podíamos obtener la doncella sin pelear. Sinceramente, la mayoría de los individuos piensan que nuestra batalla más grande fue invitarla a salir. Y segundo, no hemos entendido la torre, ni su relación con la herida de ella; la doncella está en apuros. Todos nacimos en un mundo muy destrozado, un mundo en guerra. Todos los corazones masculinos y femeninos están heridos. Si la masculinidad está bajo asalto, la feminidad se ha insensibilizado.

Eva es la corona de la creación, ¿recuerda? Ella encarna lo exquisito del misterio, la profundidad, el brillo y la belleza de Dios en una manera que nada más en toda la creación puede parecérsele. Y Eva es el blanco especial del maligno; él vuelve contra ella su maldad más atroz. Si puede destruirla o mantenerla cautiva, logra arruinar la historia.

LA HERIDA DE EVA

Toda mujer puede hablar de sus heridas; algunas llegaron con violencia, otras con negligencia.

Así como todo niño hace una pregunta, toda niña también la hace. Pero la pregunta de ella no es tanto acerca de su fortaleza. No, el profundo lamento del corazón de una pequeña es: *¿Me ves? ¿Soy digna de ser elegida? ¿Vale la pena luchar por mí? ¿Soy encantadora?* Toda mujer necesita saber que es hermosa, exótica y preferida. Este es el núcleo de su identidad, el modo en que lleva la imagen de Dios. ¿Irás tras de mí? ¿Te deleitarás en mí? ¿Pelearás por mí? No estoy diciendo que toda mujer necesita un hombre para ser completa. *Lo que aseguro es que toda mujer quiere ser amada, tener un romance, formar parte de una aventura compartida.*

Y al igual que todo niño, toda niña también ha recibido una herida. Esta herida golpea justo en el centro de su hermosura, y trae consigo un mensaje devastador: *No. No eres hermosa y nadie luchará por ti.* Tal como la herida que usted tiene, la de ella casi siempre llega de la mano de su padre.

Una niña mira a su padre para saber si es hermosa. El poder que él tiene de incapacitar o bendecir es tan importante para su hija como para su hijo. Si es un hombre violento la puede dañar verbal o sexualmente. Las historias que he escuchado de mujeres a quienes han abusado sexualmente le desgarrarían el corazón a usted. Cuando tenía tres años de edad, Janet fue violada por su padre; como a los siete años de edad, les mostró a los hermanos de ella cómo hacerlo. El ataque continuó hasta que Janet fue a la universidad. ¿Qué pensará acerca de su belleza una mujer violada? ¿Soy hermosa? El mensaje es: *No, eres sucia. Todo el atractivo que tienes es sombrío y perverso.* El ataque continúa mientras la mujer crece, a través de hombres violentos y pasivos. Podrían acecharla; tal vez no le presten atención. De cualquier modo, su corazón fue violado y el mensaje se ha profundizado: *Nadie desea tu corazón; no serás protegida; nadie peleará por ti.* La torre se ha levantado de ladrillo en ladrillo y puede volverse una fortaleza cuando ella se convierta en una mujer hecha y derecha.

Si el padre de la niña es pasivo, ella sufrirá un abandono silencioso. Stasi recuerda que a los cinco o seis años de edad jugaba a las escondidas en su casa. Buscaba un lugar perfecto dónde esconderse y se llenaba de emoción anticipada por la búsqueda venidera. Acurrucada en un clóset esperaba que alguien la encontrara. Nadie lo hacía; ni siquiera después de una hora de estar escondida. Esa idea se convirtió en la imagen que definió su vida. Nadie la buscó; nadie la persiguió. Como era la más joven de su familia, a Stasi sencillamente le parecía que nadie la tenía en cuenta. Su papá viajaba mucho y cuando estaba en casa pasaba la mayor parte del tiempo frente a la televisión. También había alcohol. Un hermano y una hermana mayores tuvieron dificultades en su adolescencia; Stasi captó el mensaje: «Simplemente no seas un problema; ya tenemos demasiado de qué ocuparnos». Por tanto, se escondió aún más: ocultó sus deseos, sus sueños y su corazón. A veces fingía estar enferma, solo para captar un poco de atención.

Al igual que muchas jóvenes sin amor, Stasi se volvió hacia los chicos para tratar de escuchar lo que nunca oyó de su padre. Su novio de la secundaria la traicionó la noche de la graduación, le dijo que la había estado usando y que en realidad amaba a otra. El hombre con quien salía en la universidad la maltrataba verbalmente. Pero cuando una mujer nunca oye que es digna de que se luche por ella, llega a creer que esa es la clase de trato que merece. Esta es una forma de atención, de un modo tergiversado; quizás es mejor que nada. Entonces nos enamoramos esa mágica noche veraniega. Sin embargo, Stasi se casó con un hombre temeroso e impulsivo que tenía una aventura amorosa con su trabajo, porque no se podía arriesgar a comprometerse con una mujer ante la cual sentía que no era suficiente. Yo no era de lo peor; no era malo. Era agradable con ella. Pero déjeme decirle que un hombre inseguro es lo último en el mundo que necesita una mujer. Ella necesita un guerrero, no un buen tipo. Su peor miedo se había hecho realidad (nunca me amarán de verdad, no pelearán por mí). Así que ella se escondió un poco más.

Cuando ya llevábamos años de casados toda esta situación me cegó. ¿Dónde está la belleza que una vez vi? ¿Qué le sucedió a la mujer de quien me enamoré? En realidad no esperaba una respuesta a mi inquietud; era más un grito de ira que un ruego desesperado. Pero aun así Jesús me respondió. *Ella aún se encuentra allí, pero está cautiva. ¿Estás dispuesto a ir tras ella?* Comprendí que (como muchos hombres) me había casado por seguridad. Me casé con una mujer de quien creí que nunca me desafiaría como hombre. Stasi me adoraba, ¿qué más debía hacer yo? Quería parecerme al caballero, pero no quería sangrar como uno de ellos. Me equivoqué profundamente con respecto a todo el asunto. No tenía idea en cuanto a lo de la torre, el dragón o para qué era mi fortaleza. El mayor problema entre los hombres y sus mujeres es que cuando se nos pide que luchemos realmente por ellas... vacilamos. Intentamos salvarnos; hemos olvidado el profundo placer de dar nuestra vida por la otra persona.

LA ENTREGA DE NUESTRA FORTALEZA

> Tres cosas me son ocultas; aun tampoco sé la cuarta: el rastro del águila en el aire; el rastro de la culebra sobre la peña; el rastro de la nave en medio del mar; y el rastro del hombre en la doncella. (Proverbios 30:18-19)

Agur, hijo de Jaqué, anda aquí en busca de algo. Hay algo místico en el modo en que un hombre está con una mujer. Nuestra sexualidad ofrece una alegoría de profundo asombro cuando se trata de ser masculino y femenino. El hombre llega a ofrecer su fortaleza, y la mujer lo invita dentro de ella misma, una acción que exige valor, vulnerabilidad y desinterés en ambos. Observe primero que si el hombre no está a la altura de las circunstancias, nada ocurrirá. Él debe moverse; su fortaleza debe hincharse antes de poder entrar en ella. Pero tampoco será amor consumado, a menos que la mujer se disponga en atónita vulnerabilidad. Cuando los dos están viviendo como se supone que deben vivir, el hombre entra en su mujer y le ofrece su fortaleza. *Se vierte allí por completo*, en ella, por ella; ella lo atrae, lo abraza y lo envuelve. Cuando todo acaba, él está desgastado; pero, ah, qué dulce muerte es esa.

Así es como se creó la vida.

La belleza de una mujer excita a un hombre a representar su papel; la fortaleza de un hombre, ofrecida tiernamente a su mujer, le permite a ella ser hermosa; esto produce vida a ella y a muchos. Esto es más, mucho más, que sexo y orgasmo. Es una realidad que se extiende a todo aspecto de nuestras vidas. Cuando un hombre se niega a ofrecerse a su mujer, la deja sin la vida que solo él puede dar. Esto nunca es más cierto que con la forma en que un hombre brinda (o no) sus palabras. La muerte y la vida están en poder de la lengua, dice Proverbios (18:21). Ella está hecha para él, y ansía sus palabras. Fui a la cocina a conseguir un vaso de agua; Stasi estaba allí horneando galletas navideñas. El lugar era un desorden; para ser sincero, ella también; estaba cubierta de harina y usaba un par de pantuflas viejas. Pero había algo en sus ojos, algo suave y tierno, y le dije: «Te ves hermosa». La tensión en sus hombros cedió; algo titiló en su espíritu; suspiró y sonrió: «Gracias», dijo, casi con timidez.

Si el hombre se niega a ofrecerse, entonces su esposa permanecerá vacía y estéril. Un hombre violento destruye con sus palabras; un hombre lacónico mata de hambre a su esposa. «Ella se está marchitando», me confesó un amigo acerca de su esposa recién casada. «Si se está marchitando, entonces le estás negando algo», dije. En verdad le estaba negando varias cosas: sus palabras, su toque, pero más que todo su *deleite*. Hay muchas otras maneras en que esto se desarrolla en la vida. Un hombre que deja a su esposa con los hijos y las cuentas, para irse a buscar otra vida más fácil, les está negando su fortaleza. Los sacrifica, cuando debería haber sacrificado su fortaleza *por* ellos. Lo que hace tan heroicos a Máximo o a William Wallace es simplemente esto: Están dispuestos a morir para liberar a otros.

Este tipo de heroísmo es el que vemos en la vida de José, el esposo de María y padrastro de Jesucristo. No creo que hayamos apreciado por completo lo que hizo por ellos. María, una joven comprometida, casi una niña, queda embarazada con una historia algo descabellada: «Tengo en mis entrañas al Hijo de Dios». La situación es escandalosa. ¿Qué irá a pensar José? ¿Qué sentirá? Sin duda se sintió herido, confundido, traicionado. Pero es un hombre bueno; no permitirá que la maten a pedradas, sencillamente «resolvió divorciarse de ella en secreto» (Mateo 1:19, NVI).

Un ángel se le apareció en sueños (lo cual demuestra lo que a veces se necesita para lograr que un hombre bueno haga lo correcto) para convencerlo de que María le está diciendo la verdad, y que debe permanecer en el matrimonio. Esto le va a costar. ¿Sabe usted lo que él tendrá que soportar si se casa con una mujer a la que toda la comunidad cree adúltera? Será rechazado por sus socios comerciales y por la mayoría de clientes; seguramente perderá su puesto en la sociedad y su lugar en la sinagoga. Como ejemplo del sufrimiento que le espera, note la ofensa que las multitudes usarán más tarde contra Jesús: «¿No es este el hijo de José y María?». Dicen esto con expresión desdeñosa, codeándose ligeramente y guiñando un ojo. En otras palabras: sabemos quién eres: el hijo bastardo de esa fulana y su tonto carpintero. José pagará caro por dar este paso. ¿Se niega? No, le ofrece a María su fortaleza; se pone exactamente entre ella y todo ese lío, y sufre las consecuencias. Se desgasta por ella.

«Serán llamados árboles de justicia» (Isaías 61:3). Allí, bajo la sombra de la fortaleza de un hombre, una mujer halla descanso. La travesía masculina aleja a un hombre de la mujer, *para que él pueda regresar a ella.* Se va para encontrar su fortaleza; regresa para ofrecérsela. Con sus palabras y sus acciones derriba los muros de la torre que la aprisionan. De mil maneras se dirige a la inquietud más profunda del corazón de ella. *Sí, eres encantadora. Sí, hay quien luche por ti.* Pero debido a que la mayoría de hombres aún no ha peleado, la mayoría de mujeres aún se encuentran en la torre.

UTILIZARLA

La mayoría de hombres quieren la doncella sin que les cueste nada. Quieren todas las alegrías de la belleza sin ninguna de las aflicciones de la batalla. Esta es la naturaleza siniestra de la pornografía: disfrutar la mujer a expensas de ella. Pornografía es lo que sucede cuando un hombre insiste en ser energizado por una mujer; la *utiliza* con el fin de tener la sensación de que es hombre. Esta es una fortaleza falsa, como ya lo dije, porque depende de una fuente exterior en vez de emanar de lo más profundo del ser del hombre. Se trata de la analogía del egoísmo. Él no ofrece nada y lo obtiene todo. Se nos advierte sobre esta clase de individuo en la historia de Judá y Tamar, relato que si no estuviera en la Biblia usted creería que se extrajo de una miniserie de televisión.

Judá es el cuarto hijo que le nació a Jacob. Quizás usted recuerde que él fue quien planeó vender a su hermano José como esclavo. Judá tiene tres hijos. Cuando el mayor se hace hombre, Judá le encuentra una esposa llamada Tamar. Por razones que no se nos explican, el matrimonio tiene corta duración. «Er, el primogénito de Judá, fue malo ante los ojos de Jehová, y le quitó Jehová la vida» (Génesis 38:7). Judá entrega su segundo hijo a Tamar, como era la ley y la costumbre de esa época. Onán tiene el deber de levantar hijos a nombre de su hermano; pero se niega a hacerlo. Es un hombre orgulloso y egocéntrico que hace enojar al Señor, «y a él también le quitó la vida» (v. 10). Usted empieza a captar la idea: hombres egoístas, una mujer agraviada y el Dios todopoderoso se encuentra furioso.

A Judá le queda un hijo: Sela. El muchacho es el último que le queda, y Judá no tiene la intención de sacrificarlo a favor de Tamar. Le miente a ella, diciéndole que regrese a casa y que cuando Sela sea lo suficientemente mayor se lo dará por esposo. No sucede así. Lo que sigue es difícil de creer, especialmente cuando usted considera que Tamar es una mujer correcta. Se disfraza de prostituta y se sienta al lado del camino que Judá suele recorrer. Él tiene relaciones sexuales con ella (la utiliza), pero no puede pagarle. Tamar toma en prenda el sello, el cordón y el báculo de

Judá. Después se riega la noticia de que Tamar está embarazada; Judá se llena de lo que él insiste es justa indignación. Demanda que ella muera quemada, y en este momento Tamar testifica contra él. «Mira ahora de quién son estas cosas, el sello, el cordón y el báculo». Judá queda al descubierto. No solo reconoce los artículos sino que comprende lo que ha estado haciendo. «Más justa es ella que yo, por cuanto no le he dado a Sela mi hijo» (vv. 25-26).

Esta es una historia aleccionadora de lo que sucede cuando hombres egoístas se niegan a invertir sus fuerzas en favor de la mujer. Lo mismo sucede de muchas otras maneras. Bastantes mujeres soportan este maltrato todo el tiempo. Las conquistan, pero no de veras; las quieren, pero solo superficialmente. Ellas aprenden a ofrecer sus cuerpos, pero nunca jamás sus almas. Como se puede ver, la mayoría de los hombres se casan por seguridad, escogen una mujer que los hará sentir que son hombres, pero que realmente nunca los desafiará a que lo sean. Un joven a quien admiro está luchando entre la mujer con quien sale y una que conoció años atrás pero que no pudo conquistar. Raquel, la mujer con quien está saliendo, exige mucho de él; a decir verdad, el joven se siente abrumado por ella. Julia, la mujer que no conquistó, parece más idílica; en la imaginación de él, sería la compañera perfecta. La vida con Raquel es apoteósica; la vida con Julia parece tranquila y serena. Le dije: «Tú quieres las Bahamas. Raquel es el Atlántico Norte. ¿Cuál de ellas necesita un verdadero hombre?». En un giro brillante de la trama, Dios cambia nuestro plan para nuestra seguridad, exigiéndonos desempeñar el papel de hombres.

¿Por qué los hombres no ofrecen a sus mujeres lo que tenemos? Porque sabemos de modo visceral que no será suficiente. Después de la caída hay un vacío en Eva, y no importa cuánto derrame usted dentro de ella, nunca se llenará. Aquí es donde fallan muchos hombres. O se niegan a dar lo que pueden, o se la pasan derramando y derramando en ella, y mientras tanto se sienten como un fracaso porque ella aún necesita más. Agur, hijo de Jaqué, nos advirtió: «Tres cosas hay que nunca se sacian; aun la cuarta nunca dice: ¡Basta! El Seol, la matriz estéril, la tierra que no se sacia de aguas, y el fuego que jamás dice: ¡Basta!» (Proverbios 30:15-16). Usted no puede esperar que se llene la matriz estéril de Eva. Ella necesita más a Dios que a usted, así como usted lo necesita más a él que a ella.

Por consiguiente, ¿qué hace usted? Ofrece lo que tiene.

—Me temo que no funcionará —me dijo un cliente cuando le sugerí que regresara con su esposa.

—Ella ha renunciado a que yo vaya tras ella —confesó—, y eso es bueno.

—No, no lo es —dije—. Eso es horrible.

El hombre se dirigía a una reunión familiar en el este, y le sugerí que llevara a su esposa, que tomaran vacaciones juntos.

—Tienes que acercarte a ella.

—¿Y si no funciona? —preguntó.

Muchos hombres hacen la misma pregunta. ¿Trabajar para qué? ¿Para validarlo a usted como hombre? ¿Para resucitar el corazón de ella en un día? ¿Ve usted ahora que no puede llevarle su problema a Eva? Por buen hombre que usted sea, nunca será suficiente. Si ella es la libreta de calificaciones de la fortaleza que hay en usted, entonces usted definitivamente recibirá mala nota. Pero no es por eso que usted la ama, para obtener una buena nota. La ama porque para eso fue creado, eso es lo que hace un hombre verdadero.

DE EVA A ADÁN

Mi amigo Jan afirma que una mujer que vive su verdadero diseño será «valiente, vulnerable y escandalosa». Eso es muy distinto de las «damas de la iglesia» que tenemos como modelos de feminidad cristiana, esas mujeres atareadas, agotadas y rígidas que han reducido sus corazones a unos pocos deseos medianos y que fingen que todo va muy bien. Compare la feminidad de ellas con la de las mujeres que se nombran en la genealogía de Jesús. En una lista casi totalmente masculina, Mateo menciona cinco mujeres: Tamar, Rahab, Rut, la «mujer de Urías y María» (1:3, 5-6, 16). Que no se mencione a Betsabé por su nombre nos habla de lo desilusionado que Dios está con ella, y del deleite que tiene en las otras cuatro señoras, a quienes da una honra excepcional al nombrarlas en una casta totalmente masculina. Tamar, Rahab, Rut y María, ¡vaya! Esto le abrirá a usted nuevos horizontes acerca de la «feminidad bíblica».

Ya conocemos a Tamar. Rahab está en el «salón de la fama de la fe» de Hebreos 11 por cometer traición. Así es, escondió a los espías que llegaban a investigar a Jericó antes de la batalla. Nunca he escuchado que en grupos de mujeres se hagan estudios acerca de Tamar o Rahab. Pero, ¿qué sucede con Rut? A menudo se la presenta como modelo en estudios y retiros de damas, pero no en la manera en que Dios la tiene en alto. El libro de Rut está dedicado a una pregunta: ¿Cómo una buena mujer ayuda a su hombre a desempeñar su papel? Respuesta: Lo inspira. Utiliza todo lo que tiene como mujer para despertarlo a ser un hombre. Rut, como usted recordará, es la nuera de una mujer judía llamada Noemí. Ambas mujeres han perdido a sus esposos y la están pasando muy mal; no tienen un hombre que las represente, su estado económico está bajo la línea de la pobreza y también son vulnerables en muchas otras maneras. La situación comienza a mejorar cuando Rut capta la atención de un soltero acaudalado llamado Booz. Sabemos que este es un hombre bueno. Él le ofrece cierta protección y algo de comida. Pero no le da lo que Rut realmente necesita: un anillo.

Por tanto, ¿qué hace Rut? Lo inspira. He aquí el escenario: los hombres han estado trabajando desde el alba hasta el anochecer en la cosecha de cebada; acaban de terminar y es hora de divertirse. Rut se da un baño de espuma y se pone un vestido espectacular; luego espera el momento adecuado. Ese momento resulta ser en la noche, después que Booz ha terminado de celebrar. «Booz comió y bebió, y se puso alegre. Luego se fue a dormir detrás del montón de grano. Más tarde Rut se acercó sigilosamente, le destapó los pies y se acostó allí» (Rut 3:7, NVI). Tenga en cuenta la discreta frase «se puso alegre». La Reina Valera la describe como «su corazón estuvo contento» como consecuencia del vino en la fiesta.

No hay interpretación posible de este pasaje que sea «prudente» o «sutil». Así es, hay quienes intentarán decirnos que es perfectamente común que «en esa cultura» una hermosa mujer soltera se acerque a un hombre soltero (que había bebido mucho) en medio de la noche, sin nadie más alrededor (al extremo opuesto del gran montón de cereal) y se le meta debajo de las cobijas. Esos mismos sujetos son los que nos dirán que el Cantar de los Cantares no es más que una «metáfora teológica que se refiere a Cristo y su esposa». Pregúnteles qué hacen con pasajes como «tu estatura es semejante a la palmera, y tus pechos a los racimos. Yo dije: Subiré a la palmera, asiré sus ramas» (Cantares 7:7–8). Este es un estudio bíblico, ¿verdad?

No creo que Rut y Booz hubieran tenido sexo esa noche; no creo que sucediera nada inadecuado entre ellos. Tampoco resultó ser una cena compartida. Le digo que en realidad la iglesia ya tiene mujeres traumatizadas cuando se les dice que su belleza es vana, y que están en su mejor momento femenino cuando «sirven a otros». Una mujer está en su mejor momento cuando es mujer. Booz necesita un poco de ayuda para seguir adelante, y Rut tiene algunas opciones. Puede acosarlo: *Lo único que haces es trabajar, trabajar y trabajar. ¿Por qué no te levantas y eres un hombre?* Rut puede gemir: *Por favooor, Booz, apúrate y cásate conmigo.* Puede castrarlo: *Pensé que eras un verdadero hombre, creo que me equivoqué.* O ella puede utilizar todo lo que tiene como mujer para lograr que él utilice todo lo que tiene como hombre. Puede excitarlo, inspirarlo, vitalizarlo... seducirlo. Pregunte a su hombre qué es lo que prefiere.

SE TRATA DE UNA BATALLA

¿Lucharás por ella? Esa es la pregunta que Jesús me hizo hace muchos años, justo antes de nuestro décimo aniversario, en la época en que preguntaba qué le había sucedido a la mujer con quien me casé. Él me desafió: *No te has definido John. O entras o sales.* Yo sabía lo que me estaba diciendo: Deja de ser un buen tipo y actúa como un guerrero. Representa el papel de hombre. Compré flores, la llevé a cenar y mi corazón comenzó a palpitar de nuevo por ella. Pero estaba seguro de que había más. Esa noche, antes

de acostarnos, oré por Stasi de un modo que nunca antes había orado. En voz alta, ante todas las huestes celestiales, me paré entre Stasi y las fuerzas de las tinieblas que venían contra ella. Sinceramente, no sabía qué estaba haciendo; lo único que necesitaba era enfrentar al dragón. Se desató el infierno. Esa noche comenzó todo lo que hemos aprendido sobre guerra espiritual. ¿Sabe usted qué pasó? Stasi quedó libre; la torre de su depresión cedió cuando comencé a luchar realmente por ella.

No ocurrió solo una vez, se repitió una y otra vez con el tiempo. Ahí es donde el mito realmente nos desconcierta. Algunos hombres están dispuestos a participar una, dos o hasta tres veces. Pero un guerrero está en esto para siempre. Oswald Chambers preguntó: «Dios sacrificó la vida de su Hijo para que el mundo pudiera salvarse; ¿estamos preparados para sacrificar nuestras vidas?».[3] Daniel está en medio de una batalla muy dura y poco prometedora por su esposa. Hasta ahora han sido años sin mucho progreso y sin mucha esperanza. Una noche sentado en un restaurante me dijo con lágrimas en los ojos: «No voy a ninguna parte. Este es mi lugar en la batalla. Esta es la colina en que he de morir». Él ha llegado a un punto al que todos debemos llegar tarde o temprano, en que ya no se trata de ganar o perder. Su esposa podría responder y no lo hará. Ese ya no es en realidad el problema. La pregunta es simplemente esta: ¿Qué tipo de hombre quieres ser? ¿Máximo? ¿Wallace? ¿Judá? Un joven piloto de la Fuerza Aérea británica escribió exactamente antes de ser derribado en 1940: «El universo es tan amplio y tan eternamente joven, que la vida de un solo hombre únicamente se puede justificar por la medida de su sacrificio».[4]

Hace muchos años, dieciocho después de nuestro matrimonio para ser exactos, Stasi y yo asistimos a la boda de un amigo. Fueron las mejores nupcias en las que hemos estado; una santa, maravillosa y romántica aventura amorosa. El novio era joven, fuerte y valiente; la novia era seductoramente hermosa. Por eso es que todo fue muy insoportable para mí. Ah, comenzar todo de nuevo, hacerlo de la manera adecuada, casarse siendo joven sabiendo lo que ahora sé. Pude haber amado a Stasi mucho mejor; ella también pudo haberme amado mucho mejor. Hemos aprendido cada lección de la forma más difícil en nuestros casi cuarenta años de casados.

Toda la sabiduría que contienen estas páginas se pagó con creces. Además de eso, ese fin de semana Stasi y yo pasábamos un momento difícil; esa fue la chispa que encendió la fogata. Satanás vio su oportunidad y la convirtió en una hoguera *sin que mediara ni una sola palabra entre nosotros.* Cuando llegamos a la recepción, no quise bailar con ella. Ni siquiera quería estar en el mismo salón. Todo el dolor y la desilusión de años, tanto en ella como en mí, parecían ser lo único cierto acerca de nuestro matrimonio.

No fue sino hasta más tarde que escuché la versión de Stasi acerca de la historia, pero he aquí cómo las dos encajan.

Stasi: Él está desilusionado *de mí. Y con toda razón. Mira todas esas mujeres hermosas. Me siento gorda y fea.*

Yo: *Estoy cansado de luchar por nuestro matrimonio. Cómo me encantaría empezar de nuevo.* ¿Sabes? *No sería muy difícil. Hay otras opciones. Mira todas estas mujeres hermosas.*

Esto venía una y otra vez, como una ola llegando a la playa. Sentado a una mesa con un grupo de amigos sentí sofocarme; tenía que salir de allí a tomar aire fresco. La verdad es que cuando salí de la recepción no tenía intención de regresar. O terminaría en un bar en cualquier parte, o regresaría a nuestra recámara a ver televisión. Por suerte encontré una pequeña biblioteca al lado del salón de recepción; a solas en ese santuario luché con todo lo que sentía durante lo que me pareció una hora (probablemente fueron veinte minutos). Tomé un libro, pero no podía leer; intenté orar, pero no quería hacerlo. Finalmente, algunas palabras surgieron de mi corazón:

> Jesús, ven y rescátame. Sé lo que está pasando; sé que esto es un ataque. Pero ahora mismo lo siento muy real. Jesús, líbrame. Sácame de debajo de esta cascada. Háblame; rescata mi corazón antes que haga algo estúpido. Libérame, Señor.

La ola comenzó a disiparse en forma lenta y casi imperceptible. Mis pensamientos y mis emociones se calmaron hasta un tamaño más normal. Volvió la claridad. La hoguera era otra vez solo una fogata. *Jesús, tú conoces el dolor y la desilusión que hay en mi corazón. ¿Qué quieres que haga?*

(El bar ya no era una opción, pero todavía planificaba irme directo a mi habitación el resto de la noche). *Quiero que regreses allá e invites a tu esposa a bailar.* Yo sabía que eso era lo correcto; sabía en alguna parte de mi interior que eso era lo que deseaba hacer. Pero el deseo aun parecía muy lejano. Me entretuve cinco minutos más, esperando que el Señor tuviera otra opción para mí. Permaneció en silencio, pero el ataque había concluido y de la hoguera solo quedaban brasas. Una vez más conocí al hombre que yo deseaba ser.

Volví a la recepción y le pedí a Stasi que bailara conmigo; en las dos horas siguientes tuvimos una de las mejores veladas que habíamos experimentado en mucho tiempo. Casi perdimos ante el maligno; en vez de eso, ahora aquello es solo un recuerdo que durante mucho tiempo contaremos a nuestros amigos.

CONCLUSIÓN

Con el paso de los años Stasi me ha regalado muchos obsequios maravillosos, pero una Navidad especial fue inolvidable. Acabábamos de terminar el frenesí que los chicos llaman abrir los regalos. Stasi salió de la habitación con estas palabras: «Cierra los ojos... te tengo una sorpresa». Después de muchos ruidos y cuchicheos me informó que podía abrir los ojos. Sobre el piso del salón familiar había ante mí una enorme caja rectangular. «Ábrela», indicó. Quité el lazo y levanté la tapa. Adentro había un claymore de tamaño real, una espada escocesa tradicional exacta a la que usaba William Wallace. Por varios meses estuve buscando una, pero Stasi no lo sabía. No estaba en mi lista navideña. Ella hizo esto solo por intuición, como una manera de agradecer mi lucha por ella.

He aquí lo que decía su nota:

> Porque eres un corazón valiente, que luchas por los corazones de muchas personas... y especialmente por el mío. Gracias a ti conozco una libertad que nunca creí posible. Feliz Navidad.

ONCE

UNA AVENTURA POR VIVIR

No partamos hasta no dar la más larga zancada que alguna vez dieron las almas de los hombres.

—Christopher Fry

El lugar donde Dios te llame es el sitio donde se encuentran tus gozos más profundos y la necesidad más profunda del mundo.

—Frederick Buechner

Hay un río que serpentea a través del sur de Oregón, bajando desde Cascades hasta la costa, que también serpenteaba a lo largo de mi infancia, esculpiendo un camino en la geografía de mi memoria. De niño pasé muchos días de verano en el río Rogue pescando, nadando y recogiendo zarzamoras; pero principalmente pescando. Me gustaba el nombre que cazadores franceses dieron al río: Scoundrel (Rebelde). Esto daba una disimulada bendición a mis aventuras allí... yo era un rebelde en el río Rebelde. Esos días dorados de la infancia son algunos de mis recuerdos más apreciados; por eso el verano pasado llevé allí a Stasi y los chicos, para mostrarles un río y una estación de mi vida. La zona más baja del Rogue atraviesa algunos campos cálidos y secos en los meses de verano, especialmente a finales de julio, y buscábamos viajar en kayak como una excusa para empaparnos de veras y disfrutar una pequeña aventura por nuestra cuenta.

Existe una roca que sobresale en ese río en algún lugar entre Morrison's Lodge y Foster Bar. El cañón se angosta allí y el Rogue se hace profundo y se calma por un momento en su loca carrera hacia el mar. Altas paredes de piedra se elevan a ambos lados, y hacia el norte (donde solo se puede llegar en embarcación) está la roca desde donde solíamos lanzarnos. Saltar desde el acantilado es uno de los pasatiempos favoritos de nuestra familia, en especial cuando el clima es caluroso y seco. Y el salto es lo suficientemente alto para hacernos contener el aliento mientras caíamos en el agua cálida de la superficie y oscura y fría en la profundidad, tan fría que nos enviaba jadeando hacia la superficie y el sol. La roca desde donde nos zambullimos está aproximadamente a la altura de más de una casa de dos pisos, altura suficiente como para que podamos contar lentamente hasta cinco antes de tocar el agua (casi el doble del salto desde el trampolín de la piscina local). En el cerebro humano hay una facultad que hace parecer todo acantilado como del doble de alto cuando se mira de arriba hacia abajo, y todo en nosotros nos advierte: *Ni siquiera lo pienses.*

Así que usted no lo piensa, sencillamente se lanza al centro del cañón y luego desciende en caída libre sintiendo que tiene tiempo suficiente como para recitar el Tratado de Gettysburg. Todos sus sentidos están en máxima alerta cuando se sumerge en las aguas heladas. Cuando sube, la gente aplaude y algo dentro de usted también salta de alegría porque *lo logró.* Ese día que estuvimos allí todos saltamos, primero yo, luego Stasi, Blaine, Sam y hasta Luke. Entonces un tipo corpulento, que estaba a punto de echarse para atrás cuando miró desde lo alto, saltó porque Luke lo hizo. Le sería imposible vivir consigo mismo sabiendo que se había acobardado mientras que un niño de seis años se lanzó. Después de ese primer salto usted tiene que volver a saltar, en parte porque no puede creer que lo hubiera hecho, y en parte porque el miedo ha dado paso a la emoción de tal libertad. Permitimos que el sol nos caliente otra vez, y luego... ¡sigue el bombardeo!

Quiero vivir así todo el tiempo.

Deseo amar con mucha mayor libertad y dejar de esperar que otros me amen primero. Anhelo lanzarme a una obra creativa digna de Dios. Quiero arremeter contra los campos de Banockburn, seguir a Pedro como él siguió a Cristo sobre el mar, orar desde el verdadero deseo de mi corazón. Así lo expresó el poeta George Chapman:

> Dame un espíritu que en el mar embravecido de la vida
> Le encante que sus velas se atiborren de viento fuerte
> Incluso hasta que sus velas tiemblen, y sus mástiles rechinen,
> Y con éxtasis su barco flote tan lentamente a su lado
> Que trague agua y su quilla surque el aire.[1]

La vida no es un problema que se deba solucionar; es una aventura que se debe vivir. Esa es su naturaleza, y así ha sido desde el principio, cuando Dios dispuso la etapa peligrosa para este arriesgado drama y a toda la iniciativa la llamó *buena*. Él preparó el mundo de tal modo que solo funcione cuando abrazamos el *riesgo* como tema de nuestras vidas, lo que significa solo cuando vivimos por fe. Un hombre simplemente no puede ser feliz hasta que su trabajo, su amor y su vida espiritual estén henchidos de aventura.

HACER LA PREGUNTA CORRECTA

Hace varios años me hallaba hojeando la introducción de un libro cuando tropecé con una frase que me cambió la vida. Dios es íntimamente personal con nosotros, y habla de maneras peculiares a nuestros estrafalarios corazones, no solo a través de la Biblia sino de toda la creación. A Stasi le habla por medio de películas. A Craig le habla a través del rocanrol (el otro día me llamó después de escuchar «Corre por la jungla» para informar que se había entusiasmado para ir a estudiar la Biblia). A mí el mensaje de Dios me llega en varias formas: por medio de puestas de sol, amigos, películas, música, paisajes de la naturaleza y libros. Pero Dios se trae algo especialmente gracioso conmigo y los libros. Mientras hojeo en una librería de obras usadas, entre los miles de volúmenes, una me dice: «Llévame»; exactamente como Agustín en sus *Confesiones*: *Tolle legge*: tómame y léeme. Como un diestro pescador con mosca, Dios lanza su mosca a la trucha viajera que soy yo. En la introducción del libro que tomé ese día, el autor, Gil Bailie, escribió una advertencia que le diera años atrás un guía espiritual, Howard Thurman:

> No te preguntes qué necesita el mundo. Pregúntate qué te hace cobrar vida y hazlo; porque lo que el mundo necesita es gente que haya cobrado vida.[2]

Me quedé sin habla. Pudo haberse tratado del asno de Balaam, por lo que a mí respecta. De repente mi vida tomó sentido en una forma escalofriante; me di cuenta de que estaba viviendo un libreto que alguien más había compuesto para mí. Toda mi vida había estado preguntando al mundo que me dijera qué hacer conmigo. Esto es distinto de buscar consejo; lo que quería era librarme de las responsabilidades, y en especial no tener que asumir riesgos. Deseaba que alguien más me dijera quién debía ser. Gracias a Dios esto no funcionó. Los guiones que me daban sencillamente no podían llevarme a representar el papel por mucho tiempo. No me quedaban, igual que la armadura de Saúl. ¿Puede un mundo de impostores decirle a usted que haga algo que no sea fingir? Buechner indicó que estamos en constante peligro de no ser actores en el drama de nuestras vidas sino reactores, «para ir donde el mundo nos lleva, para dejarnos llevar por cualquier corriente que resulte ser la más fuerte».[3] Cuando leí el consejo dado a Bailie comprendí que Dios me estaba hablando. Era una invitación a salir de Ur.

Volví a vivir sin tener que cambiar de página y salí de esa librería a encontrar una vida que valiera la pena.

Solicité admisión en la universidad para convertirme en terapeuta, y me aceptaron. Ese programa resultaría ser mucho más que un cambio de carrera; de la transformación que tuvo lugar allí me convertí en escritor, consejero y orador. Cambió toda la trayectoria de mi vida, así como cambiaron las vidas de muchísimas personas más. Pero por poco no voy. Verá usted, cuando solicité mi inscripción en la universidad no tenía un solo centavo para pagarla. Estaba casado, tenía tres hijos y una hipoteca, y ese es el período en que la mayoría de hombres abandonan sus sueños y tiran todo por la borda. El riesgo parece demasiado grande. Para colmo, más o menos en esa época recibí una llamada de una empresa de Washington DC, ofreciéndome un trabajo excelente con un salario increíble. Estaría en una empresa prestigiosa, relacionándome con círculos muy poderosos y ganando mucho dinero. Dios estaba complicándome el plan, poniendo a prueba mi determinación. Por un lado, estaba mi sueño y mi anhelo, sin recursos con qué pagarlos, y un futuro absolutamente incierto después de eso; por el otro lado había un cómodo peldaño para subir en la escalera del éxito, un paso profesional muy obvio, y la pérdida total de mi alma.

Fui a las montañas el fin de semana para poner las cosas en orden. La vida tiene más sentido cuando estoy solo en un lago con una caña de pescar en las manos. Los tentáculos del mundo y mi falso yo parecían ceder a medida que trepaba el páramo Holy Cross Wilderness. Dios empezó a hablar al segundo día. *John, puedes aceptar ese trabajo si lo deseas. Esto no es pecado. Pero te matará y tú lo sabes.* El Señor tenía razón; por todas partes estaba escrito: Falso yo. Entonces continuó: *Si quieres seguirme, estoy dirigiendo ese camino.* Yo sabía exactamente a qué se refería: «Ese camino» me llevaría al desierto, a los confines. La semana siguiente recibí tres llamadas telefónicas en asombrosa sucesión. La primera era de la empresa de Washington; les dije que no era su candidato, que buscaran otra persona. ¡Mientras colgaba el auricular mi falso yo me gritaba: ¡¿Qué estás haciendo?! Al día siguiente sonó otra vez el teléfono; era mi esposa.

Me dijo que habían llamado de la universidad y querían saber dónde estaba el pago de mi matrícula. El tercer día llegó una llamada de un amigo de toda la vida que había estado orando por mí y mi decisión. Me dijo: «Creemos que debes ir a la universidad. Y queremos pagar tu matrícula».

> Dos caminos se bifurcan en un bosque, y yo...
> Tomé el menos transitado,
> Y eso ha marcado toda la diferencia.[4]

¿QUÉ ESTÁ ESPERANDO USTED?

¿Dónde estaríamos hoy si Abraham hubiera sopesado cuidadosamente los pros y los contras de la invitación de Dios, y hubiera decidido que prefería mantener en Ur sus beneficios médicos, tres semanas de vacaciones pagadas y un plan de jubilación? ¿Qué habría sucedido si Moisés hubiera escuchado el consejo de su madre de «nunca jugar con fósforos», y hubiera llevado una vida cuidadosa y cauta, evitando toda clase de zarzas ardientes? No tendríamos el evangelio si Pablo hubiera llegado a la conclusión de que la vida de un fariseo, aunque no era el sueño de todo hombre, era al menos previsible y seguramente más estable que seguir una voz que escuchó en el camino a Damasco. Después de todo, la gente oye voces todo el tiempo, y quién sabe con seguridad si se trata de Dios o solamente de la imaginación. ¿Dónde estaríamos si Jesús no hubiera sido aguerrido, feroz y romántico hasta los tuétanos? Ahora que lo pienso, no *existiríamos* si en primera instancia Dios no hubiera tomado ese enorme riesgo de crearnos.

La mayoría de los hombres gastan la energía de sus vidas intentando eliminar el riesgo o reduciéndolo a un tamaño más manejable. Sus hijos oyen más veces «no» que «sí»; sus empleados se sienten encadenados, y sus esposas están igualmente subyugadas. Si funciona, si un hombre triunfa asegurando su vida contra todo riesgo, acabará en un capullo de autoprotección, y al mismo tiempo se preguntará por qué se está sofocando. Si no funciona, maldice a Dios, redobla sus esfuerzos y aumenta su presión arterial. Cuando usted mira la estructura del falso yo que los hombres tienden a crear, este siempre gira alrededor de dos temas: aprovechar alguna clase de competencia y rechazar cualquier cosa que no se pueda controlar. David Whyte señaló: «El precio de nuestra vitalidad es la suma de nuestros temores».[5]

Dios sentenció a Caín a una vida de fugitivo errante por haber matado a su hermano; cinco versículos después, Caín construye una ciudad (Génesis 4:12, 17). Esta suerte de propósito (negarse a confiar en Dios, y tomar el control) está grabada profundamente en todo hombre. Whyte habla de la diferencia entre el deseo del falso yo «de tener poder *sobre* la experiencia; de controlar todos los sucesos y las consecuencias, y el deseo del alma de tener poder *por medio de* la experiencia, *sin importar lo que sea*».[6] Usted prácticamente sacrifica su alma y su verdadero poder cuando insiste en controlar las cosas; como el hombre del que habla Jesús que pensó que lo había conseguido todo, construyó graneros más grandes y murió esa misma noche. «¿Qué aprovechará al hombre si ganare todo el mundo, y perdiere su alma?» (Marcos 8:36).

Y a propósito, usted puede perder el alma mucho antes de morir.

El biólogo canadiense Farley Mowat soñaba con estudiar los lobos en su hábitat original: los desolados parajes de Alaska. El libro *Never Cry Wolf* [Los lobos no lloran] se basa en esa expedición solitaria de investigación. En la versión cinematográfica, el personaje que representa a Mowat es un ratón de biblioteca llamado Tyler, quien nunca había salido ni siquiera a acampar. Contrata a un viejo loco e inexperto de Alaska como piloto de avioneta llamado Rosie Little, para que lo lleve a finales del invierno con todo su equipo al remoto Valle Blackstone. Volando en la Cessna monomotor de Little sobre las zonas despobladas más hermosas, escabrosas y peligrosas del mundo, Little interroga a Tyler sobre lo secreto de su misión:

LITTLE: Dime Tyler... ¿Qué hay en el valle Blackstone? ¿Qué hay? ¿Manganeso? (Silencio) No puede ser petróleo. ¿Es oro?

TYLER: Es muy difícil de explicar.

LITTLE: Eres un tipo inteligente, Tyler... te lo guardas solo para ti. Aquí todos somos buscadores, ¿entiendes, Tyler? Arañas eso... esa hendidura en la tierra... y nunca tienes que volver a arañar.

(Después de una pausa)

Te diré un secretito, Tyler. El oro no está en el suelo. Aquí ya no hay oro. El verdadero oro está lejos de los sesenta, sentado en la sala de estar frente al televisor aburrido hasta la muerte. Aburrido hasta la muerte, Tyler.

De pronto el motor de la avioneta tose algunas veces, petardea, ¡jadea... y luego simplemente se apaga. El único sonido es el viento sobre las alas.

LITTLE: (Gruñe) Oh, Dios.

TYLER: (Lleno de pánico) ¿Qué pasa?

LITTLE: Toma la palanca de mandos.

Little pasa el control de la avioneta sin potencia a Tyler (quien nunca en su vida ha volado un aeroplano), y empieza frenéticamente a hurgar en una vieja caja de herramientas entre los asientos. Al no encontrar lo que busca, Little explota. Gritando, vacía la caja en toda la avioneta. Entonces se detiene súbitamente, y con tranquilidad se frota el rostro con las manos.

TYLER: (Aun lleno de pánico e intentando hacer volar la avioneta) ¿Qué pasa?

LITTLE: Aburrimiento, Tyler, aburrimiento... eso es lo que pasa. ¿Cómo vences al aburrimiento, Tyler? Aventura, ¡AVENTURA, Tyler![7]

Entonces Little abre de una patada la puerta de la avioneta, casi desaparece afuera y golpea algo, quizás una manguera de combustible congelada. El motor se prende de nuevo justo cuando están a punto de chocar contra el costado de una montaña. Little agarra la palanca de mandos y la hala en un brusco ascenso, logrando pasar escasamente la cima y entrando luego en un enorme y majestuoso valle abajo.

Rosie Little podría ser un loco, pero también es un genio. Conoce el secreto del corazón de un hombre, la cura para lo que lo aqueja. Muchos hombres abandonan sus sueños porque no están dispuestos a correr el riesgo, porque temen no estar a la altura del desafío, o porque no les han dicho que esos deseos en lo profundo del corazón son *buenos.* Pero el alma de un hombre, el verdadero oro al que Little se refiere, no está hecha para controlar las cosas; está hecha para la aventura. Algo en nosotros recuerda, aunque sea débilmente, que cuando Dios puso al hombre sobre la tierra le dio una misión increíble: el privilegio de explorar, construir, conquistar y cuidar toda la creación. Esta es una página en blanco que espera ser escrita; un lienzo limpio que espera ser pintado. Pues bien, señor mío, Dios nunca revocó tal privilegio. Aún está allí, esperando que un hombre lo tome.

¿Qué haría usted si tuviera el permiso para hacer lo que realmente anhela llevar a cabo? No pregunte *cómo*; eso cortará su deseo de raíz. *Cómo* no es la pregunta adecuada; *cómo* es una pregunta sin fe. Significa «a menos que logre ver mi camino con claridad no lo creeré, ni me aventuraré». Cuando el ángel le dijo a Zacarías que su anciana esposa tendría un hijo llamado Juan, Zacarías preguntó cómo, y se quedó mudo por eso. El *cómo* es potestad de Dios. Él pregunta *qué.* ¿Qué tiene usted escrito en el corazón? ¿Qué lo hace vivir? Si usted pudiera hacer lo que siempre ha querido hacer, ¿qué sería? Mire, la vocación de un hombre está escrita en su verdadero corazón y la descubre cuando pasa los linderos de sus más profundos anhelos. Parafraseando el consejo de Thurman a Bailie, no se pregunte qué necesita el mundo, pregúntese qué lo hace vivir a usted porque lo que el mundo necesita es *hombres* que hayan cobrado vida.

Debo señalar que la invitación me fue dada en aquella librería hace algunos años en mi vida cristiana, cuando la transformación de mi carácter estaba en un punto en que podía escuchar sin salir corriendo ni decir algo estúpido. He conocido hombres que han usado el consejo como permiso para abandonar a sus esposas y huir con sus secretarias. Están *engañados* en lo que quieren realmente, en aquello para lo que fueron creados. Hay un diseño divino entretejido en el material de este mundo y si lo violamos, no podemos encontrar esperanza de hallar vida.

> ¿Qué pide Jehová tu Dios de ti, sino que temas a Jehová tu Dios, que andes en todos sus caminos, y que lo ames, y sirvas a Jehová tu Dios con todo tu corazón y con toda tu alma; que guardes los mandamientos de Jehová y sus estatutos, que yo te prescribo hoy, *para que tengas prosperidad*? (Deuteronomio 10:12-13, cursivas añadidas)

Puesto que nuestros corazones se han alejado del hogar, Dios nos ha dado la ley como una clase de barra de sujeción que nos ayuda a volver del precipicio. Pero la meta del discipulado cristiano es el corazón transformado; pasamos de ser niños que necesitamos la ley, a ser hombres que pueden vivir por el Espíritu de la ley. «Os exhorto, pues, a que viváis de acuerdo con las exigencias del Espíritu y así no os dejaréis arrastrar por desordenadas apetencias humanas» (Gálatas 5:16, BLP). «Pero si obedecen al Espíritu de Dios, ya no están obligados a obedecer la ley» (v. 18, TLA).

La vida de un hombre se convierte en una aventura, todo el asunto toma un propósito trascendental cuando suelta el control a cambio de recuperar los sueños en su corazón. A veces esos sueños están profundamente enterrados y se necesita que excavemos para llegar a ellos. Prestemos atención a nuestros deseos. A menudo las claves están en nuestro pasado, en esos momentos en que nos veíamos amando lo que hacíamos. Los detalles y las circunstancias cambian a medida que crecemos, pero los temas siguen siendo los mismos. De niño, Dale fue cabecilla del vecindario; en la universidad fue capitán del equipo de tenis. Lo que lo hace revivir es cuando dirige hombres. Para Charles su pasión era el arte; de niño siempre estaba dibujando. Lo que le gustaba en la secundaria eran las clases de cerámica. Dejó de pintar después de la universidad, y finalmente volvió a vivir cuando a los cincuenta y un años retomó la pintura.

Para recuperar el anhelo de su corazón un hombre debe alejarse del ruido y la distracción de su vida cotidiana, a fin de pasar tiempo con su propia alma. Debe irse a lugares apartados, al silencio y la soledad. Solo cuando está consigo mismo deja que salga a la superficie cualquier cosa que allí haya. A veces es dolor por el mucho tiempo perdido. Allí, bajo el dolor, hay deseos abandonados por mucho tiempo. Algunas veces todo empieza incluso con tentación, cuando un hombre cree que lo que lo hará vivir de verdad es algo pecaminoso. En ese punto se debe preguntar: «¿Qué anhelo hay *debajo de* este deseo? ¿Qué quiero encontrar allí?». Independientemente del modo en que el anhelo salga a la superficie, seguimos su huella cuando permitimos que de las profundidades de nuestra alma se levante un lamento; un lamento, como dice Whyte, «para una clase de valor olvidado, difícil de oír, que no exige un aumento sino otra vida».[8]

> He estudiado muchas veces
> El mármol que fue cincelado para mí...
> Un barco con las velas recogidas que descansa en el muelle.
> En realidad no representa mi destino
> Sino mi vida.
> Porque se me ofreció amor, y me escapé de sus desilusiones;
> La tristeza tocó a mi puerta, pero tuve miedo:
> La ambición me llamó, pero me horrorizaron las oportunidades.
> Sin embargo, todo el tiempo ansié un significado en mi vida
> Y ahora sé que debemos levantar la vela
> Y atrapar los vientos del destino
> Dondequiera que lleven al barco.
> En locura puede terminar darle significado a la vida de uno;
> Pero la vida sin significado es una tortura
> De inquietud y vago deseo...
> Es un barco que añora la mar y, sin embargo, está espantado.[9]

VIAJE A LO DESCONOCIDO

Howard Macey afirmó: «El mundo espiritual no puede hacerse suburbano. Siempre es fronterizo, y quienes vivimos en él debemos aceptar e incluso regocijarnos de que permanezca indómito».[10] El mayor obstáculo para el cumplimiento de nuestros sueños es el miedo al misterio que tiene el falso yo. Ese es un problema, porque el *misterio es esencial para la aventura.* Más que eso, el misterio está en el centro del universo y del Dios que lo creó. Cada uno de los aspectos más importantes del mundo de cualquier hombre (su relación con su Dios y con las personas en su vida, su llamado y las batallas espirituales que enfrentará) están saturados de misterio. Pero eso no es algo malo; es la parte alegre y rica de la realidad, y esencial para la sed de aventura de nuestra alma. Oswald Chambers lo declaró así:

> Como nuestra inclinación natural es a ser muy exactos, tratamos siempre de predecir con acierto que va a ocurrir y consideramos la incertidumbre como algo malo. [...] La certeza es la característica más importante de la vida fundamentada en el sentido común; la incertidumbre que es por gracia es la característica más importante de la vida espiritual. Estar seguros de Dios implica que no tenemos certeza sobre ninguno de nuestros caminos y que ignoramos lo que el día de mañana nos traerá. Cuando hablamos al respecto, generalmente lo hacemos con un suspiro de tristeza, y lo que deberíamos manifestar es una expectativa que nos llena de emoción.[11]

Con Dios no hay fórmulas. Punto. Así que no hay fórmulas para el hombre que lo sigue.

Dios es una persona, no una doctrina. Él no funciona como un sistema (ni siquiera como un sistema teológico) sino con toda la originalidad de una persona verdaderamente libre y vivaz. El arzobispo Anthony Bloom manifestó: «El reino de Dios es peligroso. Usted debe entrar en él y no solo buscar información al respecto».[12] Vea a Josué y la batalla de Jericó. Los israelitas están preparados para realizar su primer ataque militar dentro de la tierra prometida y hay mucho que depende de ese momento: la moral de las tropas, su confianza en Josué, sin mencionar la reputación que les precederá ante los demás enemigos que esperan. Este es su Día D, por así decirlo, y se correrá la voz. ¿Cómo consigue Dios que todo tenga un buen comienzo? Hace marchar a los israelitas alrededor de la ciudad durante una semana haciendo sonar trompetas; en el séptimo día los hace marchar siete veces y luego les pide que lancen un gran grito. Funciona a la perfección, por supuesto. ¿Y sabe qué? Nunca volvió a ocurrir. Israel nunca volvió a usar esa táctica.

Allí están Gedeón y su ejército reducido de treinta y dos mil soldados a solo trescientos. ¿Cuál es su plan de ataque? Antorchas y cántaros. Esto también funciona espléndidamente, y tampoco vuelve a suceder. Usted recuerda cuando Jesús sana a los ciegos... nunca lo hace dos veces de la misma manera. Espero que esté captando la idea, porque en realidad el mundo ha engañado a la iglesia en este sentido. La era moderna odia el misterio; queremos desesperadamente una forma de controlar nuestras vidas y parece que encontramos la perfecta Torre de Babel en el método científico. No me malinterprete, la ciencia nos ha brindado muchos adelantos maravillosos en salubridad, medicina, transporte, etc. Pero hemos intentado usar esos métodos para domesticar lo agreste de la frontera espiritual. Copiamos los últimos métodos de mercadeo, lo más novedoso en gestión empresarial, y los aplicamos al ministerio. El problema de la obsesión del cristianismo moderno con los métodos es que elimina cualquier conversación real con Dios. Encuentre el método, aplique el método... ¿para qué necesita a Dios? Por lo cual Oswald Chambers nos advierte: «Nunca convierta su experiencia en un método; deje que Dios sea tan original con otras personas como lo es con usted».[13]

La originalidad y la creatividad son esenciales para la personalidad y la fortaleza masculina. La aventura comienza, y nuestra *verdadera* fortaleza se libera cuando ya no confiamos en fórmulas. Dios es una persona inmensamente creativa, y quiere que sus hijos también vivan eso. Hay una gran representación de esto en *Cazadores del arca perdida*. Por supuesto que Indiana Jones es un héroe de capa y espada que puede manejar con facilidad la historia antigua, hermosas mujeres y una 45. Pero la verdadera prueba del hombre llega cuando todos sus recursos han fallado. Finalmente ha encontrado la famosa arca, pero los alemanes se la roban y la embarcan en un camión. Están a punto de marcharse con los sueños de Indiana bajo fuerte protección nazi. Él y sus dos compañeros ven impotentes cómo la victoria se les escapa de las manos. Pero Indiana no está liquidado; ah, no, el juego apenas ha comenzado. Él dice a sus amigos:

JONES: Regresen al Cairo. Consigan algún transporte para Inglaterra... barco, avión, cualquier cosa. Reúnanse conmigo en el garaje de Omar. Estén listos. Voy tras el camión.

SALLAH: ¿Cómo?

JONES: No lo sé... me las voy a ingeniar sobre la marcha.[14]

Cuando se trata de vivir y amar se requiere disposición de saltar con ambos pies y ser creativos a medida que avanzamos. He aquí un ejemplo: Cuando mis hijos eran pequeños, llegué a casa de un viaje un domingo por la tarde y los encontré jugando en el jardín frontal. Era un día helado de noviembre, demasiado frío para estar afuera, por lo que les pregunté qué pasaba. «Mamá nos hizo salir». Como sé que a menudo hay una buena razón cuando Stasi hace que los chicos jueguen afuera, quise hacerlos confesar, pero ellos sostuvieron su inocencia. Por tanto, me dirigí a la puerta para obtener la otra versión de la historia. Sam me advirtió: «De ser tú, yo no entraría, papá. Ella está de muy mal humor». Yo sabía exactamente lo que él estaba describiendo. La casa se hallaba cerrada; adentro todo estaba oscuro y en silencio.

Ahora, déjeme preguntar a los hombres que leen esto: ¿Qué me decía todo mi interior que hiciera? *Huye. Ni siquiera pienses en entrar. Quédate afuera.* ¿Sabe qué? Pude haberme quedado afuera y parecer un gran papá lanzándoles pelotas a mis hijos. Pero estoy cansado de ser ese hombre; he salido corriendo durante años. Demasiadas veces he representado el papel de cobarde y estoy harto de eso. Abrí la puerta, entré, subí las escaleras, entré en nuestra habitación, me senté en la cama y le hice a mi esposa la pregunta más aterradora que un hombre puede hacer a su mujer: «¿Qué pasa?».

Después de eso, todo es un misterio.

Una mujer no quiere que «la arreglen». Sin duda alguna no quiere que la traten como un problema por resolver. Ella no quiere que la solucionen; quiere que la *conozcan*. El escritor Mike Mason tiene toda la razón cuando llama al matrimonio la «frontera agreste».

Lo mismo se aplica a las batallas espirituales que enfrentamos. Después que los aliados desembarcaron en Francia, se toparon con algo que nadie había planificado o preparado para ellos: una barrera vegetal, setos. Cerrando todos los campos desde el mar hasta Verdún había un muro de tierra, arbustos y árboles. Las fotografías aéreas revelaban la existencia de los setos, pero los aliados suponían que eran como los que se encuentran por toda Inglaterra, que tienen poco más de medio metro de alto. Los setos que formaban la cerca en Normandía eran de tres metros e impenetrables, una auténtica fortaleza. Si los aliados usaban las entradas solitarias de cada campo, serían acribillados por las ametralladoras alemanas. Si intentaban pasar por encima con tanques, la parte inferior quedaría expuesta a las armas antitanques. Tenían que improvisar. Los agricultores estadounidenses instalaron toda clase de aparatos en el frente de los tanques Sherman, lo cual les permitió perforar hoyos para poner explosivos o pasar por entre los setos. Los mecánicos de los estados reconstruyeron durante la noche los tanques dañados. Un capitán dijo:

> Empecé a darme cuenta de algo acerca del ejército estadounidense que nunca antes había creído posible. Aunque es rígidamente reglamentado y burocrático bajo condiciones de acuartelamiento, cuando el ejército entra al campo se relaja, la iniciativa individual se presenta y hace lo que debe hacer. Este tipo de flexibilidad fue una de las grandes fortalezas del ejército estadounidense en la Segunda Guerra Mundial.[15]

Fue el verdadero ingenio yanqui el que ganó la guerra. Aquí es donde nos encontramos ahora: en medio de la batalla sin el entrenamiento que realmente necesitamos, y hay pocos hombres alrededor para mostrarnos cómo actuar. Tendremos que resolver mucho de esto por nosotros mismos. Sabemos cómo asistir a la iglesia; nos han enseñado a no jurar, beber o fumar. Sabemos cómo ser agradables. Pero en realidad no sabemos cómo luchar, y tendremos que ingeniárnoslo durante la marcha. Allí es donde nuestra fortaleza se cristalizará, se profundizará y se *revelará*. Un hombre nunca es más hombre que cuando se lanza a una aventura más allá de su control, o cuando entra en una batalla que no está seguro de ganar. Así lo describió Antonio Machado:

> La humanidad posee cuatro cosas
> Que no son buenas en el mar:
> Timones, anclas, remos
> Y el temor de hundirse.[16]

DE LA FÓRMULA A LA RELACIÓN

No estoy sugiriendo que la vida cristiana sea caótica o que un verdadero hombre sea flagrantemente irresponsable. El impostor que derrocha su salario en el hipódromo o en máquinas tragamonedas no es un hombre; es un tonto. El haragán que renuncia a su trabajo y hace que su esposa salga a trabajar para él poder quedarse en casa practicando su tiro de golf, pensando participar en un torneo profesional, es «peor que un incrédulo» (1 Timoteo 5:8). Lo que *estoy* afirmando es que nuestro falso yo exige una fórmula antes de involucrarse; quiere una garantía de éxito, y amigo, usted no va a encontrar nada de esto. Por tanto, llega un tiempo en la vida de un hombre en que debe romper con todo y dirigirse hacia lo desconocido con Dios. Esta es una parte vital de nuestro viaje, y si nos resistimos aquí, el viaje termina.

Antes del momento de la mayor prueba de Adán, Dios no proveyó ningún plan paso a paso, ni proveyó ninguna fórmula sobre cómo el hombre debía manejar todo el lío en que se había metido. Esto no fue abandono, sino la manera en que Dios *honró* a Adán. *Eres un hombre, no necesitas que yo te sostenga de la mano mientras atraviesas esto. Tienes lo que se necesita.* Lo que Dios *ofreció* a Adán fue amistad. No lo dejó solo para que enfrentara la vida; él caminaba con el Señor al aire del día y allí hablaban del amor, el matrimonio y la creatividad, de las lecciones que Adán estaba aprendiendo y de las aventuras que vendrían. Esto es lo que Dios también nos está ofreciendo. Como declara Chambers:

> El desconcertante llamado de Dios también viene a nuestra vida y no se puede enunciar de una forma clara y detallada porque es implícito. Es un llamado que sólo nuestra verdadera naturaleza interior puede percibir y entender. Es como el llamado del mar: nadie lo oye sino aquel que tiene en sí mismo la naturaleza del mar. No se puede afirmar de una manera cierta cuál es el llamado de Dios, porque su llamamiento es sencillamente para ser Sus amigos y alcanzar Sus propios propósitos. La prueba real es creer verdaderamente que ÉL sabe lo que quiere. (Cursivas añadidas)[17]

La única manera de vivir en esta aventura (con todo el peligro, la incertidumbre y lo que está en juego) es en una relación íntima y continua con Dios. El control que ansiamos desesperadamente es una ilusión. Es mucho mejor renunciar a ese control a cambio de la oferta divina de compañerismo, dejando a un lado fórmulas obsoletas para poder entrar en una relación informal. Abraham lo sabía; Moisés también. Al leer los primeros capítulos de Éxodo encontramos un continuo toma y dame entre Moisés y Dios. «Entonces dijo el Señor a Moisés», «entonces dijo Moisés al Señor». Los dos actuaban como si se conocieran mutuamente, como si en realidad fueran íntimos aliados. David, un hombre con el corazón dispuesto, en íntima conversación con Dios también recorrió y amó su travesía por la vida y luchó por ella.

> Oyendo los filisteos que David había sido ungido por rey sobre Israel, subieron todos los filisteos para buscar a David; y cuando David lo oyó, descendió a la fortaleza. Y vinieron los filisteos, y se extendieron por el valle de Refaim. Entonces consultó David a Jehová, diciendo: ¿Iré contra los filisteos? ¿Los entregarás en mi mano? Y Jehová respondió a David: Ve, porque ciertamente entregaré a los filisteos en tu mano. Y vino David a Baal perazim, y allí los venció David, y dijo: Quebrantó Jehová a mis enemigos delante de mí, como corriente impetuosa. Por esto llamó el nombre de aquel lugar Baal perazim. [...] Y los filisteos volvieron a venir, y se extendieron en el valle de Refaim. Y consultando David a Jehová, él le respondió: No subas, sino rodéalos, y vendrás a ellos enfrente de las balsameras. Y cuando oigas ruido como de marcha por las copas de las balsameras, entonces te moverás; porque Jehová saldrá delante de ti a herir el campamento de los filisteos. Y David lo hizo así, como Jehová se lo había mandado; e hirió a los filisteos desde Geba hasta llegar a Gezer. (2 Samuel 5:17–20; 22–25)

Aquí tampoco hay una fórmula rígida para David; esta cambia a medida que el hombre avanza, confiando en el consejo del Señor. Esta es la manera en que vive todo camarada y compañero íntimo de Dios. Jesús dijo: «Ya no os llamaré siervos, porque el siervo no sabe lo que hace su señor; pero os he llamado amigos, porque todas las cosas que oí de mi Padre, os las he dado a conocer» (Juan 15:15). Dios nos llama amigos. Él quiere hablarnos de modo personal y frecuente. Dallas Willard lo escribió así: «El ideal para escuchar de Dios es [...] una relación conversacional con Dios: la clase de relación apropiada para amigos que son personalidades maduras en una iniciativa compartida».[18] Todo nuestro trayecto al interior de la auténtica masculinidad se centra en esas pláticas «al aire del día» con Dios. Simples preguntas cambian las dificultades en aventuras; los acontecimientos de nuestras vidas se convierten en oportunidades para la iniciación. «¿Qué me estás enseñando aquí, Señor? ¿Qué me estás pidiendo que haga... o a qué quieres que renuncie? ¿Qué le estás hablando a mi corazón?».

MÁS ARRIBA Y MÁS ADENTRO

Durante años he querido escalar uno de los grandes picos: el Denali; quizás después de ese podría ser el Annapurna o uno de los del Himalaya. Algo llama mi corazón cada vez que veo una foto o leo un relato de otro intento. Me obsesiona el encanto de los lugares agrestes que hemos dejado, pero existe también el deseo de un desafío que exige todo lo que tengo. Sí, incluso el peligro; quizás especialmente el peligro. Algunas personas piensan que estoy loco, y sé que tal vez no pueda cumplir este sueño en toda mi vida, pero eso no me desanima; hay algo simbólico acerca del deseo y no lo puedo abandonar. Es muy importante que comprendamos esto. Tenemos anhelos en nuestros corazones que son el núcleo de quiénes y qué somos; son casi míticos en su significado y despiertan en nosotros algo trascendental y eterno. Pero podemos equivocarnos en cuanto a cómo hemos de vivir esos deseos. El modo en que Dios satisface un anhelo puede ser muy distinto de lo que lo despertó en primera instancia.

He tomado una serie de decisiones que no tienen sentido, a menos que haya un Dios y que yo sea su amigo. Hace varios años dejé mi trabajo empresarial y empecé a ser independiente, siguiendo un sueño que temí durante mucho tiempo. He recogido las piezas esparcidas de una visión que perdí cuando mi mejor amigo y socio Brent murió en un accidente de alpinismo. Lo que parece más disparatado de todo es que me he abierto otra vez a la amistad y a nuevos compañeros, y que estamos yendo hasta donde Brent y yo llegamos. La batalla ha sido intensa; un empinado ascenso que está exigiendo todo lo que tengo. Los riesgos que estoy tomando ahora son inmensos, financieramente desde luego, pero más que todo de manera espiritual y relacional. Esto requiere una concentración de cuerpo, alma y espíritu que nunca antes he soportado.

Tal vez la parte más difícil sea la confusión que vivo a diario con los demás. A veces los vientos braman a mi alrededor; otras veces temo caer. El otro día llegué a sentir que llegaba al límite de mis capacidades, abriéndome camino a través de una escarpada pared. De mi corazón surgió una pregunta: ¿Qué estamos haciendo, Dios? *Él contestó: Estamos escalando el Everest.*

DOCE

ESCRIBAMOS EL PRÓXIMO CAPÍTULO

La libertad es inútil si no la ejercemos como personas que tomamos decisiones. [...] Pocas cosas son tan alentadoras como la comprensión de que las situaciones pueden ser distintas, y que desempeñamos la función de cambiarlas.

—Daniel Taylor

Obedece a Dios en las cosas que te muestra, y al instante el próximo asunto se abre. Dios no revelará más verdad acerca de sí mismo hasta que hayas obedecido lo que ya sabes. [...] Este capítulo extrae el deleite de la verdadera amistad con Dios.

—Oswald Chambers

Al instante dejaron las redes y lo siguieron.

—Mateo 4:20, NVI

Ahora, amigo lector, es su turno de escribir... aventúrese a salir con Dios. Recuerde: no se pregunte qué necesita el mundo...

¿Cuál es la vida que quiere vivir? ¿A qué está llamándolo Dios por medio de los deseos profundos de su corazón y el mover de su Espíritu en usted? El siguiente capítulo es el que usted debe escribir.

EPÍLOGO

¿AHORA QUÉ?

El viaje ha comenzado.

La batalla se le ha unido.

Unas pocas palabras ahora antes que la batalla lo devaste. Jesús contó una historia sobre un sembrador y su semilla. Es una narración muy aleccionadora. Él expresa que solamente uno de cuatro individuos tiene éxito. Los otros tres son eliminados por el mundo, por su propia carne, o por el maligno. Pero usted sabe que esto es cierto. He viajado muchos kilómetros con hombres; juntos hemos aprendido muchas lecciones difíciles. Sí, he visto a muchos titubear y fallar. Sin embargo, también he visto a muchos levantarse y sobreponerse. Resumiré algunos consejos esenciales para usted que quiere ser de los valientes, aquel hombre de cada cuatro.

En primer lugar, no se apresure a hacer lo que viene a continuación. La iglesia está llena de caprichos, el mundo es un circo de distracción. Vivimos en la serie de películas *Matrix*, en un mundo en guerra. No deje este libro mientras piensa: *Eso estuvo bien, ¿qué tenemos para cenar?* Su travesía masculina es la misión central de su vida; todo lo demás depende de su éxito aquí. *¡Entonces siga leyendo!* Esta forma de vivir que expongo aquí ha transformado por completo las vidas de cientos de miles de hombres; estos le dirían que no hay nada que pueda compararse con la libertad y la vida que se puede conseguir. Pero usted debe elegir este estilo de vida.

Debe ser intencional. De lo contrario resultará siendo un almuerzo para el mundo, para su carne y para el diablo.

- ¡Descargue la aplicación gratuita de Salvaje de corazón! Está llena de gran material: una lectura diaria, nuestros mensajes electrónicos semanales, ¡videos y mucho más!
- Haga la oración diaria (¡en el apéndice y en la aplicación!). Sin duda lo rescatará. Existe en la aplicación una versión en audio; escúchela en el auto mientras conduce al trabajo, al gimnasio o durante un recorrido cualquiera.
- Consiga el Manual de Campo que escribí para este libro. Le dará el equivalente de dos años de consejería por un precio módico.
- Lea después el libro *Forjado por Dios.* Lo escribí como continuación de este; describe las seis etapas de la travesía masculina y cómo encontrar la iniciación que todos necesitamos para convertirnos en hombres completos, realizados y santos. *Salvaje de corazón* equivale a masculinidad 101; *Forjado por Dios* lo adentrará mucho más en el campo.
- Reúnase con algunos hombres. Usted necesita hermanos. Aliados. No solo una reunión de hombres buenos, sino hermanos de sangre muy peligrosos. Vean juntos la serie de videos *Salvaje de corazón* o *Forjado por Dios*; estos los llevarán a un nivel de camaradería que la mayoría de los hombres nunca encuentra.

Ahora bien, si usted es casado, dos recomendaciones: Obséquiele a su esposa *Cautivante* para que lo lea (es la versión femenina de este libro). Mientras ella esté más restaurada como mujer, mejor para ambos. Después los dos deberían leer *Amor y guerra*, que escribimos Stasi y yo acerca del matrimonio desde este punto de vista. Es realmente bueno.

Únase a la revolución. Contáctese con otros hombres. Dícteles una clase, dirija un grupo pequeño, organice un retiro. Yo le doy este mensaje, úselo para rescatar a otros. Esta será una de las experiencias más emocionantes que jamás haya tenido. Logramos que muchos hombres se desahoguen; también hemos publicado en línea todo el retiro *Salvaje de corazón* completamente gratuito, ¡de modo que usted y sus compañeros pueden experimentarlo juntos! Encuéntrelo en www.wildatheart.org/BASIC.

Vaya tras sanidad adicional. Aprenda a luchar. Desarrolle una conversación íntima con Dios. Visite nuestro sitio web y explore la comunidad, los recursos, las transmisiones y los eventos en vivo que ofrecemos. Este solo es el principio. Hay todo un reino esperando a través de la puerta de esta vitrina.

Finalmente, si usted nunca le ha abierto la puerta de su corazón a Jesucristo, este sería un buen momento para hacerlo. Esta oración le ayudará:

> *Jesús, te necesito, necesito tu amor, tu sanidad, tu vida. No puedo vivir por mi cuenta. No puedo curar mis propias heridas, no puedo hallar mi propio sendero. Soy creación tuya; eres mi Creador. Te entrego mi vida como mi Salvador y Señor. Abro mi corazón a ti; por favor, ven a vivir conmigo, a vivir dentro de mí. En tu nombre oro.*

JOHN RESPONDE SUS PREGUNTAS SOBRE SALVAJE DE CORAZÓN

¿Cómo ha cambiado la crianza de un niño desde que usted escribió *Salvaje de corazón* hace dos décadas?

Revisé este libro en 2020 para asegurarme de que estuviera actualizado con la época. Sinceramente esperaba que debería hacer muchas revisiones, por lo que puedo informar que me sorprendí realmente y quedé encantado de que después de veinte años de cambio cultural, ¡encontré el contenido más relevante que nunca! Si usted lee biografías e historia a través de las épocas, rápidamente verá que en la mayoría de casos la infancia no ha cambiado. Pero los niños sí enfrentan retos únicos en este ambiente contemporáneo. Yo colocaría casi en la parte superior de la lista a la abundancia de tecnología y las adicciones de muchos niños a sus dispositivos. Muchos padres han comenzado a regular el uso de tecnología por parte de sus hijos en respuesta al creciente volumen de información que muestra que el tiempo frente a la pantalla, las redes sociales y la tecnología en general tienen efectos perjudiciales en niños... y adultos (vea *The*

Shallows [Superficiales] de Nicolas Carr). También está surgiendo una sobreabundancia de investigación que demuestra cuán crítico es esto para el desarrollo físico, emocional y espiritual de los niños (vea *Last Child in the Woods* [El último niño de los bosques] de Richard Louv). Yo diría entonces que la principal batalla por el corazón de los niños en este momento es brindarles maravillosas experiencias al aire libre que superen con creces la tecnología de la que disponen. De ese modo gravitarán hacia lo que es bueno y saludable para ellos, y perderán su obsesión con el tiempo frente a la pantalla.

Me encanta vivir en la ciudad y no tengo ningún deseo de salir a cazar o correr por el bosque. ¿Puede un hombre de verdad encontrar también satisfacción en otros pasatiempos que no impliquen escabrosas aventuras al aire libre?

Desde luego que sí. Existen muchas maneras de expresar el alma masculina en entornos urbanos. *Salvaje de corazón* no significa volverse leñador, cazador con arco y flecha o buceador en aguas profundas. Los aspectos centrales de la búsqueda de validación de un hombre, la necesidad del desarrollo de valor en su alma, y el llamado a una aventura profunda con el Dios viviente son los mismos para todo hombre de este planeta, vivan donde vivan.

Dicho esto, debo señalar que la creación (la naturaleza) fue idea de Dios, no de John Eldredge, y que cuando Dios creó a Adán lo hizo para gobernar y reinar dentro de su gloriosa creación. Creo que los hombres necesitan salir al aire libre, y hay gran cantidad de investigaciones que muestran la necesidad de esto. Por eso les preguntaría a mis lectores urbanos: ¿Qué hay acerca de estar al aire libre que los hace sentir incómodos? Porque apuesto a que parte de la iniciación masculina de usted se encuentra ahí en la respuesta a esa pregunta.

He escuchado historias de hombres que leyeron *Salvaje de corazón* y luego usaron el mensaje de «libertad» y de «un corazón que despierta» para abandonar a sus esposas o gastar

todo su tiempo libre y su dinero en programas de aventura. ¿Cuál es su respuesta a eso?

Ira. Desilusión. Tristeza. Afirmo muy claramente en estas páginas que un hombre no debería abandonar a la mujer que prometió amar y cuidar hasta que la muerte los separe. Pero debemos recordar que la humanidad es pecadora. Las personas siempre han tomado asuntos maravillosos y los han convertido en aspectos irresponsables y dañinos. La comida, la educación, el gobierno y el sexo están entre los mejores ejemplos. El sexo es un regalo hermoso, santo y radiante que el Señor nos obsequió. Pero nuestro mundo, en muchos lugares, ha convertido este asunto en algo tenebroso y perjudicial. Eso no hace que el regalo sea malo; simplemente nos muestra la propensión de la humanidad caída a abusar de las buenas dádivas de Dios. Me complacer afirmar que la abrumadora evidencia muestra que *Salvaje de corazón* ha sido inmensamente sanador y santificador en las vidas de millones de hombres y sus familias.

Los hombres en mi vida, incluso mi padre, me han herido profundamente. ¿Por qué permitiría Dios que esto ocurriera? ¿Y cómo puede Él esperar que lo acepte como un buen padre cuando mi imagen de buen padre se ha destrozado para siempre?

Lo siento profundamente. Así no es como se suponía que fueran las cosas. Nuestras primeras impresiones de Dios como Padre las formamos de nuestros padres terrenales, así que cuando estos nos hacen daño estropean la visión que tenemos de Dios. Para eso precisamente es que Jesús vino: a sanar nuestra opinión del Padre: «El que me ha visto a mí, ha visto al Padre» (Juan 14:9). Todo lo amoroso y amable, todo lo fiel y verdadero que usted ve en Jesús, así es nuestro verdadero Padre. Dios otorgó a los seres humanos gran dignidad al concederles la «dignidad de la causalidad», o capacidad de tomar decisiones por cuenta propia. Tenemos libre albedrío, y nuestras decisiones conllevan un impacto... para bien o para mal. Las personas pecan, y esto hace daño. El padre tiene el poder para bendecir profundamente, pero lo contrario también es cierto. Jesús vino para curar nuestros corazones quebrantados (Isaías 61:1–3). Especialmente en lugares profundos como la herida del padre. Si usted todavía siente agudamente esa herida, podría serle útil que vuelva a leer y orar el capítulo siete.

En el libro usted analiza caricaturas de la masculinidad. Con tanta discusión de género en el mundo actual, ¿cuáles son las nuevas caricaturas y cómo debemos abordarlas?

Caricaturas es una palabra llena de implicaciones; tiende a sugerir interpretaciones «demasiado simplificadas, desequilibradas e incluso satíricas». Prefiero la idea de *universalidades*. Cuando Dios creó al hombre a su imagen, cuando en el polvo sopló la creación masculina, creo que las Escrituras nos ofrecen una visión crítica de cuán importante es el género para el alma. Como ya mencioné, realmente hay algo universal respecto a la naturaleza de los niños, en todas las culturas y en todas las épocas. Lo mismo ocurre con los hombres. Sean jóvenes o viejos, de la ciudad o del campo, las ideas que he expresado a lo largo de esta obra han demostrado ser ciertas acerca de los hombres a lo largo de los siglos. Y así, al mirar nuestro momento contemporáneo, encontramos mucha confusión en cuanto a la masculinidad, lo cual dice más sobre nuestra cultura confundida que sobre la *imago dei*, la imagen que Dios creó en la masculinidad.

Pues sí, la cultura humana caída siempre ha aceptado caricaturas de la masculinidad y la feminidad. La época de John Wayne mostró una idea del héroe masculino. Parte de ella era correcta, pero dejaba fuera elementos importantes de la creación de Dios en la masculinidad: sensibilidad e intuición emocional entre otros. Nuestro momento cultural se ha pasado al otro lado, manteniendo la sensibilidad y la intuición emocional como los modelos de hombres buenos y «seguros», y dejando fuera partes importantes del alma guerrera que nuestro Dios Guerrero colocó dentro de cada hombre. Siga leyendo, porque la siguiente pregunta nos traslada a nuestro momento cultural.

Mi amigo es un cristiano fuerte que cree que está bien ser transgénero si se sigue el corazón y se siente más del sexo opuesto. Debido a que nuestra identidad está al nivel del alma, ¿está bien cambiar nuestro cuerpo para reflejar nuestra identidad al nivel del alma?

Las cuestiones de orientación de género y fluidez de género tocan la búsqueda más profunda de amor e identidad de las personas, y debemos tratarlas con compasión y respeto. Las dudas de género con que lucha nuestro momento cultural involucran los asuntos más profundos del corazón humano, y requerirían todo un libro para responder en forma suficiente. Sin embargo, permítame ofrecer algunas ideas.

Un seguidor de Jesucristo es alguien que ha llegado a la conclusión de que tanto Jesús como las Escrituras que amó tienen la mejor información sobre los seres humanos y la prosperidad humana que se pueda encontrar en algún lugar. De ahí que un cristiano sea una persona que permite que las Escrituras y las enseñanzas de Jesús le conformen sus convicciones, incluso cuando tales convicciones son desafiadas por las Escrituras que ama... tal vez de manera especial cuando sus convicciones son desafiadas por las Escrituras. Como mencioné en el libro, Jesús enseñó que el género es parte de nuestra creación: «Al principio de la creación, varón y hembra los hizo Dios» (Marcos 10:6). Y podemos estar seguros de que Jesucristo fue la persona más amable, más tolerante y menos discriminadora que ha existido. Quien trata de encontrar tanto el *significado* como la *sanidad* de su humanidad puede descubrir en la narrativa bíblica una enorme dignidad dada a los seres humanos en cuanto a su género. También descubrirá que no existe enseñanza en las Escrituras de que a veces Dios ponga almas masculinas en cuerpos femeninos o viceversa. A lo largo de todo el Antiguo y el Nuevo Testamento se considera al género como una realidad fija; una realidad destrozada sin duda, pero sin embargo fija. Lo que también encontramos en la Biblia es la narración y explicación más clara de la descomposición humana. Esto nos recuerda que todos somos individuos profundamente destrozados en un viaje hacia la plenitud de corazón. Ese destrozo alcanza nuestra sexualidad y nuestra orientación de género. La sanidad ofrecida por Jesucristo también se extiende a nuestra sexualidad y a nuestra orientación de género.

Las Escrituras también enseñan que somos cuerpo, alma y espíritu: un ser integrado. La encarnación de Jesús demuestra lo importante que Dios considera al cuerpo y su relación con el alma y el espíritu. Por eso cuando Dios nos crea a su imagen, y nos otorga nuestro género, este género recorre todo nuestro ser: cuerpo, alma y espíritu.

¿En qué es diferente usted desde que escribió *Salvaje de corazón*? Específicamente, ¿qué ha cambiado más en su propia masculinidad, y por qué?

En el 2020, como respuesta a estas preguntas, soy veintiún años más viejo que cuando escribí *Salvaje de corazón*. Entonces tenía treinta y nueve años; ahora tengo sesenta. Hay grandes diferencias entre un hombre a los treinta y nueve, y un hombre a los sesenta. Ciertamente espero haber crecido, haber madurado, ser más sincero. Pero los cambios no están relacionados con la masculinidad como categoría. No soy más masculino, o menos masculino. Más bien, son cambios reflejados en las etapas de la masculinidad. Expongo esas seis etapas en un libro titulado *Forjado por el Padre* (¡que es una maravillosa obra para leer después de esta!). Sin embargo, es bueno exponerlas brevemente aquí: Hijo amado, Vaquero, Guerrero, Enamorado, Rey y Sabio. Estoy entrando a la etapa de Sabio en mi propia vida. Pero incluso al volver a leer *Salvaje de corazón* este año, todavía lo encuentro totalmente veraz, y muy útil para mi propia travesía veintiún años después.

Me pregunto si este libro tiene más que ver con guerra espiritual que con el centro de la vida. A veces parece totalmente de batalla y guerra, otras veces se siente introspectivo y pacífico. Por supuesto que Jesús pudo vivir

ambas facetas. Pero no somos Jesús. ¿Cómo se supone que el hombre promedio sea guerrero y pacífico?

Entiendo la posición, pero debemos tener cuidado de no descartar los atributos de Jesucristo porque fue Jesucristo. A todo lo largo del Nuevo Testamento se deja en claro que los propósitos de Dios son conformar a cada uno de nosotros a la imagen de Jesucristo, o más bien «que Cristo sea formado en» nosotros (Gálatas 4:19). El equilibrio que vemos en Jesucristo entre la justicia y la misericordia, la alegría y la intención violenta, el descanso y el trabajo, son todos equilibrios que Dios quiere producir en nuestras vidas. Y obviamente, el equilibrio que Jesús ejerció entre un guerrero en una misión y un hombre en comunión profunda con Dios es un equilibrio que nuestro Padre ansía grandemente traer a nuestras vidas. Es importante observar que algunos hombres tienden a inclinarse hacia el guerrero, mientras que otros lo hacen hacia la introspección pacífica. El guerrero necesita crecer en los aspectos de su vida carentes de introspección pacífica, y el monástico necesita poner en marcha su lado guerrero. Nuevamente, en esta materia creo que a usted le resultará muy útil *Forjado por el Padre.*

Mi esposa tiene sobrepeso y a menudo es grosera conmigo. No la veo como una belleza que deba rescatar, ni tengo muchas esperanzas de que nuestro matrimonio alguna vez tenga algo de efervescencia o amor. ¿Estoy atrapado?

La vida está llena de dolor y desencanto, ¿no es así? Con mucha frecuencia nos encontramos en matrimonios que no se parecen en nada a las películas que nos gustan. Siempre son más complejos. Mi esposa también ha luchado durante años con su peso. También ha librado una prolongada batalla con la depresión. Por años luché por ella con muy pocos beneficios. Finalmente tuve que llegar al punto de rendirme por completo a Cristo en mi matrimonio. Renuncié a todos los «resultados» para llegar a ser el hombre que sé que Dios quiere que yo sea. Tan pronto como empecé a liberar resultados, se desarrollaron dos novedades interesantes. Primera, me di cuenta de que podía perdonar a mi esposa, y por tanto amarla. Ella también sintió la liberación de la presión de los resultados, y en realidad comenzó a mejorar.

Nuestro matrimonio también recibió profunda ayuda por medio de consejería. No principalmente de consejería matrimonial, sino más bien cada uno buscó consejo personal para nuestra propia sanidad. Después de algo de oración privada al respecto, pidiéndole a Jesús que prepare la conversación, usted podría hablar de esto con su esposa. Admita que este no es el matrimonio que ninguno de los dos esperaba, y que usted comprendió que ambos necesitan sanidad. Dígale que va a buscar un consejero y que le gustaría invitarla a que también busque consejería.

La conclusión para cada uno de nosotros es esta: no luchamos por la mujer que amamos para que ella devuelva el favor con recompensas. Luchamos porque eso es lo que somos, es para lo que fuimos creados. Además, confiamos nuestros corazones al amor de Dios, que siempre es lo que más necesitamos.

Millones de personas han leído *Salvaje de corazón* y han aceptado el mensaje en todo el mundo. ¿Por qué parece entonces que la masculinidad está más arruinada ahora que hace veinte años?

No estoy seguro de que esté más arruinada que antes. Debido a que este es nuestro momento, el único en que hemos vivido, está dentro de la naturaleza humana creer que nuestros problemas son los peores que el mundo ha visto. Pero cuando usted lee las Escrituras se topa con muchos hombres horrorosos. Lo mismo ocurre cuando lee historia. Los ejércitos de Genghis Khan asesinaron en su tiempo a gran parte de la población mundial. Ofrezco estos datos simplemente para tener una perspectiva. Pero sí, creo que la masculinidad está padeciendo los efectos a largo plazo de la guerra del siglo XXI sobre género. Lo que estamos viendo a nuestro alrededor es la catástrofe de una tormenta perfecta: el fruto de la cultura de divorcio, que marcó el inicio de una generación de niños sin padre. El ataque feminista sobre la masculinidad como un ejemplo a seguir. Y en la actualidad, la profunda confusión de género, la cual realmente los medios de comunicación, las universidades y nuestro sistema educativo alientan. Estamos viviendo una época difícil para ser hombre, por decir lo menos.

Usted afirma que toda mujer sueña con ser rescatada por un hombre. No necesito que un hombre me rescate. ¿No es este un punto de vista un tanto anticuado, cultural o incluso sexista, especialmente viniendo de parte de un hombre?

George MacDonald escribió una vez que lo que usted quiere decir es como el acto de caminar: una recuperación continua de una caída. Me temo que mi elección de palabras provocara connotaciones que nunca pretendí, por lo que mientras volvía a leer *Salvaje de corazón* decidí cambiar el lenguaje a «una mujer para amar». Toda mujer quiere ser amada. Toda mujer desea ser una prioridad, no una ocurrencia tardía. Cuando Dios anuncia en Génesis que «no es bueno que el hombre esté solo» (2:18), está declarando algo muy importante acerca de las necesidades relacionales de hombres y mujeres. Nos necesitamos mutuamente. No quise menospreciar al utilizar el lenguaje de rescatar a una belleza, ni quise dar a entender que una mujer no puede pelear por sí misma. Pero nunca he conocido una mujer que *quiera* pelear sus batallas totalmente sola, aislada, sin ninguna ayuda amorosa. Los hombres fueron hechos para intervenir. Los hombres están hechos para sentir que son necesarios. Cuando una mujer le dice a su hombre: «Necesito tu ayuda» está despertando algo realmente esencial en el alma de él. Y lo contrario es verdad: cuando una mujer le dice a un hombre: «No necesito nada de ti», está hundiendo el último clavo en el ataúd de la relación entre ellos.

¿Cómo el mensaje de *Salvaje de corazón* se relaciona con los niños [...] y con las niñas? ¿Se aplican los conceptos por igual a los dos sexos, independientemente de la edad?

Salvaje de corazón nació de mi trabajo como terapeuta con muchos hombres, al hablar con ellos principalmente de su niñez. También nació de haber criado a tres hijos, y de mucha investigación sobre la crianza de los niños varones. Nuestro trabajo a lo largo de los años con miles de hombres, y también con madres de varones, ha confirmado lo universales que estas verdades son en realidad. Entonces yo diría que sí, absolutamente, este mensaje se aplica a todo muchacho y todo hombre independiente de la edad.

Ahora bien, en cuanto a los niños y las niñas, diré primero que creo que las niñas también necesitan una aventura, ¡y que existe una vitalidad y una valentía en ellas que se debe estimular! Pero también existen diferencias, diferencias esenciales reveladas en sus necesidades básicas. Todo niño necesita saber que es amado y que tiene lo que se necesita. Toda niña también necesita saber que es amada. Pero ella no quiere saber que tiene lo que se necesita en la misma forma de los niños. La niña tiene un diseño diferente, y por tanto una pregunta distinta. Una de las preguntas centrales del alma femenina es: «¿Se interesará de verdad alguien en mí? ¿Te gusta lo que ves?». Stasi y yo escribimos el libro *Cautivante* para ayudar a los lectores de *Salvaje de corazón* a entender el otro lado de la historia.

Me la paso oyendo sobre masculinidad tóxica. ¿Qué tiene usted qué decir al respecto?

Experimenté la misma reacción de la mayoría de hombres y mujeres a quienes les importa la masculinidad fuerte, ante los informes sobre las declaraciones de la asociación psicológica de los Estados Unidos sobre masculinidad tóxica. Lo lamentable es que la mayoría de los medios de comunicación informa que en realidad no leyeron el documento en sí. La APA estaba planteando algunas buenas inquietudes, basadas en las caricaturas de la masculinidad que nació en la época de John Wayne. Principalmente, que muchos hombres viven desconectados de su vida emocional, y que eso hace daño. Yo no podría estar más de acuerdo. Cuando Proverbios nos dice que guardemos nuestro corazón porque de él brotan los manantiales de la vida (4:23, NBLA), se refiere tanto a hombres como mujeres. Los hombres descuidan la vida de su corazón con consecuencias dañinas para ellos mismos y sus familias.

Sin embargo, la izquierda liberal tiene planes para marginalizar y estigmatizar la masculinidad fuerte. Aquellos con esa agenda política aprovecharon la idea de la masculinidad tóxica para promover sus objetivos. Este es un acontecimiento preocupante que se debería observar con atención.

Nunca recibí validación de mi padre terrenal, o de hombres en general. Siento como si estuviera tratando de imaginar el asunto cuando le pido a Dios que lo haga. ¿No es esa nada más que una opción alternativa para quienes no experimentaron lo auténtico?

A principio de mi vida cristiana también sentí que la idea de Dios como Padre era una especie de plan alterno para aquellos de nosotros que no teníamos padre o que teníamos padre que nos fallaron gravemente. Pero cuando leemos las Escrituras descubrimos que desde el principio Dios siempre quiso ser nuestro verdadero Padre:

- [Dios] nos escogió [...] antes de la fundación del mundo, para que fuésemos santos y sin mancha delante de él, en amor habiéndonos predestinado para ser adoptados hijos suyos por medio de Jesucristo, según el puro afecto de su voluntad. (Efesios 1:4-5)
- «Yo seré un padre para ustedes, y ustedes serán para Mí hijos e hijas», dice el Señor Todopoderoso». (2 Corintios 6:18, NBLA)
- «Padre nuestro que estás en los cielos», es la manera en que Jesús nos enseñó a orar, a ver el mundo (Mateo 6:9).

Así que no es un plan B que nos volvamos a Dios en busca del amor y la validación que no recibimos de nuestros padres terrenales. *Somos* sus hijos. Él *es* nuestro Padre. Y desesperadamente necesitamos su amor y validación durante todas las épocas de nuestra vida. Necesitamos escuchar de Él, en maneras personales, cuánto nos ama y cuán orgulloso está de nosotros. Sí, esto puede parecer arriesgado; y sí, podríamos sentir que estamos involucrados en alguna ilusión. Pero Dios *quiere* hablarnos de esos asuntos, y permitírselo es una expresión muy importante de nuestra fe. Fe que se expresa al tomar el riesgo de pedir y seguir pidiendo hasta que hayamos escuchado de parte de Él. Y luego confiar en esas amorosas palabras de validación.

¿Cómo puedo confiar en Dios en aventuras que se sienten riesgosas? ¿Promete el Señor éxito a quienes dan un paso al frente, o podríamos perderlo todo en un riesgo que nunca debimos tomar?

Las historias en la Biblia de hombres que caminaron muy cerca de Dios son narraciones de individuos que tomaron enormes riesgos: Abraham, Moisés, Gedeón, los profetas, Pablo, y muchos más. La razón de esto es muy sencilla: Dios quiere que vivamos por fe, no por nuestra capacidad de controlar nuestro mundo. Ahora bien, lo que es central en el tema de cada una de esas historias es que estos hombres recibieron sus instrucciones de parte de Dios. Practicaron una intimidad conversacional con Él; practicaron oración en que escuchaban, esperando las instrucciones divinas sin importar cuán riesgosas parecieran. Esto es muy importante, porque Dios no simplemente bendice algo que hacemos porque sea riesgoso. Hay muchas cosas arriesgadas que los hombres quieren hacer, incluso que deciden hacer, que no tienen nada que ver con que Dios los guíe a realizar eso. Bueno, sí, Él nos guía y nos habla a través de nuestros deseos, ¡pero no *solo* a través de nuestros deseos! Cultivar intimidad con Jesús es emocionante en sí y nos lleva a tantas aventuras maravillosas. Escribí un libro sobre cómo desarrollar nuestra habilidad de escuchar la voz de Dios, titulado *Camine con Dios*. Lo recomiendo encarecidamente, sobre todo antes de tomar decisiones importantes en la vida.

¿Le disgusta la iglesia? Parece echarle mucha culpa en su libro. ¿Cree que Dios ha renunciado a la iglesia o quiere que hagamos iglesia solo con unas cuantas personas, pasando tiempo en la naturaleza en lugar de reunirnos como un cuerpo cada semana?

¡*No* me disgusta la iglesia! Creo en el cuerpo de Cristo, y en la asamblea regular de creyentes, en la importancia de los sacramentos y en la necesidad de adoración colectiva. Sí, he criticado a la iglesia por no haber creado una cultura masculina que lleve a los niños a ser hombres; he criticado la naturaleza pasiva de la mayoría de ministerios de varones. Pero estas críticas vienen por amor, no por desprecio. Jesús tuvo algunas palabras muy fuertes para los dirigentes religiosos de su época, pero fueron expresadas por amor y por un deseo de reforma. Las Escrituras son claras sobre el propósito de Cristo: curar a los quebrantados y liberar a los cautivos (Isaías 61:1–3). Si las experiencias de su iglesia no están curando el quebrantamiento humano y liberando a las personas de los ataques del enemigo, usted querrá encontrar una iglesia que lo haga. Y a veces, sí, un día en los bosques puede ser una experiencia muy rica de Dios, y con Dios, tanto como estar en el templo. Las Escrituras también están llenas de historias como estas.

¿Cree de veras usted que podemos simplemente «escuchar nuestro corazón» y seguir a donde nos lleve?

No. Esa idea ha metido a muchas personas en graves problemas, y ha causado mucho daño. No enseño eso.

No obstante, el papel central del corazón se define claramente en las Escrituras, como en Efesios 3:14–17:

> Por esta razón me arrodillo delante del Padre, de quien recibe nombre toda familia en el cielo y en la tierra. Le pido que, por medio del Espíritu y con el poder que procede de sus gloriosas riquezas, los fortalezca a ustedes en lo íntimo de su ser, para que por fe Cristo habite en sus corazones. (NVI)

Cuando una persona recibe a Cristo como Señor y Salvador, se lleva a cabo algo absolutamente impresionante y transformador de vida: ¡Jesús mismo viene a morar en su corazón! Por tanto, esto significa que tenemos comunión con el Señor por medio de nuestros corazones, y lo escuchamos hablándonos allí.

Mi pastor no acepta este mensaje e incluso cree que es peligroso. ¿Me recomienda usted que deje mi iglesia o que intente cambiarla de adentro hacia afuera?

Antes de dejar su iglesia sería bueno que le dé a su pastor la oportunidad de que exprese lo que le preocupa. Si en realidad él no ha leído *Salvaje de corazón*, y solamente ha escuchado de segunda mano respecto a esta obra, ínstelo a leer el libro con atención antes que los dos se reúnan para hablar de lo que a él le preocupa. Escuche con atención y respeto. Podría ser que las inquietudes que su pastor tiene se basen en deformaciones de mi mensaje, distorsiones dadas por otras personas. Pero si se hace evidente que ustedes dos no están de acuerdo con relación a los propósitos de Dios en la vida de un hombre, en la importancia de la travesía masculina, y especialmente en el papel del corazón, tal vez sea prudente buscar una nueva hermandad.

¿Pueden solamente los hombres ser salvajes de corazón? Como mujer me identifico con mucho de lo que usted escribe en este libro. ¿Puedo tener una batalla y una aventura, y también alguien a quién rescatar?

Absolutamente, por supuesto. ¿Ha leído *Cautivante*? Stasi y yo escribimos juntos ese libro para tratar de descubrir la belleza del corazón de una mujer, ¡incluidas las batallas que enfrenta y las aventuras que está destinada a vivir! Todos juntos estamos en esta guerra, la guerra contra la maldad, la guerra por el corazón humano. Las mujeres deben luchar audazmente, y conozco muchas de ellas que son muy valientes. Las mujeres también están invitadas a caminar íntimamente con Dios, siguiéndolo a las aventuras audaces que tiene para ellas. Y como Stasi y yo explicamos en *Cautivante*, a Eva se le llamó *ezer kenegdo* en idioma hebreo, ¡palabra que literalmente significa «¡salvavidas!». Una mujer es algo muy poderoso en este mundo, pero en maneras muy hermosas y femeninas.

¿Qué ha aprendido desde que escribió *Salvaje de corazón* que ahora regresaría y cambiaría (si pudiera) respecto a la crianza que proporcionó a sus tres hijos?

Nada acerca de mi teología o mis creencias sobre la crianza ha cambiado. Pero al mirar hacia atrás me doy cuenta de que, irónicamente, el éxito de *Salvaje de corazón* me introdujo a un nivel de intensidad en mi ministerio que, si yo pudiera volver atrás, habría moderado, protegiendo más tiempo en mi vida para mi familia. Siendo claro, teníamos una vida familiar muy rica y pasábamos mucho tiempo juntos. Mis hijos adultos son ahora mis mejores amigos, y todavía pasamos momentos maravillosos juntos. Pero al mirar hacia atrás al ajetreo del mundo y al ritmo frenético de actividades que han entrado en la vida de la iglesia y el ministerio, yo habría puesto un regulador en el ritmo de las cosas.

RECONOCIMIENTOS

Mi profundo agradecimiento a quienes me han ayudado a llevar esta obra a millones de personas. Mi hijo Luke, quien proveyó una investigación invaluable. Los muchachos en Yates & Yates. Mi equipo editorial a lo largo de los años en Nelson Books. El grupo de póquer de los jueves por la noche.

Brent, por enseñarme más que cualquier otra persona acerca de lo que significa ser hombre, y Craig, por levantar la espada. Mis hermanos en *Salvaje de corazón*, con quienes he estado en guerra durante muchos años.

ORACIÓN DIARIA

Mi querido Señor Jesús, acudo a ti ahora para recibir restauración en ti, renovación en ti, para recibir tu vida, tu amor y toda la gracia y la compasión que tan desesperadamente necesito hoy. Te honro como mi Señor, y rindo ante ti todo aspecto y toda dimensión de mi vida. Te entrego mi espíritu, alma y cuerpo, mi corazón, mente y voluntad. Cubro con tu sangre todo mi ser: espíritu, alma, cuerpo, corazón, mente y voluntad. Pido que tu Espíritu Santo me restaure en ti, me renueve en ti y me guíe en este tiempo de oración. En todo lo que ahora oro, estoy en total acuerdo con tu Espíritu y con todos los que me tienen en sus oraciones mediante el Espíritu de Dios y solo el Espíritu de Dios.

Amadísimo Dios, santa y victoriosa Trinidad, solo tú eres digno de toda mi adoración, de la devoción de mi corazón, de toda mi alabanza, toda mi confianza y toda la gloria de mi vida. Te amo, te adoro y me entrego a ti en la búsqueda de vida para mi corazón. Solamente tú eres Vida, y te has convertido en mi existencia. Renuncio a todos los demás dioses, a todo ídolo, y te doy Señor el lugar que realmente mereces en mi corazón y en mi vida. Todo esto se trata por completo de ti, no de mí. Eres el héroe de esta historia, y te pertenezco. Te pido perdón por cada uno de mis pecados. Examíname, analízame y revélame en qué área de mi vida quieres obrar, y concédeme la gracia de tu sanidad y liberación, y también un arrepentimiento profundo y verdadero.

Padre celestial, gracias por amarme y escogerme antes de crear el mundo. Eres mi verdadero Padre: mi creador, mi redentor, mi sustentador y la verdadera finalidad de todas las cosas, incluida mi vida. Te amo, confío en ti, te adoro. Me entrego a ti, Padre, para ser uno contigo como Jesús es uno contigo. Gracias por demostrar tu amor por mí al enviar a Jesús. Lo recibo, y recibo toda su vida y toda la obra que decretaste para mí. Gracias por incluirme en Cristo, perdonando mis pecados, concediéndome su justicia y haciéndome completo en él. Gracias por darme vida con Cristo, resucitándome con él, sentándome con él a tu diestra, estableciéndome en su autoridad y ungiéndome con tu amor, con tu Espíritu y con tu favor. Lo recibo por completo con acción de gracias y le doy total derecho sobre mi vida: mi espíritu, alma y cuerpo, mi corazón, mente y voluntad.

Jesús, gracias por venir a rescatarme con tu propia vida. Te amo, te adoro y confío en ti. Me entrego a ti para ser uno contigo en todas las cosas. Recibo toda la obra y todo el triunfo de tu cruz, tu muerte, tu sangre y tu sacrificio por mí, mediante lo cual todos mis pecados son expiados y se pagó recompensa por mí. Soy liberado del reino de las tinieblas y transferido a tu reino; mi naturaleza pecaminosa es removida, mi corazón se ha circuncidado para Dios, y toda reclamación maligna que se ha hecho contra mí es cancelada y desarmada. Ahora tomo mi lugar en tu cruz y en tu muerte, muriendo contigo al pecado, a mi carne, a este mundo, al diablo y a su reino. Tomo la cruz y crucifico mi carne con todo su orgullo, arrogancia, incredulidad e idolatría [y todo lo demás con lo que usted, señor lector, esté luchando actualmente]. Pongo a un lado el viejo hombre. Aplícame toda la obra y el triunfo en tu cruz, en tu muerte, sangre y sacrificio. Recibo esto con gratitud y te cedo todo derecho sobre mi espíritu, alma y cuerpo, sobre mi corazón, mente y voluntad.

Jesús, también te recibo como mi Vida, y recibo toda la obra y el triunfo en tu resurrección, a través de la cual conquistaste el pecado, la muerte, el juicio y al maligno. La muerte no tiene ningún poder sobre ti, ni logra nada malo. Además, he resucitado contigo a una nueva vida, a fin de vivir tu vida, he muerto al pecado y ahora vivo para Dios. Tomo ahora mi lugar en tu resurrección y en tu vida, y te entrego mi existencia para vivir la tuya. Soy salvo por tu vida. Reino en vida a través de la tuya. Recibo tu esperanza, amor, fe, gozo, bondad, veracidad, sabiduría, poder y fortaleza. Aplícame toda la obra y el triunfo que ganaste en tu resurrección. Recibo todo esto con acción de gracias, y te cedo todo derecho sobre mi espíritu, alma y cuerpo, sobre mi corazón, mente y voluntad.

Jesús, también te recibo sinceramente como mi autoridad, gobierno y dominio, como mi victoria eterna contra Satanás y su reino. Me confieres capacidad para llevar tu reino en todo tiempo y toda manera. Recibo toda la obra y el triunfo en tu ascensión, por medio de lo cual Satanás ha sido juzgado y derribado, pues se te ha concedido toda autoridad en el cielo y en la tierra. Toda autoridad en los cielos y en la tierra se te ha otorgado, Jesús, y eres digno de recibir toda la gloria, la honra, el poder y el dominio ahora y para siempre. Tomo mi lugar ahora en tu autoridad y en tu trono, a través del cual he resucitado contigo a la diestra del Padre y se me ha establecido en tu autoridad. Me entrego a ti a fin de reinar contigo para siempre. Aplícame toda la obra y el triunfo en tu autoridad y tu trono; recibo esto con acción de gracias y te cedo toda reclamación sobre mi espíritu, alma y cuerpo, sobre mi corazón, mente y voluntad.

Poseo la autoridad, el gobierno y el dominio del Señor Jesucristo y toda la obra de Cristo sobre mi vida hoy: sobre mi casa, mi hogar, mi trabajo, sobre todo mi reino y dominio. Llevo conmigo la autoridad del Señor Jesucristo y la obra completa de Cristo contra todo poder maligno que venga contra mí: contra todo espíritu demoníaco, contra todo poder inmundo y toda artimaña. [Tal vez usted, señor lector, deba nombrarlos: ¿qué ha estado atacándolo?] Los inutilizo en el nombre del Señor; los ato y los destierro de mí y de mi reino ahora, en el poderoso nombre de Jesucristo. También llevo conmigo la obra completa de Cristo entre toda persona y yo, y permito solamente el amor de Dios y solamente el Espíritu de Dios entre nosotros.

Espíritu Santo, gracias por venir. Te amo, te adoro, confío en ti. Recibo toda la obra y el triunfo en Pentecostés, mediante los cuales has venido, me has revestido con poder de lo alto, me has sellado en Cristo, te has convertido en mi unión con el Padre y el Hijo. Eres el Espíritu de verdad en mí, la vida de Dios en mí, mi consejero, consolador, fortaleza y guía. Te honro como Señor y te entrego cada aspecto y dimensión de mi espíritu, alma y cuerpo, cada aspecto de mi corazón, mente y voluntad, para ser lleno de ti, y caminar contigo en todas las cosas. Lléname de nuevo, Espíritu Santo. Restaura mi unión con el Padre y el Hijo. Condúceme a toda verdad, úngeme para todo aspecto en mi vida en todo mi camino y mi llamado, y hazme profundizar más en Jesús hoy día. Te recibo con acción de gracias y te doy derecho total en mi vida.

Padre celestial, gracias por concederme toda bendición espiritual en Cristo Jesús. Reclamo hoy las riquezas en Cristo Jesús sobre mi vida. Traigo la sangre de Cristo una vez más sobre mi espíritu, alma y cuerpo, sobre mi corazón, mente y voluntad. Me pongo toda la armadura de Dios: el cinturón de la verdad, la coraza de justicia, el calzado del evangelio de la paz y el yelmo de la salvación; agarro el escudo de la fe y la espada del Espíritu, y elijo ser fuerte en el Señor y en la fortaleza de tu poder, a fin de orar en el Espíritu en todo momento.

Jesús, gracias por tus ángeles. Los convoco en el nombre de Jesucristo y les pido que destruyan todo lo que se levanta contra mí, que establezcan tu reino sobre mí y me protejan día y noche. Te ruego que envíes tu Espíritu a levantar oración e intercesión por mí. Ahora invoco el reino de Dios en mi casa, mi hogar, mi reino y mi dominio en la autoridad del Señor Jesucristo, dándole toda la gloria y la honra con acción de gracias. En el nombre de Jesús, amén.

ORACIÓN POR SANIDAD SEXUAL

La sanidad de la sexualidad está disponible; ¡esta es una verdad muy esperanzadora! Pero usted debe darse cuenta de que su sexualidad es profunda y esencial para su naturaleza como ser humano. Por tanto, el descalabro sexual puede ser una de las clases más profundas de quebrantamiento que una persona puede experimentar. Usted debe tomar muy en serio su sanidad y restauración. Esta oración guiada le ayudará inmensamente. Tal vez tenga que orarla algunas veces a fin de experimentar libertad perdurable.

Es necesario un poco de explicación de las razones para la oración: en primer lugar, cuando usamos mal nuestra sexualidad por medio del pecado, le presentamos a Satanás una puerta abierta para oprimirnos en nuestra sexualidad. Un hombre que usa pornografía se encontrará en una lucha muy profunda con la lujuria; una mujer que fue sexualmente promiscua antes del matrimonio puede encontrarse luchando con tentación sexual varios años después. Por eso es muy importante poner nuestra sexualidad bajo el señorío (y por tanto la protección) del Señor Jesucristo y buscar que nos limpie de nuestros pecados sexuales.

En segundo lugar, el quebranto sexual, ya sea por el abuso de nuestra sexualidad debido a nuestras propias acciones o por las acciones de otras personas, puede crear dificultades sexuales y también abre la puerta para que el enemigo nos oprima. Muy a menudo es necesario el perdón: tanto la confianza de que somos perdonados por el Señor como la decisión que tomamos de perdonar a nuestros agresores. Esto resultará inmensamente liberador.

Empecemos llevando nuestras vidas y nuestra sexualidad bajo el señorío de Jesucristo:

> *Señor Jesucristo, confieso aquí y ahora que eres mi Creador (Juan 1:3) y por consiguiente el creador de mi sexualidad. Confieso que también eres mi Salvador, que me has redimido con tu sangre (1 Corintios 15:3, Mateo 20:28). He sido comprado con la sangre de Jesucristo; mi vida y mi cuerpo le pertenecen a Dios (1 Corintios 6:19–20). Jesús, me presento ahora delante de ti para recibir integridad y santidad en todos los sentidos, incluso en mi sexualidad. Nos pides que te presentemos nuestros cuerpos como sacrificios vivos (Romanos 12:1) y los miembros de nuestros cuerpos como instrumentos de justicia (Romanos 6:13). Hago esto ahora. Te presento mi cuerpo, mi sexualidad [«como hombre» o «como mujer, según el caso»] y te presento mi naturaleza sexual. Consagro mi sexualidad a Jesucristo.*

Luego usted debe renunciar a las maneras en que ha abusado de su sexualidad. Mientras más específico pueda ser, más útil será este paso. Dios creó la sexualidad en usted para placer y gozo dentro del contexto del pacto matrimonial. La actividad sexual fuera del matrimonio puede ser muy perjudicial para una persona y sus relaciones (1 Corintios 6:18–20). Lo que usted debe hacer en esta parte de la oración es confesar y renunciar a todo pecado sexual, por ejemplo, intimidad sexual fuera del matrimonio: no solamente el coito, sino otras formas de intimidad sexual tales como masturbación mutua o sexo oral. Muchas personas suponen que esto «en realidad no cuenta como pecado» porque no resulta en verdadera relación sexual; sin embargo, se produjo estimulación sexual e intimidad fuera del matrimonio. Tenga en cuenta que existe el «espíritu de la ley» y la «letra de la ley». Lo que cuenta son los asuntos tanto del corazón y la mente como también los del cuerpo. Otros ejemplos de pecados a los que es necesario renunciar serían las relaciones extramaritales, el uso de pornografía y fantasías sexuales. Usted debe saber exactamente lo que tiene que confesar y a qué debe renunciar; tal vez deba pedirle a Dios que le ayude a recordar. Tome aquí su tiempo. A medida que le lleguen a la mente recuerdos y acontecimientos, confiéselos y renuncie a ellos. Por ejemplo: «Señor Jesús, te pido perdón por mis pecados de masturbación y uso de pornografía. Renuncio a tales pecados en tu nombre». Después que haya confesado sus pecados, siga con el resto de la oración.

Jesús, pido que tu Espíritu Santo me ayude ahora a recordar, confesar y renunciar a mis pecados sexuales. [Haga una pausa. Escuche. Recuerde. Confiese y renuncie.] Señor Jesús, te pido perdón por cada acto de pecado sexual. Prometiste que si confesamos nuestros pecados, tú eres fiel y justo para perdonarlos y limpiarnos de toda maldad (1 Juan 1:9). Te pido que me limpies ahora de mis pecados sexuales; limpia mi cuerpo, alma y espíritu; limpia mi corazón, mente y voluntad; limpia mi sexualidad. Te agradezco por perdonarme y limpiarme. Recibo tu perdón y limpieza. Renuncio a todo derecho que le he dado a Satanás en mi vida o sexualidad por medio de mis pecados sexuales. Ahora esas reclamaciones están destruidas por la cruz y la sangre de Jesucristo (Colosenses 2:13–15).

Luego viene el perdón. Es vital que usted se perdone a sí mismo y perdone a quienes le han hecho daño sexualmente. ESCUCHE ATENTAMENTE: perdonar es una decisión; con frecuencia debemos tomar la decisión de perdonar mucho antes de que sintamos deseos de hacerlo. Comprendemos que esto puede ser difícil, ¡pero la libertad que usted encontrará vale la pena! Perdonar no es declarar: «Eso no me afectó». Perdonar tampoco tiene que ver con decir: «No importa lo que sucedió». Perdonar es el acto por medio del cual eximimos a la persona que nos perjudicó, liberándola de toda amargura y juicio. Entregamos la persona a Dios para que él trate con ella.

Señor Jesús, te agradezco por brindarme perdón total y completo. Recibo ahora ese perdón. Decido perdonarme por todas mis malas acciones sexuales. También decido perdonar a aquellas personas que me han perjudicado sexualmente. [Sea específico aquí; nombre a cada una de ellas y perdónelas.] Las libero ante ti. Abandono toda mi ira y mi juicio hacia quienes me lastimaron. Entra, Señor Jesús, al dolor que me causaron y sáname con tu amor.

Este próximo paso implica romper las malsanas ataduras emocionales y espirituales que se formaron con otras personas mediante el pecado sexual. Una de las razones por las que la Biblia toma tan seriamente el pecado sexual es debido al daño que causa. Otra razón es debido a los vínculos que se forman con la persona, vínculos que deben formarse únicamente entre esposo y esposa (vea 1 Corintios 6:15–20). Uno de los efectos maravillosos de la cruz de nuestro Señor Jesucristo es que rompe estas ataduras malsanas. «En cuanto a mí, jamás se me ocurra jactarme de otra cosa sino de la cruz de nuestro Señor Jesucristo, por quien el mundo ha sido crucificado para mí, y yo para el mundo» (Gálatas 6:14, NVI).

Ahora pongo la cruz de mi Señor Jesucristo entre toda persona con quien he tenido intimidad sexual y yo. [Nómbrelas específicamente siempre que sea posible. También nombre a quienes abusaron sexualmente de usted.] Rompo todas las ataduras sexuales, emocionales y espirituales con [nombre a la persona si es posible, o simplemente diga «esa chica en el colegio» si no logra recordar el nombre]. Mantengo la cruz de Cristo entre nosotros.

Muchas personas experimentan consecuencias negativas por el mal uso de su sexualidad. Tales consecuencias pueden ser culpa persistente (incluso después de la confesión) o tentación sexual repetida. Las consecuencias también pueden ser la incapacidad de disfrutar sexo con su cónyuge. También ayudará aquí traer la obra de Cristo. Muchas personas terminan sacando «conclusiones» nocivas acerca del sexo o de sí mismas, acerca de hombres o mujeres o de la intimidad, debido al daño que han experimentado por el pecado sexual (el pecado que cometieron o que otros cometieron contra ellos). ¡Usted querrá preguntarle a Cristo cuáles son esas conclusiones y romperlas!

Señor Jesús, te pido que me reveles toda «conclusión» a la que he llegado respecto a mi sexualidad o a esta lucha específica. [Un ejemplo sería: «Siempre batallaré con esto», «Nunca me liberaré», «No merezco disfrutar ahora el sexo» o «Mi sexualidad es sucia». Haga una pausa y deje que Jesús le revele esas conclusiones. Luego rómpalas.] Rompo este consenso [nómbrelo] en el nombre de mi Señor Jesucristo, y renuncio a todo derecho que he concedido en mi vida. Renuncio [nombre de qué lucha se trata: «A la incapacidad de tener un orgasmo», «A esta vergüenza persistente» o «Al odio hacia mi cuerpo»]. Pongo la cruz y la sangre de Jesucristo contra esto [culpa o vergüenza, toda consecuencia negativa]. Destierro de mi sexualidad a mi enemigo en el poderoso nombre del Señor Jesucristo. Invito la presencia sanadora de Jesucristo para que me limpie y me restaure como un ser sexual en plenitud de gozo e integridad. Te ruego Jesús que llenes mi sexualidad con tu santidad, que me fortalezcas y me restaures en tu nombre.

Finalmente, será útil consagrar una vez más su sexualidad a Jesucristo.

Señor Jesús, ahora consagro mi sexualidad a ti en todo sentido. Consagro mi intimidad sexual a ti con mi cónyuge. Te pido que limpies y sanes mi sexualidad y nuestra intimidad sexual en todo sentido. Ruego que tu gracia sanadora venga y me libere de todas las consecuencias de pecado sexual. Te pido que llenes mi sexualidad con tu bondad y tu amor sanadores. Restaura mi sexualidad en plenitud. Permite que mi cónyuge y yo experimentemos toda la intimidad y el placer que quieres que un hombre y una mujer disfruten en el matrimonio. Invito al Espíritu de Dios a llenar nuestro lecho matrimonial. Oro todo esto en el nombre de Jesucristo, mi Señor. ¡Amén!

Podríamos informar muchísimas historias de redención asombrosa que nos han llegado como resultado de individuos y matrimonios que han hecho esta clase de oración. Ahora recuerde que a veces las heridas y las consecuencias tardan en sanar. Es posible que usted quiera volver a hacer esta oración varias veces si todavía no se ha producido una sanidad duradera. Puede que usted recuerde más adelante acciones que deba confesar; vuelva a esta oración y confiéselas también. Algunos de los lectores también se beneficiarán al buscar un buen consejero cristiano. Aférrese a estas verdades:

Usted, su cuerpo y su sexualidad le pertenecen a Jesucristo. Él lo ha perdonado completamente. Creó la sexualidad en usted para que sea completa y santa. Creó su sexualidad para que fuera una fuente de intimidad y gozo. Jesucristo «vino a buscar y a salvar lo que se había perdido» (Lucas 19:10), ¡incluso todo aquello que se perdió en las bendiciones que pretendió a través de nuestra sexualidad!

NOTAS

CAPÍTULO 1

1. D. H. Lawrence, «Healing», en *The Rag and Bone Shop of the Heart: A Poetry Anthology,* ed. Robert Bly, James Hillman y Michael Meade (Nueva York: Harper Collins, 1992), p. 113.
2. Robert Bly, *Iron John,* trad. Daniel Loks Adler (Barcelona: Plaza Janés Editores, 1992), p. 43.
3. Christopher Fry, «A Sleep of Prisoners», en *Selected Plays* (Oxford: Oxford UP, 1985), p. 220.
4. Robert Bly, *Iron John,* p. 7.
5. Nehemías 4:14.

CAPÍTULO 2

1. *Corazón valiente,* dirigida por Mel Gibson (Seattle: Icon Productions y The Ladd Company, 1995).
2. Ibíd.
3. Ibíd.
4. Dr. Dan B. Allender y Dr. Tremper Longman III, *Bold Love* (Colorado Springs: NavPress, 1992), p. 111.
5. Dorothy L. Sayers, *Letters to a Diminished Church: Passionate Arguments for the Relevance of Christian Doctrine* (Nashville: W Publishing Group, 2004), p. 4.
6. Ezra Pound, «Ballad of the Goodly Fere», en *New Selected Poems and Translations,* ed. Richard Seiburth (Nueva York: New Directions Publishing, 2010), p. 14.

7. George MacDonald, *Diary of an Old Soul* (Eastford: Martino Publishing, 2015), p. 11.
8. C. S. Lewis, *Perelandra* (Santiago de Chile: Editorial Andrés Bello, trad. Carlos Gardini, 1995), p. 223.
9. A. W. Tozer, *The Pursuit of God* (Harrisburg: Christian Publications Inc., 1948), p. 17.
10. William Blake, «Proverbios del infierno» en *El matrimonio del cielo y el infierno* (elaleph.com, 2000), pp. 12-13.
11. C. S. Lewis, *Esa horrible fuerza* (Madrid: Encuentro, trad. Elvio E. Gandolfo, 1994), pp. 79-80.

CAPÍTULO 3

1. Henry David Thoreau, *Walden: La vida en los bosques* (Epub: www.lectulandia.com, trad. Jorge Lobato, 1985), p. 15.
2. *Corazón valiente, dirigida por Mel Gibson* (Seattle: Icon Productions and The Ladd Company, 1995).
3. Edwin Arlington Robinson, incluido en *Antología de la poesía norteamericana* (Fundación editorial El perro y la rana, Venezuela, 2007, selec. de Ernesto Cardenal, trad. de José Coronel Urtecho y Ernesto Cardenal).
4. L. E. Sissman, «Small Space», en *Night Music: Poems,* ed. Peter Davison (Boston: Houghton Mifflin, 1999), p. 58.
5. George Herbert, *Jacula Prudentum: Outlandish Proverbs, Sentences, etc.* (Londres: T. P. for Humphrey Blunden, (1640) 2018), p. 9.
6. Garrison Keillor, *The Book of Guys* (Nueva York: Penguin Books, 1993), pp. 17–18.
7. Keillor, *The Book of Guys*, p. 18.
8. Robert Alter, *The Five Books of Moses: A Translation with Commentary* (Nueva York: W. W. Norton & Company, 2004), p. 22.
9. Jan Meyers, *The Allure of Hope: God's Pursuit of a Woman's Heart* (Colorado Springs: NavPress, 2001), p. 31.
10. Meyers, *The Allure of Hope*, p. 42.
11. *The Allure of Hope*, p. 43.
12. *The Allure of Hope*, p. 63.
13. Henry Colyer, «Henry J. Colyer to Mother, 16 julio 1863», carta, *Colyer Papers* en *For Cause and Comrades: Why Men Fought in the Civil War*, por James M. McPherson (Oxford: Oxford University Press), p. 9.
14. George W. Tillotson, «George W. Tillotson to Elizabeth Tillotson, 9 julio 1864», carta, *Tillotson Papers* en *For Cause and Comrades: Why Men Fought*

in the Civil War, por James M. McPherson (Oxford: Oxford University Press), p. 9.

CAPÍTULO 4

1. *Un mundo perfecto*, dirigida por Clint Eastwood (Malpaso Productions, 1993).
2. Bly, *Iron John*, p. 17.
3. Ibíd, p. 61.
4. Ibíd, p. 15.
5. Frederick Buechner. *The Sacred Journey: A Memoir of Early Days* (Nueva York: HarperCollins, (1982) 1991), p. 30.
6. Leanne Payne, *Crisis in Masculinity* (Grand Rapids: Hamewith Books, (1985) 2006), p. 12.

CAPÍTULO 5

1. Christina Hoff Sommers, *La guerra contra los chicos: Cómo un feminismo mal entendido está dañando a los chicos jóvenes* (Madrid: Palabra, trad. Lourdes Huangui, 2006), p. 11.
2. Ibíd., p. 11
3. Lionel Tiger, *The Decline of Males: The First Look at an Unexpected New World for Men and Women* (Nueva York: St. Martin's Press, (1999) 2000), p. 79.
4. Ibíd., p. 79.
5. Sommers, *La guerra contra los chicos*, p. 12.
6. Sommers, p. 11
7. Steven Ambrose, *Citizen Soldiers: The U.S. Army from the Normandy Beaches to the Bulge to the Surrender of Germany* (Nueva York: Simon & Schuster, 1998), p. 40.
8. Bly, *Iron John*, p. 88.
9. William Blake, «Proverbios del infierno», en *El matrimonio del cielo y el infierno* (elaleph.com, 2000), pp. 13.
10. Joseph Nicolosi, *Reparative Therapy of Male Homosexuality* (Nueva York, Rowman and Littlefield), 1991.

CAPÍTULO 6

1. *Gladiador*, dirigida por Ridley Scott (Los Ángeles: Scott Free Productions and Red Wagon Entertainment, 2000).
2. George MacDonald, *Unspoken Sermons Series I, II, and III* (Nueva York: Start Publishing, (1867) 2012), pp. 27–28.

3. George McDonald, «The New Name», en *Unspoken Sermons Series I, II, and III* (The Project Gutenberg, (1867) 2015). www.gutenberg.org.
4. Robert Ruark, *The Old Man and the Boy* (Nueva York: Henry Holt & Co., 1993), p. 5.
5. Bly, *Iron John*, p. 31.
6. Brennan Manning, *Abba's Child: The Cry of the Heart for Intimate Belonging* (Colorado Springs: NavPress, 2015 [*El impostor que vive en mí*. Buenos Aires, Peniel, 2019]), p. 5.
7. Manning, *Abba's Child* [*El impostor*], p. 25.
8. Manning, p. 9.
9. *El Natural*, dirigida por Barry Levinson (Delphi II Productions, 1984).
10. Dante Alighieri, *La Divina Comedia*, trad. Bartolomé Mitre (Buenos Aires, Centro Cultural «Latium», 1922).
11. Manning, p. 9.
12. George MacDonald, *Diary of an Old Soul* (Eastford: Martino Publishing, 2015), p. 64.
13. Bly, p. 88.
14. San Agustín, *The Confessions*, trad. por Maria Boulding (Nueva York: New City Press, 2007), p. 102.

CAPÍTULO 7

1. Thomas Wolfe, «The Story of a Novel», en *The Creative Process: Reflections on Invention in the Arts and Sciences*, ed. Brewster Ghiselin (Berkeley: University of California Press, (1964) 1985), p. 194.
2. C. S. Lewis, *Mero cristianismo*, (Nueva York, HarperCollins, 2006), p. 66.
3. Gerard Manley Hopkins, «My Own Heart Let Me More Have Pity On», en *The Major Works*, ed. Catherine Phillips (Oxford: Oxford UP, (1918) 2009), p. 170.
4. *En busca del destino*, dirigida por Gus Van Sant, Los Ángeles: Be Gentlemen, 1997.
5. Buechner, p. 41.
6. Ibíd.
7. Manning, p. 17.
8. Agnes Sanford, *The Healing Gifts of the Spirit* (Nueva York: HarperCollins, 1984), 126–7.
9. C. S. Lewis, *Mero cristianismo*, (Nueva York, HarperCollins, 2006), p. 232.
10. George MacDonald, *Diary of an Old Soul* (Eastford: Martino Publishing, (1880) 2015), p. 26.

11. Saint Augustine, *Confessions*, ed. R. S. Pine-Coffin (London: Penguin Books, 1961), p. 202.
12. George MacDonald, *Unspoken Sermons Series I, II, and III* (Nueva York: Start Publishing, (1867) 2012), p. 148.
13. Saint John of the Cross, *The Living Flame of Love*, Trans. David Lewis (Nueva York: Magisterium Press, (c. 1591), (1912), 2015), p. 47.
14. Leanne Payne, p. 36.
15. Robert Bly, *Iron John*, p. 20.
16. Neil T. Anderson, *The Bondage Breaker* (Eugene: Harvest House Publishers, (1990) [Rompiendo cadenas], 2006), pp. 224–225.
17. George MacDonald, *Unspoken Sermons,* p. 95.
18. MacDonald, *Unspoken Sermons*, pp. 27–28.
19. Buechner, p. 46.

CAPÍTULO 8

1. Maj. Sullivan Ballou, *Sullivan Ballou to Sarah Ballou, 14 julio 1861*, carta. https://www.pbs.org/kenburns/civil-war/war/historical-documents/sullivan-ballou-letter.
2. Winston Churchill, *The Second World War Volume I: The Gathering Storm* (Nueva York: Houghton Mifflin Company, (1948) 1986), p. 601.
3. John Owen, *Overcoming Sin and Temptation*, ed. Kelly M. Kapic y Justin Taylor (Wheaton: Crossway, 2015), p. 171.
4. Thomas à Kempis, *Of the Imitation of Christ* (Nueva York: D. Appleton & Co., 1844), p. 98.
5. Gordon Dalbey, *Healing the Masculine Soul: How God Restores Men to Real Manhood* (Nashville: Thomas Nelson, (1988) 2003), p. 1.
6. Dalbey, pp. 1–2.
7. George MacDonald, *Unspoken Sermons*, p. 120.
8. William Gurnall, *El cristiano con toda la armadura de Dios*, (Carlisle, PA: El estandarte de la verdad, 1994), p. 64.
9. Philip Yancey, *El Jesús que nunca conocí*, p. 40.
10. Ibíd., p. 42.

CAPÍTULO 9

1. Stephen E. Ambrose, *D-Day: June 6, 1944: The Climactic Battle of World War II, Illustrated Edition* (Nueva York: Simon & Schuster, 2014), pp. 245–46.
2. C. S. Lewis, *Cartas del diablo a su sobrino, 24 edición* (Madrid: Ediciones Rialp, 2019), VII.

3. Oswald Chambers, *En pos de lo supremo: Versión clásica actualizada* (Bogotá: Centros de Literatura Cristiana de Colombia, 2003), 25.
4. Thomas à Kempis, p. 39.
5. *Corazón valiente*, dirigida por Mel Gibson (Seattle: Icon Productions y The Ladd Company, 1995).
6. Franklin D. Roosevelt, «Discurso inaugural de su investidura presidencial», 4 marzo 1933 https://es.wikipedia.org/wiki/Investidura_presidencial_de_Franklin_D._Roosevelt_en_1933.
7. G. K. Chesterton, *Ortodoxia* (Nashville: Chesterton Books [Barcelona: Acantilado, 2013], 2017), p. 89.
8. William Gurnall, p. 49.
9. Maurice Roberts, *The Thought of God* (Edinburgh: Banner of Truth, 1994), pp. 57–58.
10. *La máscara del Zorro*, dirigida por Martin Campbell (TriStar Pictures, Amblin Entertainment, Zorro Productions, MacDonald/Parkes Productions, 1998).
11. David W. Smith, *The Friendless American Male* (Colorado Springs: David C. Cook, 1983).
12. William Shakespeare, *Henry V*, ed. Gary Taylor (Oxford: Oxford UP, (1982) 2008), 230.
13. Rick Joyner, *The Vision: The Final Quest and the Call* (Nashville: Thomas Nelson, (1996) 2000), p. 66.
14. William Shakespeare, Henry V, ed. Gary Taylor (Oxford: Oxford UP, (1982) 2008), p. 229.
15. John Bunyan, *El progreso del peregrino*, www.elcristianismoprimitivo.com, p. 25.

CAPÍTULO 10

1. Don Henley y Bruce Hornsby, «The End of the Innocence», grabado en 1989, pista 1 en *The End of the Innocence*, Geffen Records.
2. Rolland Hein, *Christian Mythmakers* (Eugene: Wipf and Stock, (1998) 2014), p. 3.
3. Oswald Chambers, 9/2.
4. Vivian William Noall Rosewarne, «An Airman's Letter to his Mother, abril 1940», en «An Airman to his Mother: The Fight With Evil», *The Times*, 18 junio 1940.

CAPÍTULO 11

1. George Chapman, «Courage».
2. Howard Thurman como se cita en: Gil Bailie, *Violence Unveiled: Humanity at the Crossroads* (Nueva York: Crossroad, 1995), p. xv.
3. Frederick Buechner, *The Longing for Home: Recollections and Reflections* (Nueva York: HarperCollins, 1996), p, 109.
4. Robert Frost, «El camino no elegido», en *Ciudad Ceva, Casa digital del escritor Luis López Nieves*, https://ciudadseva.com/texto/el-camino-no-elegido/.
5. David Whyte, *The Heart Aroused: Poetry and the Preservation of the Soul in Corporate America* (Nueva York: Doubleday, (1994) 2007), p, 29
6. David Whyte, p. 17.
7. *Los lobos no lloran*, dirigida por Carroll Ballard (Walt Disney Pictures and Amarok Productions Ltd., 1993).
8. David Whyte, p. 25.
9. Edgar Lee Masters, «George Gray», en *Spoon River Anthology*, 1916.
10. Howard R. Macey, *Rhythms of the Inner Life: Yearning for Closeness with God* (Colorado Springs: Chariot Victor Publishing, 1999), p. 130.
11. Oswald Chambers, 29 abril.
12. Anthony Bloom, *Beginning to Pray* (Nueva York: Paulist Press, 1970), p. 15.
13. Ibíd., 13 junio.
14. *Cazadores del Arca perdida*, dirigida por Steven Spielberg (Lucasfilm Ltd., 1981).
15. Stephen E. Ambrose, *Citizen Soldiers: The U.S. Army from the Normandy Beaches to the Bulge to the Surrender of Germany* (Nueva York: Simon & Schuster, 1998), pp. 64–65.
16. Antonio Machado, «Moral Proverbs and Folk Songs 13», en *Times Alone: Selected Poems of Antonio Machado*, trad. Robert Bly (Middletown: Wesleyan University Press, (1983) 2011), p. 113.
17. Oswald Chambers, 5 agosto.
18. Dallas Willard, *Hearing God: Developing a Conversational Relationship with God* (Downers Grove: InterVarsity Press, 2012), p. 35.

ACERCA DEL AUTOR

John Eldredge es un autor best seller y consejero, también es presidente de Wild at Heart, un ministerio dedicado a ayudar a las personas a descubrir el corazón de Dios y a recuperar sus corazones en el amor del Señor. John y su esposa Stasi, viven cerca de Colorado Springs, Colorado. Para saber más, visite wildatheart.org